GRABUNGSFIEBER

1. Auflage 2013

© 2013 Verlag Kiepenheuer & Witsch, Köln –
Lizenzgeber: Labonté Köhler Osnowski Verlagsgesellschaft mbH, Köln

Lektorat: Astrid Roth, Köln
Umschlaggestaltung: Philipp Niermann/LKO, Köln
Umschlagfoto: George Delanoff
Satz und Layout: Inga Menkhoff, Köln
Druck und Bindung: GGP Media GmbH, Pößneck
ISBN 978-3-462-03839-2

JOSEF GENS

GRABUNGSFIEBER

WIDMUNG UND DANK

Dieses Buch widme ich meinen Eltern Friedrich Heinrich und Elisabeth Gens, die mich und meinen Bruder Heinz zu geschichtsbewussten und neugierigen jungen Menschen erzogen haben und unsere Arbeit unter dem Haus mit unerschütterlichem Vertrauen in das Verantwortungsbewusstsein ihrer Söhne und deren Freunde begleitet haben.

Ich widme dieses Buch auch den bereits verstorbenen Mitgliedern unseres Grabungsteams, meinem Bruder Heinz Gens sowie Günther Goldenberg und Wolfgang Hermann. Bei meinem Dank nicht vergessen möchte ich die noch lebenden Mitglieder unseres Grabungsteams Toni Hermann, Elisabeth Bongartz geb. Hermann und Bernhard Strässer.

Meinem ungenannten Mentor danke ich für die Betreuung und Unterstützung vor und während der Grabungsphase und für die vielen wertvollen und ermutigenden Gespräche und Anregungen.

Professor Dr. Otto Doppelfeld und Professor Dr. Heinz Kähler, die beide verstorben sind, danke ich für den stets offenen Umgang mit dem gesamten Grabungsteam während der Veröffentlichungsphase und der späteren Verhandlungsphase zur Übernahme unseres Fundes ins Römisch-Germanische Museum.

Ich danke Professor Dr. Reinhard Förtsch, Professor Dr. Henner von Hesberg in Rom und Eric Laufer dafür, dass ich die Arachne-Datei für meine Forschungen nutzen und sie im Hinblick auf das Poblicius-Grabmal ergänzen durfte. Bezogen auf die neueren Forschungen seit 2006 gilt mein Dank Dr. Susanne Willer in Bonn sowie Professor Dr. Hansgerd Hellenkemper, Dr. Friederike Naumann-Steckner und Dr. Marcus Trier in Köln.

Nicht zuletzt gilt mein Dank meiner Frau Jutta Gens-Wohlgemuth, die meinen Hobbys Geschichte und Archäologie stets offen gegenübersteht, die mich tatkräftig unterstützt und den dafür erforderlichen Zeitaufwand immer toleriert.

INHALTSVERZEICHNIS

Vorwort

VORWORT

Als meine Großeltern am 09. Februar 1905 das Haus Chlodwigplatz 24 erwarben, um dort ein eigenes Textilgeschäft zu eröffnen, wussten sie, dass die Umgebung rund um das mittelalterliche Severinstor geschichtsträchtig war. Wie geschichtsträchtig der Boden war, auf dem das Haus stand, das konnten sie nicht ahnen. Dies sollten erst ihre Enkel herausfinden.

Über 48 Jahre sind zwischenzeitlich vergangen, seit mein Bruder Heinz und ich sowie unsere Freunde den ersten 2000 Jahre alten Quader des Poblicius-Grabmals fanden. Jeder Moment dieser ersten Grabung, die Überraschung, als wir beim Freilegen auf der Unterseite dieses ersten Quaders ein Relief entdeckten, die Anspannung beim Umdrehen des Quaders, die atemlose Stille beim vorsichtigen Säubern des Musters und das ungläubige und ehrfürchtige Staunen, als der Körper eines Pan sichtbar wurde – das alles ist in meiner Erinnerung so präsent, als wäre es gestern gewesen.

»Im Bann des antiken Faun« lautete die Überschrift eines Zeitungsartikels der *Kölnischen Rundschau* von Helmut Signon am 16. Mai 1967, mit dem unsere Grabung der Öffentlichkeit vorgestellt wurde. Wie kein anderer drückte dieser Titel aus, was uns widerfahren war: Gebannt vom Hirtengott Pan und den herrlichen Funden, die danach folgten, hatten wir über zwei Jahre jede Minute unserer Freizeit geopfert, unter unserem Elternhaus ein Bergwerk angelegt, um 70 zum Teil tonnenschwere Quader mit hervorragend erhaltenen Reliefs zu bergen.

Mit dem Wissen, einen wichtigen Fund gemacht zu haben, gingen wir an die Öffentlichkeit. Wie wichtig unser Fund wirklich war, wurde aber erst deutlich, als die Presse weltweit darüber berichtete und bedeutende Facharchäologen unseren Fund mit begeisterten Kommentaren würdigten. Heute kündet das Grabmal des Lucius Poblicius im Römisch-Germanischen Museum von der Kultur und vom Geist Roms.

Lucius Poblicius und sein Grabmal haben nicht nur mein Leben, sondern auch das Leben meiner Familie und das Leben unserer Freunde wesentlich beeinflusst. Geschichte mit Händen zu greifen, Geschichte wirklich zu »begreifen«, das war die Faszination, der wir uns nach dem Fund des ersten Quaders nicht mehr entziehen konnten. Die Möglichkeit zu haben, unter dem elterlichen Haus über eine Leiter ins erste nachchristliche Jahrhundert hinabsteigen zu können, war eine prägende Erfahrung. Dabei waren wir uns auch der Verantwortung bewusst, die wir für die Unversehrtheit der römischen Relikte und für das Leben der Beteiligten hatten.

Auch 48 Jahre nach dem ersten Quaderfund bleibt die Beschäftigung mit dem Grabmal des Lucius Poblicius für mich, den ausgebildeten Maschinenbauingenieur und »Hobby-Archäologen«, interessant und facettenreich.

Josef Gens, im August 2013

*Dieses Denkmal (ist) durch Reliefs geschmückt (...),
die mehr oder weniger den Anfang der monumentalen
Bauplastik im Rheingebiet bilden. (...) Es ist nicht nur
früher als die bisher bekannt gewordenen derartigen
Grabbauten, sondern auch das früheste von ihnen, das
einen so reichen plastischen Schmuck aufweist. (...)
Dem Denkmal am Chlodwigplatz kommt (...) die
größte Bedeutung zu, da es nicht nur durch seine
Errichtung bald nach der Gründung der Colonia
Agrippinensis einen zeitlichen Fixpunkt bietet, sondern durch seine Größe und Qualität der Arbeit alles
andere überragt, was bisher aus dem Boden Kölns
geborgen wurde. (Es ist) eines der bedeutendsten
Dokumente der Römerzeit und damit der Vorgeschichte der Stadt Köln.*

Professor Dr. Heinz Kähler, Ordinarius für Altertumsforschung am
Archäologischen Institut der Universität Köln, Mai 1968

1

GESCHICHTSTRÄCHTIGES SEVERINSVIERTEL

Man stelle sich vor: Ein Bürger Roms war von Kaiser Domitian in die Provinz Niedergermanien entsandt worden und befand sich an einem Morgen des Jahres 86 nach Christus auf der Heerstraße, über die man von Süden in die Colonia Claudia Ara Agrippinensium, das römische Köln, gelangte. Die Straße führte, 1,5 Kilometer vor der Römerstadt, vorbei an wassergefüllten Senken, die der Fluvius Rhenus, der Rhein, immer wieder bei Hochwasser hinterließ.

Wo der Boden durch die Rheinausläufer nicht sumpfig war, erhoben sich links und rechts der Straße große römische Grabbauten. In Richtung der Römerstadt, zu der das Gelände von hier aus stetig anstieg, verdichteten sie sich zu großen Gräberfeldern. In erster Reihe nahe der Straße standen mächtige, bis zu 15 Meter hohe Pfeilergrabmäler, die jedem Fremden, der sich der Colonia Claudia Ara Agrippinensium näherte, schon hier deutlich machten, welch prachtvolle und weit größere Bauten er in der Römerstadt erwarten konnte.

Von hier aus sah man die Stadt auf einer Anhöhe liegen, umgeben von einer bis zu acht Meter hohen Mauer, überragt nur vom Südtor – auf Höhe der heutigen Hohen Pforte, etwas nördlich vom Waidmarkt – und vom Kapitolstempel, dessen rotes Dach in der Morgensonne leuchtete.

Jeder Römer, der den weiten Weg über die Alpen bis in die von Germanenstämmen immer wieder bedrohte Provinz Germania Inferior geschafft hatte, fühlte sich plötzlich wieder ein wenig geborgen. Die Gräberstraße südlich des römischen Köln erinnerte auf Anhieb an Roms Gräberstraße Via Appia Antica und die in der Ferne erkennbare Silhouette der Stadt mit ihrer mächtigen Stadtmauer vermittelte ein wenig von der Sicherheit Roms. Mit dem Reisewagen im Verkehrsgedränge zwischen Ochsen- und Eselskarren festzuhängen, auch das kannte man aus Rom. Dass sich dies hier in der Provinz Niedergermanien an diesem Morgen des Jahres 86 nach Christus wiederholte, zeigte, wie perfekt es die Römer verstanden hatten, ihren Lebensstil sowie die in Italien erprobte Infrastruktur auf die eroberten gallischen und germanischen Provinzen zu übertragen.

Das römische Köln war in der zweiten Hälfte des ersten Jahrhunderts eine aufblühende Stadt. Ein Bollwerk zur Sicherung der römischen Reichsgrenzen gegen die Germanen und eine Manifestation der Macht Roms. So sollte es für weitere 370 Jahre bleiben, bis im Jahre 450 die Franken in die Stadt einfielen und sich dort niederließen. Sie nutzten die römische Infrastruktur, soweit sie noch vorhanden war, und sie nutzten die römischen Nekropolen außerhalb der Stadt, um ihre Toten zu bestatten.

Das römische Imperium zerfiel und damit verloren sich auch Kultur und der Geist Roms im Laufe der folgenden Jahrhunderte. Einzig die römischen Bauwerke, die den nächsten Generationen Nutzen und Schutz boten, waren der Zerstörung durch Brandschatzung und Steinraub entgangen. Die römische Stadtmauer Kölns ist dafür ein herausragendes Beispiel: Sie blieb auch bei den Stadterweiterungen in den folgenden Jahrhunderten in großen Teilen erhalten. Auf dem zugeschütteten einstigen Überschwemmungsgebiet zwischen Ostmauer und Rheininsel hatte sich seit der Ottonenzeit ein bedeutender Handels- und Marktverkehr entwickelt. Um das Jahr 940 wurde diese 25 Hektar umfassende Kaufmannsvorstadt in die Stadt einbezogen.

Eine weitere Stadterweiterung um das Jahr 1106 umfasste neue Vorstädte im Norden, Westen und Süden. Durch die neue südliche Vorstadt Oversburg zog sich die oben erwähnte Gräberstraße, die sich in diesem Teil »Voir den Vrouwenbruderen« und »Voir St. Ian« und weiter südlich schon »Sint Seuverinsstraiß«, also Severinstraße, nannte. Mit einer Fläche von 34 Hektar erstreckte sich die neue südliche Vorstadt vom Kleinen Griechenmarkt in einer Diagonalen bis zur heutigen Kirche St. Johann Baptist an der Severinstraße und von dort rechtwinklig zur Severinstraße bis hinunter zum Rhein. Im Zuge dieser Stadterweiterung wurden riesige Befestigungsanlagen mit vorgelagerten Wallgräben gebaut, deren Verlauf heute noch über die Straßennamen Perlengraben und Katharinengraben nachvollziehbar ist.

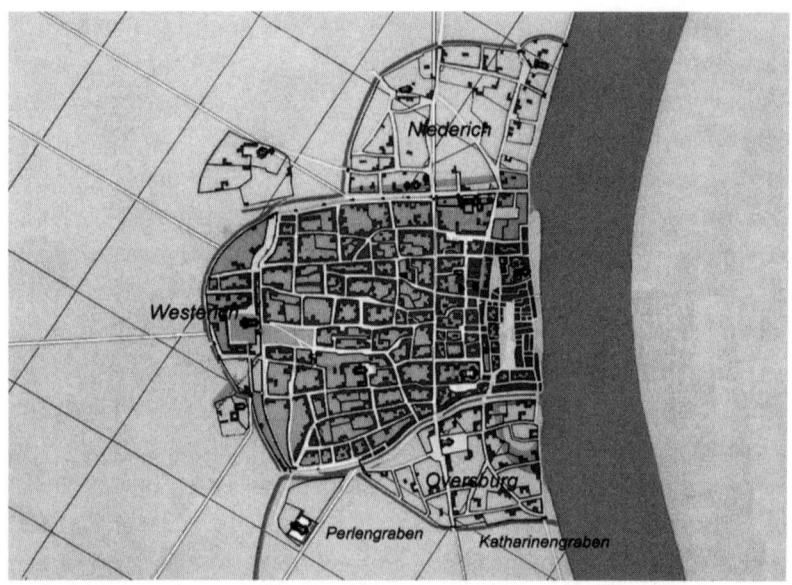

Karte des römischen Köln mit den Erweiterungen im Jahr 1106.

Im Jahre 1180 begann mit dem Bau der Ringmauer die nächste Stadterweiterung. Sie umschloss die ursprüngliche Römerstadt sowie die Stadterweiterungen von 940 und 1106 und weitere große Gebiete im Norden, Westen und Süden. Der Kartograf Arnold Mercator fertigte im Jahre 1571 eine Karte Kölns an, die nicht nur ein genaues Bild der Straßen, sondern auch, wie wir heute wissen, ein sehr genaues Bild der Bebauung dieser Zeit wiedergibt. Und so erkennt man auf Mercators Plan nicht nur die mittelalterliche Stadtmauer, sondern auch sehr deutlich die Umrisse des römischen Köln und eine Vielzahl von Reststücken der römischen Stadtmauer. Man kann in der Südstadt die Kirche St. Severin mit ihrem Kreuzgang und die Severinstraße, die dem Verlauf der einstigen römischen Gräberstraße folgt, ausmachen und man erkennt die mittelalterliche Severinstorburg mit dem vorgelagerten Zwinger, einer sechseckigen Vorbefestigung mit einem mächtigen Wehrturm.

Etwas über 300 Jahre später, 1880, war die Bevölkerung Kölns derart
gewachsen, dass die Befestigungsanlagen ein Hindernis für die nächste
Stadterweiterung darstellten. Die mittelalterliche Stadtmauer mit ihren
imposanten Toren und den vorgelagerten Befestigungs- und Wehranlagen war für die expandierende Stadt zu einem Hemmnis geworden
und dieses Hemmnis musste beseitigt werden. 1883 beschloss der Rat
der Stadt Köln deshalb, die mittelalterliche Stadtmauer samt Wehrbefestigungen niederzulegen: Stadtmauer und Wehranlagen wurden ein-
gerissen und die vorgelagerten Wallgräben mit dem anfallenden Schutt
aufgefüllt. In Anlehnung an die Prachtboulevards und Platzanlagen in
Paris und Wien entstand unmittelbar vor den ehemaligen Wallgräben
die Ringstraße: eine breite Prachtstraße mit großzügigen Platzanlagen,
die die wenigen verbliebenen Bauten der mittelalterlichen Stadtbefes-
tigung wie Eigelsteintor, Hahnentor und Severinstor würdevoll um-
rahmte. Dem Geschichtsbewusstsein hochrangiger Kölner Bürger ist
es zu verdanken, dass diese Torburgen erhalten blieben.

Die heutige Südstadt im Mercator-Plan von 1571.

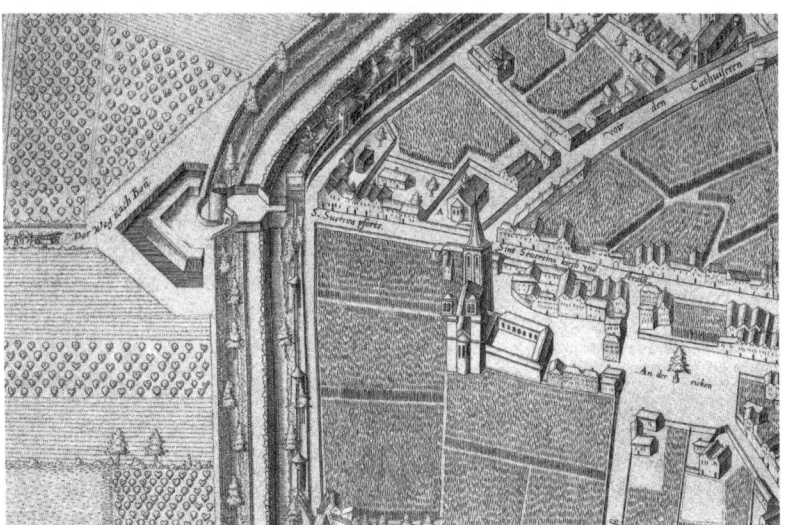

Die Severinstorburg war um 1880 schon fast eine Ruine. Die Schießscharten waren zu Fensterhöhlen vergrößert worden – Teile der armen
Bevölkerung hatten in den Gemäuern Wohnung bezogen und nicht nur
durch Herausbrechen von Mauerstücken, sondern auch durch Verhei-
zen von Holzböden und Außendächern zum weiteren Verfall beigetragen. Mit Anlage des Chlodwigplatzes in den Jahren 1884 bis 1886 erfuhr
die Severinstorburg eine Art Renaissance. Als nördlicher Abschluss des
Chlodwigplatzes überragte sie alle Häuser, die im Bereich der Südstadt
neu entstanden. Die Vrings Pooz, wie die Südstädter das Severinstor
heute noch liebevoll nennen, war aber nicht nur ein geschichtsträchtiges
Gemäuer, sie war damals
wie heute Mittelpunkt und
Symbol für alle Generationen, die in ihrem Schatten
lebten und arbeiteten.

Das Textilgeschäft »Heinrich Gens« am Chlodwigplatz 24 im Jahr 1930 mit Heinrich Gens, dem Vater
von Heinz und Josef Gens, im Vordergrund.

Als meine Großeltern
im Oktober 1897 am Seve-
rinswall 1 ein Textilgeschäft
eröffneten, gehörte dazu ein
gehöriges Maß an Risikobe-
reitschaft und echter Pio-
niergeist. Die Kölner Neu-
stadt, wie man alle Gebiete
auf und vor der ehemaligen
mittelalterlichen Stadtmauer nannte, war zu diesem
Zeitpunkt erst in ihrer Ent-
stehungsphase. Ob sich in
diesem Neubaugebiet ein
Textilgeschäft halten konnte, musste sich erst heraus-
stellen. Ihr Einsatz lohnte

sich bald schon und so kauften sie 1905 das direkt vor dem Tor gelegene Haus Chlodwigplatz 24 und betrieben nun von dort aus ihr Geschäft. Mit der weiteren Expansion der Südstadt in Richtung Bayenthal siedelten sich ab 1900 im Bereich um den Chlodwigplatz, auf Severinstraße und Bonner Straße viele Geschäftsleute an. Sie bildeten schon bald den Kern für ein gut situiertes Bürgertum und lieferten die für das Viertel notwendige Infrastruktur. Namen wie Geuer, Klöppel, Hennes, Hacks, Jünger, Brochmann, Altengarten, Niedecken, Hermann, Gens und Esser waren und sind bis heute das Rückgrat der Südstadt. Jeder kannte jeden und spätestens durch die Kinder, die zwischen 1905 und 1925 heranwuchsen, wurden die freundschaftlichen Bande zwischen den Familien immer enger. Ein Übriges tat die Kirche, denn wer hier wohnte, war katholisch und der Gemeinde Sankt Severin sehr verbunden.

Besonders enge Bande gab es damals zwischen den Familien Gens und Hermann. Die nahezu gleichaltrigen Kinder, vier bei den Hermanns, fünf bei den Gensens, sorgten für ein stetiges Hin und Her zwischen den Häusern 24 und 28 und für rege Teilnahme am gegenseitigen Familienleben. Diese freundschaftlichen Bande übertrugen sich auch auf die nächste Generation und die Freundschaft zwischen den Gensens, das waren mein Bruder Heinz und ich, und den Hermanns, das waren Toni, Elisabeth und Wolfgang, spielt dann auch bei der späteren Bergung des Poblicius-Grabmals eine entscheidende Rolle.

Der Zweite Weltkrieg brachte auch in das Severinsviertel Tod und Zerstörung. Am 18. September 1943 traf eine Phosphorbombe das Haus Chlodwigplatz 24. Verzweifelt hatte mein Vater versucht, die Brandbombe, die zwischen Dachfenster und Traufe in einen unzugänglichen Hohlraum gefallen war, zu entfernen. Vergeblich, der Phosphor fand im Dachstuhl und danach in den hölzernen Geschossdecken reichlich Nahrung. Als bei den Löschversuchen dann auch noch das Wasser versiegte, war das Haus verloren. Wie durch ein Wunder blieben aufgrund der Windrichtung ein Teil des zweigeschossigen Anbaus und ein Teil des Treppenhauses erhalten. Das Vorderhaus aber lag in Schutt und Asche.

Meine Großeltern und auch meine Eltern, die in dieser Nacht ihr gesamtes Hab und Gut verloren, fanden für einige Tage bei der Familie Hermann Aufnahme, bis im verbliebenen Anbau eine notdürftige Bleibe hergerichtet war. Wenige Wochen vor meiner Geburt im Dezember 1943 verstarb dann mein Großvater, der nicht hatte verwinden können, dass sein Lebenswerk in einer Nacht vernichtet worden war.

Der Krieg hatte tiefe Wunden gerissen. Nicht nur in die Bebauung des Severinsviertels: Die todbringenden Bombennächte hatten auch die Bevölkerung getroffen. Zudem waren viele Bewohner in die sicherere ländliche Umgebung Kölns geflohen. Dort war auch die Chance, an etwas Essbares zu gelangen, weitaus größer. Hunger war das zentrale Thema, das die Menschen, die nach Kriegsende in das Severinsviertel zurückkehrten, beschäftigte. Wir Kinder, die in dieser Nachkriegszeit groß wurden, hatten ständig Hunger, obwohl unsere Eltern sich das Essen vom Munde absparten, um uns Kindern etwas mehr geben zu können.

Langsam kam wieder Leben in die zerstörte Südstadt, hauptsächlich durch uns Kinder, denn Trümmergrundstücke waren für uns das, was

Das Haus Chlodwigplatz 24 nach der Zerstörung 1943.

für die heutigen Kinder Gärten und Spielplätze darstellen. Spielzeug gab es sowieso keins, also war unsere Fantasie gefordert und die war schier grenzenlos. Räuber und Gendarm, Nachlaufen und Verstecken, Buden bauen mit Holzbrettern, das waren die ungefährlichen Spiele. Hantieren mit Munitionsresten, Ruinenwände zum Einsturz bringen, Explosionen von Glasflaschen mit Wasser und Karbid herbeiführen war gefährlicher, aber natürlich auch interessanter.

Rund um die Torburg und rund um die Severinskirche gab es kein Trümmergrundstück, keine Ruine, die wir Kinder nicht genau kannten, und täglich gab es etwas Neues zu entdecken. Das Grundstück zwischen Silvanstraße und Severinsmühlengasse, direkt hinter der Severinskirche, war besonders interessant. Von der alten Volksschule, die hier einmal gestanden hatte, waren zum Severinskirchplatz hin nur einige Gewölbekeller erhalten und in der Silvanstraße waren Reste eines der Schultreppenhäuser, vier Stockwerke hoch, noch vorhanden. Die Etagenpodeste waren durch die Druckwellen der Bomben herausgefallen. Der ehemalige Schulhof war eine Hügellandschaft mit bis zu zehn Meter tiefen Bombentrichtern. Überwuchert mit Brennnesseln, Unkraut und Trümmerflieder mutete das Gelände an wie ein Dschungel, in den wir uns mit Stöcken immer neue Pfade schlugen – Abenteuer pur.

Hier kam ich zum ersten Mal mit der Geschichte Kölns in Berührung: Den großen Steintrögen, die tief in den Bombentrichtern aus der Erde ragten, hatten wir lange keine Beachtung geschenkt. Eines Tages war aber einer dieser Steintröge, der besonders weit aus einer Bombentrichterwand herausragte, durchgebrochen. Im näheren Umkreis lagen ein Totenschädel und eine Vielzahl von Knochen. Mein Vater, dem ich aufgeregt von unserem Fund erzählt hatte, ließ sich die Stelle zeigen und erklärte uns die Zusammenhänge. Was dort überall aus den Wänden der Bombentrichter herausragte, waren römische Steinsarkophage. Sie gehörten zum großen Gräberfeld von St. Severin, das ja von Römern und Franken als Begräbnisstätte genutzt worden war. Die Sarkophage, die normalerweise drei bis vier Meter unter dem Straßenniveau lagen,

waren durch die Sprengkraft der Bomben freigelegt oder teilweise unterhöhlt worden. Mein Vater ermahnte uns, die Ruhe der Toten nicht
zu stören, und sorgte dafür, dass die städtischen Archäologen von dem
Fund erfuhren.

Sehr bald wurden an der Fundstelle gezielte Grabungen durchgeführt, bei denen wir Kinder interessiert zusahen. Im Jahr 1953 wurden
dann, mit der Beseitigung von Kriegsschäden an der Severinskirche,
auch die archäologischen Grabungen unter dem Fußboden der Kirche
fortgeführt, die bereits 1938 begonnen worden waren. Hierbei wurde
von Professor Dr. Otto Doppelfeld, damals noch Kustos am neu gegrün-
deten Römisch-Germanischen Museum (RGM) und später dessen Direktor, eine Vielzahl von römischen und fränkischen Gräbern freigelegt,
die ebenfalls zum Gräberfeld von St. Severin gehörten.

Durch die Neubebauung nach dem Krieg traten in der Südstadt
immer wieder Grabfunde ans Tageslicht, so im Bereich zwischen Fer-
kulum und Severinswall, im Bereich Dreikönigenstraße, Achterstraße,
Kartäuserhof und schwerpunktmäßig natürlich an der Severinstraße.
Sehr bald wurde deutlich, dass das Gräberfeld, das die Archäologen bis
dahin nur in der Nähe der Severinstraße erwartet hatten, sich auf der
Ostseite der Severinstraße bis fast zum Rheinauhafen erstreckte.

Wenn es bei den Grabungsarbeiten in unserer näheren Umgebung
etwas Interessantes zu sehen gab, waren wir Kinder natürlich mit der
Nase dabei und gottlob gab es damals unter den Archäologen auch einige, die uns nicht fortschickten, sondern auf unsere bestimmt nerven-
den Fragen auch Antworten wussten.

»Pass auf«, hörte ich einen der Archäologen zu seinem Kollegen
sagen, als ich mich mal wieder einem Grabungsfeld näherte, »wenn du
dem Kleinen auch nur eine Frage beantwortest, fragt er dir anschließend
Löcher in den Bauch.«

Es gab nichts, was ich mir nicht erklären ließ, und jede Antwort, die
ich bekam, führte zu einer neuen Frage. Das fing an bei der Vermessung der Grabungsstelle: Warum denn alles so ganz genau vermessen

werde? Warum denn dann alles aufgezeichnet werde? Warum man denn so vorsichtig grabe? Warum man denn Gräben ins Erdreich lege? Wieso man denn aus den Erdschichten und den Scherben etwas lesen könne? Wie man denn die Scherben vom Alter her unterscheiden könne? Warum denn manche Scherben so schön glatt, andere dagegen rau seien? Warum das Glas, das man gefunden habe, so schillernde Farben habe?

Ich war wirklich eine Nervensäge. Aber ich hatte sehr früh verstanden, wie vorsichtig man mit einem Grabungsbefund umgehen muss und dass ein falscher, ein unbedachter Tritt ein Fundstück gar für immer zerstören kann.

Es ist nun aber nicht so, dass durch diese frühen Kindheitserlebnisse eine besondere Neigung zu Geschichte und Archäologie bei mir vorhanden gewesen oder entstanden wäre. Mein Interesse galt grundsätzlich allem, was sich in meinem Umkreis ereignete – wie bei allen anderen Kindern auch.

Die vielen Baustellen der Nachkriegszeit waren für mich ebenfalls hochinteressant: Es wurde Zement gemischt, meist noch von Hand, es wurde gemauert, es wurde verputzt, wobei der ungelöschte Kalk in der Regel in großen rechteckigen Wannen angesetzt wurde. Es wurden Elektroinstallation und Wasserinstallation verlegt, es wurde gefliest, es wurde gestrichen. Ich lernte, wie man beim Mauern die Mischung von Sand und Zement ansetzt, wie die Zugabe von Kalk die Konsistenz und Haftung des Mörtels verbessert, warum beim Mauern die Fugen versetzt angeordnet werden und es unterschiedliche Mauerverbände gibt. Beim Verputzen lernte ich die Gefährlichkeit des ungelöschten und auch des gelöschten Kalks kennen, die beide bei unsachgemäßem Umgang schlimme Verbrennungen an Augen und Haut verursachten.

Mein Vater zeigte mir, warum Elektroleitungen immer senkrecht oder waagerecht, aber nie diagonal verlaufen dürfen, wie ein Schalter funktioniert, wie eine Lampe angeschlossen wird und wie ein Schaltkreis angelegt ist. Bei der Sanitärinstallation sah ich zu, wie Gewinde geschnitten und mit Hanf und Fett eingedichtet und wie Waschbecken und Armaturen montiert werden. Bei den Anstreichern interessierte mich das Spachteln, Schleifen, Vorstreichen und Endlackieren. Neben all dem Handwerklichen lernte ich auch sehr schnell einzuschätzen, welche Menschen auskunftsbereit waren und welche eben nicht.

Bevor es 1950 an den Wiederaufbau des Textilgeschäftes am Chlodwigplatz 24 ging, musste mein Vater, unterstützt von meinem Großvater mütterlicherseits, die beiden im vorderen Bereich des Grundstücks liegenden Keller von Schutt befreien. Für uns Kinder war das Entfernen des Schuttes natürlich eine spannende Sache, denn immer wieder fanden sich dabei Relikte aus dem abgebrannten Wohnhaus. Mal waren es Besteckteile, die durch die Brandhitze verformt oder geschmolzen waren, mal der deformierte und ausgeglühte Kohlenkasten von Frau Landgraf, einer alten Studienrätin, die, wie mein Vater erzählte, im vierten Stock des Vorderhauses gewohnt hatte. Mal waren es Scherben von Tassen oder Bleikristallsalzstreuern und der wohl wertvollste Fund war ein noch funktionsfähiger Kanonenofen, der uns im folgenden Winter gute Dienste leisten sollte.

Wir Kinder klopften den alten Mörtel von Mauersteinen ab, damit sie später wiederverwendet werden konnten. Oft gab es dabei Streit um den einzigen Hammer. Sehr schnell lernten wir, Hartbrandziegel von Weichbrandziegel zu unterscheiden, weil Weichbrandziegel oft schon beim Anfassen zerbröselten. Nur den Hartbrandziegeln hatte die Feuersbrunst, die unser Elternhaus in Schutt und Asche gelegt hatte, nichts anhaben können und nur sie waren deshalb für den Aufbau wiederverwertbar.

Wohin mit dem Schutt? Das war eine der Kernfragen beim Wiederaufbau unseres Textilgeschäftes. Abfahren wäre zu teuer gewesen, also kam mein Vater auf die Idee, den alten, ungenutzten Gewölbekeller unter unserem Hof mit dem Schutt aufzufüllen.

Dass dieser Keller 15 Jahre später der Schlüssel zum Fund des Poblicius-Grabmal werden sollte, konnten wir zu diesem Zeitpunkt nicht ahnen.

2

EINE BAUPLANUNG LÄSST
GESCHICHTE LEBENDIG WERDEN

Im Jahr 1964 hatte mein Vater seinen Geschwistern das Grundstück Chlodwigplatz 24 abgekauft und damit die Erbengemeinschaft aufgelöst. Nunmehr konnten die Planungen für den Wiederaufbau des im Krieg zerstörten vorderen Wohnhauses über dem Geschäft beginnen. In den ersten Gesprächen mit dem Architekten, an denen mein Bruder Heinz, mittlerweile 24 Jahre alt, und ich, mittlerweile 21 Jahre alt, mit großem Interesse teilnahmen, wurde zunächst als vermeintlich kostengünstige Lösung ein Wiederaufbau auf den alten Fundamenten des Jahres 1885 angedacht.

Dagegen sprach, dass die Bautiefe (Hausvorderfront zur Hausrückwand) von ursprünglich zehn Metern im Jahr 1960 auf 13 Meter erhöht worden war und so die Möglichkeit bestand, die Wohnfläche pro Etage von 85 Quadratmeter auf etwa 110 Quadratmeter zu vergrößern. Dafür wäre dann ein neues Hausrückfundament, etwa drei Meter hinter der bisherigen Hausrückwand, erforderlich gewesen.

Außerdem sprach dagegen, dass die Hausfundamente 1885 in den erst ein Jahr vorher verfüllten mittelalterlichen Wallgraben gesetzt worden waren. Die in den Folgejahren auftretenden Setzungserscheinungen von Erdreich und Fundamenten hatten sich vor dem Krieg, wie mein Vater zu berichten wusste, am alten Vorderhaus durch Risse im Mauerwerk bemerkbar gemacht, die immer wieder aufwendig saniert werden mussten. Dass das Erdreich sich auch 75 Jahre später immer noch setzte, hatten wir im Jahr 1960 durch neue Risse am Anbau des Hauses bemerkt. Bei einem Neubau auf den alten Fundamenten war also zu befürchten, dass die andauernden Setzungserscheinungen schon nach kurzer Zeit auch am neuen Haus wieder zu Schäden führen könnten.

Laut Aussage des Architekten war es deshalb unbedingt erforderlich, neue Hausfundamente auf tragfähigen Boden zu setzen. Die Frage aber, in welcher Tiefe mit tragfähigem Boden zu rechnen war, konnte niemand beantworten. In der Diskussion mit dem Architekten wurde sehr schnell klar, dass nur eine Sondierungsgrabung absolute Sicherheit bringen konnte. Als der Architekt zwei Wochen später den Kostenvoranschlag für diese Sondierungsgrabung vorlegte, trat große Ernüchterung ein. Die Bausumme erhöhte sich nahezu um 30 Prozent und das war für uns nicht tragbar.

Eine Alternative musste her und so kam die Idee auf, in den Archiven der Stadt Köln historische Fotos, Unterlagen oder Katasterpläne aufzutreiben, die Auskunft über die genaue Lage und Tiefe des einstigen Wallgrabens direkt vor dem Severinstor und damit im Bereich des Grundstücks Chlodwigplatz 24 geben konnten. Der Architekt, der sich für das Zusammentragen historischer Unterlagen nicht zuständig fühlte, empfahl uns, einen Historiker einzuschalten – mein Bruder und ich waren jedoch überzeugt, die notwendigen Recherchen selbst durchführen zu können.

Während mein Bruder sich ins Stadtarchiv begab, beschloss ich, ausgerüstet mit Schreibblock und Bleistift, im Stadtmuseum in der Zeughausstraße nach verwertbaren Informationen zu suchen. Ein großes Modell der Stadt Köln und ein daneben hängender Stadtplan fanden auf Anhieb meine Aufmerksamkeit. Das Stadtmodell war, wie die Beschreibung auswies, nach dem Stadtplan von Arnold Mercator erstellt worden, von dem ich damals zum ersten Mal hörte. Von einer Museumsführerin, die sich mit einer Besuchergruppe näherte, erfuhr ich noch mehr: Der Stadtplan des Arnold Mercator von 1571 zeige nicht nur Verlauf und Namen der frühneuzeitlichen Straßen, sondern er zeige auch, und dies besonders exakt, die damalige Bebauung – angefangen vom zu dieser Zeit halbfertigen Dom über Häuser und Kirchen bis hin zur mittelalterlichen Stadtmauer mit ihren Befestigungsanlagen. Und auf eine weitere Besonderheit wies die Museumsführerin hin: Arnold Mercators Plan stelle die vollständige Stadt aus der Vogelperspektive dar und vermittele dem Betrachter das Gefühl, über Köln zu schweben. Eine einzigartige Leistung für einen Kartografen der frühen Neuzeit, die es ermöglicht habe, nach diesem Plan das maßstabsgetreue Modell anzufertigen. Die für mich wichtigste Information erwähnte die Führerin eher beiläufig, nämlich dass man verkleinerte Kopien des Mercator-Plans käuflich erwerben könne.

Ich traf die Museumsführerin später an der Kasse wieder, nachdem sie ihre Besuchergruppe verabschiedet hatte. Sie kam auf mich zu und fragte, ob sie noch irgendwie behilflich sein könne. Ich erzählte ihr von unserem Bauvorhaben und der Notwendigkeit, exakte Angaben über Lage und Dimensionen der mittel-

Severinstorburg von der Stadtinnenseite aus gesehen im Jahr 1880.

alterlichen Befestigungs- und Wehranlagen im Bereich des Chlodwigplatzes zu erhalten. Mein detailliertes Interesse schien ihr zu gefallen und sie versprach, im Museumsarchiv und auch bei ihren Kollegen für mich zu recherchieren und sich dann bei mir telefonisch zu melden.

Mein Bruder hatte im Stadtarchiv zwar keine schriftlichen Hinweise auf die Dimensionen der Wehrbefestigung gefunden, aber er kam mit einigen interessanten Fotos zurück, die um das Jahr 1880 entstanden waren.

Eines der Fotos zeigte die Torburg von der Stadtinnenseite und die auf beiden Seiten des Tores anschließende vollkommen intakte Stadtmauer. Man konnte erkennen, dass auf der linken Torseite vor der ca. elf Meter hoch aufragenden Hauptmauer ein ca. 7,5 Meter hoher und vier bis fünf Meter breiter Erdwall aufgeschüttet war, der mit einer weiteren massiven, etwa fünf Meter hohen Mauer nach innen abgestützt war. Die mittelalterlichen Baumeister hatten also eine Doppelmauer mit dazwischenliegendem Erdwall geschaffen, die speziell im unteren durch Angriffe gefährdeten Bereich außerordentlich massiv war. Auf der Hauptmauer konnte man einen Wehrgang erkennen, von dem aus im Schutze der Schießscharten Feinde abgewehrt werden konnten.

Man kann sich natürlich fragen, wie wir die genannten Maße ermitteln konnten, obwohl das Foto doch gar keine Maßangaben enthielt. Sehr schnell hatten wir beim Betrachten des Fotos erkannt, dass es ein Maß enthielt, das sich seit dem Mittelalter nicht geändert hatte: die Breite der Tordurchfahrt. Bewaffnet mit einem Zollstock hatten wir ein Innenmaß der Tordurchfahrt von 6,3 Metern ermittelt. Dies war nun unser Referenzmaß, mit dem wir durch Abmessen auf dem Foto und maßstäbliche Umrechnung die eben genannten Maße ziemlich genau festlegen konnten.

Auf der rechten Torseite waren Höhe und Aufbau der Wehrmauer von den mittelalterlichen Baumeistern anders gestaltet worden. Die hier etwa zwölf Meter hohe Hauptmauer bestand aus mächtigen, 1,8 Meter breiten Pfeilern, die durch etwa sechs Meter breite Bögen überspannt wurden. Auf den Bögen verlief in zehn Metern Höhe der Wehrgang. Der hinter der Mauer angeschüttete Erdwall erreichte hier nur eine Höhe von etwa drei Metern und war damit wohl ein zweiter, unterer Wehrgang, wie die Schießscharten zwischen den Bögen vermuten lassen.

Besonders interessant an dem Foto war die Erkenntnis, dass bereits im Jahre 1880 die Torburg wohl ihre eigentliche Funktion als Wehrbefestigung verloren hatte: Das lässt sich vor allem daran erkennen, dass sie zum Teil bewohnt war.

Es machte Spaß, sich in diese Details einzuarbeiten, aber noch hatten wir keine Hinweise oder Unterlagen zum Verlauf des Wallgrabens gefunden, der uns vorrangig interessierte. Ein Foto aus dem Stadtarchiv mit der Torburg von der Stadtaußenseite half da auch nicht wesentlich weiter. Es zeigte immerhin, dass der Tordurchgang an der Vorderseite durch Abmauern verkleinert worden war und dass sich über dem neuen Tordurchgang ein preußischer Reichsadler befand, der die Eintretenden

Severinstorburg vom Chlodwigplatz aus gesehen im Jahr 1880 – mit Stadtmauer.

begrüßte. Und es zeigte die preußischen Soldaten, die in der Vorbefestigung auf ihren Einsatz warteten. Leider verdeckte die rechte Mauer der Vorbefestigung den Blick auf den dahinterliegenden Wallgraben.

Ein weiteres Foto aus dem Jahre 1884 zeigt das Severinstor wiederum von außen, allerdings waren zu diesem Zeitpunkt bereits Vorbefestigung und Stadtmauer niedergelegt und der Wallgraben vor der Mauer mit Erdreich verfüllt, sodass seine Lage auch auf diesem Foto nicht mehr erkennbar ist.

Dennoch ist das Foto historisch interessant, weil es belegt, dass der Beschluss des Stadtrats zum Abriss der mittelalterlichen Wehrbefestigungen aus dem Jahre 1883 zügig umgesetzt und bereits 1884 die Neubebauung des Geländes mit Bau des Hauses Chlodwigplatz 28 begonnen worden war.

Severinstorburg vom Chlodwigplatz aus gesehen im Jahr 1884 – ohne Stadtmauer.

Mit dem Besuch im Katasteramt hatten wir die Hoffnung verbunden, über alte Katasterpläne Genaueres über die Lage des ersten Wallgrabens direkt vor der Mauer zu erfahren. Das Ergebnis war niederschmetternd. Es gab keinerlei Pläne der Wehranlagen und dafür gab es, wie wir durch weitere Recherchen erfuhren, auch einen logischen Grund: Die gesamten Befestigungsanlagen des mittelalterlichen und preußischen Köln gehörten dem Deutschen Reich, waren »militärisches Sperrgebiet« und durften deshalb weder kartografiert noch fotografiert werden.

Aus einem alten Grundstücks-Tauschvertrag konnten wir ermitteln, dass große Flächen dieses militärischen Sperrgebietes von der königlichen Regierungsabteilung des Deutschen Reiches am 18.02.1881 von einem Notar namens Busch versteigert und mit Vertrag vom 23.02.1881 von der Stadt Köln erworben worden waren. In einer weiteren Versteigerung am 05.03.1881 waren dann die restlichen Flächen mit Vertrag vom 02.05.1881 in den Besitz der Magdeburger Bau- und Creditbank übergegangen.

Für das Grundstück Chlodwigplatz 24 fanden wir heraus, dass es am 23.06.1881 von eben jener Bank an die Privatleute Hilarius und Sabine Langendorff verkauft worden war. Es gehörte zum vom damaligen Stadtbaumeister Hermann Josef Stübben festgelegten »Bauplatz 41«, der das Gelände zwischen Ubierring, Chlodwigplatz und Severinswall bis hinunter zur Alteburger Straße umfasste.

Wie gut, dass sich die Museumsführerin bald meldete. Sie konnte mir zwar keine konkreten Maßangaben zu Vorbefestigung und Wallgraben nennen, aber sie hatte einige andere wichtige Hinweise. Unter den zahlreichen Büchern, die sie als Literatur empfahl, war ein Buch über die mittelalterliche Stadtmauer aus dem Jahr 1884 für uns besonders aufschlussreich: *Cölner Thorburgen und Befestigungen 1180 bis 1883*. Der Autor Heinrich Johann Wiethase und der Architekten- und Ingenieurverein für Niederrhein und Westfalen hatten kurz vor Beginn der Niederlegung der mittelalterlichen Stadtmauer die gesamten Wehr- und Befestigungsanlagen inklusiv der Torburgen in Bauplänen dokumentiert. Wir waren wirklich begeistert, in diesem umfangreichen Werk maßstabgerechte Detailbaupläne der Severinstorburg, der Stadtmauer und des zur Vorbefestigung gehörenden Bastionsturms zu finden, die unsere Maßangaben zur Höhe von Stadtmauer, Wällen und Wehrgängen weitestgehend bestätigten.

Nur zu den Wallgräben waren keine verwertbaren Maße zu finden, da sich die gesamte Bauplan- und Maßerfassung damals aus Zeitnot wegen des beginnenden Abrisses auf das Aussehen der Stein- und nicht auf Erdbauwerke konzentriert hatte.

Als wir dann den Mercator-Plan noch einmal sehr genau in Augenschein nahmen, wurden wir endlich fündig: Wir stellten fest, dass der mittelalterlichen Stadtmauer nicht nur ein, sondern sogar zwei Wallgräben vorgelagert gewesen waren. Direkt vor der Mauer fiel ein mit Bäumen bepflanzter Wall in den ersten Graben ab und endete an der Grabenfangmauer, die den Hochwall zwischen dem ersten und dem zweiten Wallgraben begrenzte. Der begehbare und teilweise mit Bäumen

bepflanzte Hoch-
wall fiel dann von
dort in den zwei-
ten Wallgraben ab
und endete an der
Vorderfront des
Bastionsturms, der
dem Zwinger und
der Torburg vorge-
lagert war.

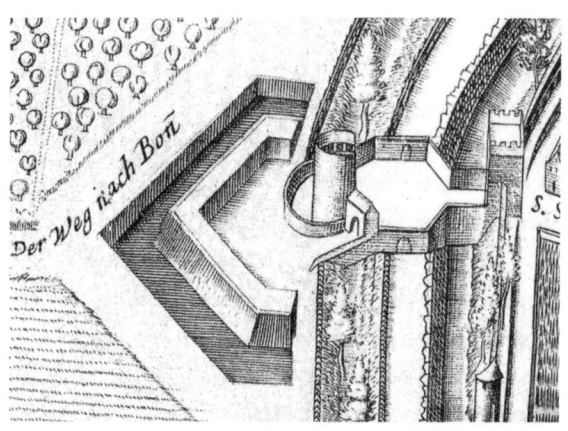

Severinstor mit Vorbefestigung und zwei Wallgräben
auf dem Mercator-Plan von 1571.

Uns kam der
Gedanke, Lage und
Breite der Wallgrä-
ben über die Bau-
maße der Vorbefestigung des Severinstors abzuleiten. Die Ausdehnung
von Wallgräben und Wällen reichte, wie der Mercator-Plan zeigte, vor
dem Severinstor bis zur Vorderkante des Bastionsturmes der Vorbefestigung. Das Längenmaß der Vorbefestigung von der Vorderkante Torburg
zur Vorderkante Bastionsturm konnten wir aus verschiedenen Plänen und
den detaillierten Tor- und Bastionsturmzeichnungen aus dem Buch von
Heinrich Johann Wiethase grob mit etwa 68 Metern ermitteln. Über maßstäbliche Aufteilung versuchten wir dann auf die Breite der beiden Gräben
und der Wälle rückzuschließen. Bei einer Länge der Vorbefestigung von
ca. 68 Metern konnten wir die Breite der beiden Wallgräben mit je ca. 26
Metern und die Wallbreite zwischen den beiden Gräben mit ca. 16 Metern
bestimmen.

Die Frage nach der ursprünglichen Tiefe der Wallgräben bezogen
auf das Straßenniveau konnten wir jedoch immer noch nicht beantworten. Es gab nur sehr vage Angaben. Einzig über die sich noch immer
setzenden Fundamente unterhalb des Kellers in unserem Elternhaus
wussten wir, dass der erste Wallgraben unmittelbar an der Stadtmauer
auf jeden Fall tiefer als sechs Meter gewesen sein musste: Der Kellerbo-

den lag bereits 3,50 Meter unter Straßenniveau, laut Architekt reichten die Fundamentpfeiler mindestens drei Meter von dort ins Erdreich, das dort immer noch nicht tragfähig war.

Die Museumsführerin empfahl, die Maße des direkt vor der Mauer liegenden Wallgrabens eventuell an dem noch vorhandenen Stück Stadtmauer am Sachsenring zu überprüfen. Die hier gemessene Breite des Wallgrabens von nur ca. zwölf Metern und die Tiefe unter Straßenniveau von nur 3,50 bis 4 Metern machten jedoch sehr schnell deutlich, dass bei Anlage des Sachsenrings nur ein Rest des ursprünglichen Wallgrabens für

Reste des Wallgrabens am Sachsenring.

Anschauungszwecke erhalten geblieben war.

Nachdem auch weitere Literaturrecherchen nicht zu ausreichend genauen Maßen über die Lage und Tiefe des für unser Bauvorhaben wichtigen ersten Wallgrabens führten, mussten wir wohl oder übel eingestehen, dass wirklich nur eine Sondierungsgrabung exakte Aufschlüsse liefern würde.

Die detaillierte Beschäftigung mit dem Mercator-Plan und der Stadtmauer mit den Wehrbefestigungen hatte den Wissensstand für unser Bauvorhaben zwar nicht vorangebracht, aber durch die vielen neuen Erkenntnisse war für uns eine wichtige Zeit der Kölner Stadtgeschichte lebendig worden.

3

EIN BRUNNEN WECKT UNSERE NEUGIER

Die Sondierungsgrabung war also unumgänglich, trotzdem diskutierten wir weiter, inwieweit sich der vorgesehene Umfang und damit auch die Kosten verringern ließen.

Um ein Bodenprofil des Wallgrabens zu erhalten und damit die notwendige Tiefe für die neuen Fundamente zu bestimmen, hatte unser Architekt vorgeschlagen, insgesamt neun Sondierungsschächte zu graben: je drei an der Hausvorderfront, in der Hausmitte und im Bereich des neuen Fundaments an der Rückseite des Hauses. Unser Gegenvorschlag war, lediglich im Bereich des neuen Fundaments einen quer über das Grundstück laufenden ein Meter breiten Graben so tief auszuheben, bis gewachsener Boden erreicht würde.

Die Vorteile überzeugten schließlich auch den Architekten: Auf diese Weise würden wir ein vollständiges Erdprofil des Wallgrabens erhalten. Darüber hinaus könnte in diesem Sondierungsgraben später das Fundament für die neue Hausrückwand eingebracht werden, ohne dass zusätzliche Ausschachtungsarbeiten entstehen würden. Damit ließen sich die veranschlagten Kosten wesentlich reduzieren. Restlos überrascht war der Architekt, als wir seinen wohl scherzhaft gedachten Vorschlag, wir könnten die Kosten gänzlich sparen, wenn mein Bruder und ich sie in Eigenleistung erbringen würden, sofort aufgriffen.

Die anfängliche Skepsis unseres Vaters konnten wir sehr schnell zerstreuen, als wir mit ihm über unsere geplante Vorgehensweise sprachen. Sicher war es auch unsere spürbare Entschlossenheit, die ihn letztendlich zustimmen ließ.

Bevor mit der Sondierungsgrabung begonnen werden konnte, musste aus dem Hofkeller der Schutt entfernt werden, den mein Vater dort 1950 beim Wiederaufbau des Geschäfts deponiert hatte. Das Bauamt der Stadt Köln, das damals solche Entschuttungsaktionen kostenlos anbot, reagierte schnell und so war der Hofkeller Mitte März 1965 erstmals begehbar. Nach Ostern sollte mit der Sondierungsgrabung begonnen werden.

Am Karfreitag sah ich meinen Bruder in Arbeitskleidung im Keller verschwinden. Mir war sofort klar, dass er mit dem Beginn der Grabung nicht bis nach Ostern warten wollte. Ich selbst hatte zunächst wenig Lust, den sonnigen Feiertag im Keller zu verbringen. Immerhin schaffte ich es, zwei Stunden lang die dumpfen Schlaggeräusche, die aus dem Keller nach oben drangen, zu ignorieren, aber dann siegte meine Neugier. Mein Bruder hatte im Hofkeller, drei Meter hinter der alten Hausrückwand an der Brandmauer des Hauses Chlodwigplatz 22, damit begonnen, den Sondierungsgraben auszuheben. In der spärlichen Beleuchtung, die er notdürftig im Keller installiert hatte, war zu erkennen, dass der Bodenbelag des Hofkellers größtenteils aus Hartbrand-Ziegelsteinen bestand. Der ein Meter breite Graben war bereits zwei Meter lang und 50 Zentimeter tief und endete an einer im Boden eingelassenen Betonplatte, unter der ein Stück Ziegelmauerwerk sichtbar wurde.

Die 1,50 mal 1,50 Meter große Betonplatte gab Rätsel auf, denn es war die einzige Stelle im Kellerboden, die nicht mit Hartbrandziegeln ausgelegt war. Einen Grund dafür schien es nicht zu geben. Mein Bruder war schon ziemlich genervt, denn die Betonplatte hatte all seinen Versuchen, sie zu zertrümmern, erfolgreich widerstanden. Nachdem ich mir Arbeitskleidung angezogen hatte, schlug ich vor, die Betonplatte zu unterhöhlen, um sie entfernen zu können.

Mit der Ermahnung, die einzige Spitzhacke, die wir hatten, nicht zu beschädigen, verließ mein Bruder den Keller, um für eine bessere Ausleuchtung zu sorgen. Derweil holte ich mit großem Schwung auf der Platte stehend mit der Spitzhacke aus und riss dabei die notdürftige Beleuchtung von der Decke. Die Glühlampe zerbrach mit lautem Knall auf dem Boden, während gleichzeitig die Hacke mit voller Wucht auf die Ziegelwand unter der Betonplatte traf. Das Mauerwerk gab an dieser Stelle nach und verschwand mit ohrenbetäubendem Getöse zusammen mit der Hacke in der Tiefe. Ich blieb wie angewurzelt auf der Betonplatte stehen, weil ich nicht ahnen konnte, welcher Abgrund sich da unter mir aufgetan hatte. Es war stockdunkel.

Als mein Bruder mit neuer Beleuchtung zurückkam, hatte ich mich vom ersten Schrecken erholt. Immer noch stand ich auf der Betonplatte und wagte keinen Schritt. Ich berichtete ihm, was geschehen war, und wurde zunächst einmal wüst beschimpft, weil die Hacke weg war. Als er das Licht einschaltete, war eine Öffnung in der Ziegelmauer zu erkennen und endlich konnte ich von der Platte heruntersteigen. Als mein Bruder eine weitere Lampe einschaltete und in die Öffnung hinabließ, gähnte unter uns ein sauber gemauerter Brunnenschacht, in dem in etwa drei Metern Tiefe unsere unbeschädigte Spitzhacke lag. Stufenausschnitte in der Brunnenwandung ließen ein Hinabsteigen, aber auch die Vermutung zu, dass dieser Brunnen noch viel tiefer als drei Meter sein konnte.

Um das wirklich beurteilen zu können, mussten wir die Betonplatte entfernen. Sie hatte sich durch das weggebrochene Stützmauerwerk sowieso schon leicht gelöst, sodass wir sie, nachdem wir sie an einigen weiteren Stellen unterhöhlt hatten, von der Öffnung herunterziehen konnten. Als der Blick in den Brunnen frei war, unterrichteten wir unsere Eltern über den Fund. Das Erstaunen war groß, denn nie hatte jemand in der Familie etwas über einen Brunnen im Keller gesagt. Die Frage, die sich sofort stellte, war: Wie alt war er?

Offensichtlich war der Brunnen, als er nicht mehr gebraucht worden war, mit Erdreich aufgefüllt und mit der Betonplatte abgedeckt worden. Das Erdreich im Brunnen hatte sich mit der Zeit um ca. drei Meter gesetzt. Wir mutmaßten, dass der Brunnen im Jahr 1885 mit dem Bau des Hauses Chlodwigplatz 24 zugeschüttet worden war, ansonsten hätten unser Großvater und auch unser Vater etwas von dessen Existenz wissen müssen. Folglich musste er aus der Zeit vor 1885 stammen und zur Vorbefestigung des Severinstors gehört haben.

Das war eine spannende Vermutung! Die noch spannendere Frage war jedoch, wie tief der Brunnen hinabreichen würde. Um das herauszufinden, mussten wir das im Brunnen befindliche Erdreich entfernen und so beschlossen wir, noch am selben Tag dem Brunnen im wahrsten Sinne des Wortes auf den Grund zu gehen.

Da wir dies ohne Hilfe schwerlich geschafft hätten, rief ich meinen Freund Bernhard Strässer an und erzählte ihm von dem Fund. Als ich ihn fragen wollte, ob er den Brunnen mit ausgraben wolle, da hörte ich nur noch ein »Ich komme« und der Hörer flog auf die Gabel.

Bernhard war Architekturstudent an der RWTH Aachen und für alles Außergewöhnliche sofort zu begeistern. Wenn ihn ein Thema oder eine Sache interessierte, sprühte er vor Ideen und seinem Tatendrang war nur schwer Einhalt zu gebieten.

Als er kurze Zeit später bei uns zu Hause ankam, wollte er sofort in den Brunnen steigen. Unser Vater bremste uns erst einmal mit dem Hinweis, dass erst kurz vorher jemand in einem Brunnen erstickt sei: Es hatten sich Gase im Brunnenschacht gesammelt, die den Sauerstoff verdrängt hatten. Der Brunnengräber war bewusstlos geworden und erstickt, ehe ihn die Feuerwehrleute, die Sauerstoffmasken trugen, retten konnten.

Da uns das nicht passieren sollte, beratschlagten wir, was wir alles für die Ausschachtung und unsere Sicherheit brauchten. Neben Eimern, Seilen und Schaufeln für den Erdtransport war natürlich eine ausreichende Ausleuchtung wichtig. Außerdem sollte derjenige, der im Brunnen die Eimer mit Erdreich füllte, über ein Seil so gesichert werden, dass er im Notfall hochgezogen werden konnte. Ein Probelauf bestätigte uns, dass wir Bernhard, der immer noch darauf bestand, im Brunnen die Eimer zu füllen, mit dem Flaschenzug, den wir bei der Brennerei Hermann ausgeliehen hatten, schnell genug aus dem Brunnen ziehen konnten.

Bernhard wurde also angeseilt und stieg mit Schaufel und einer Kerze, deren Verlöschen vor Sauerstoffverlust gewarnt hätte, in den Brunnen. Uns war allen klar, dass wir trotz der getroffenen Sicherheitsvorkehrungen äußerst vorsichtig vorgehen mussten. Bernhard entfernte zunächst die lockeren Steine vom oberen Brunnenrand und reichte die Steine, die in den Brunnen hineingefallen waren, nach oben. Anschließend reichte er die Spitzhacke herauf und begann die ersten Eimer zu füllen, die wir zu ihm heruntergelassen hatten. Nach sechs Eimern mit

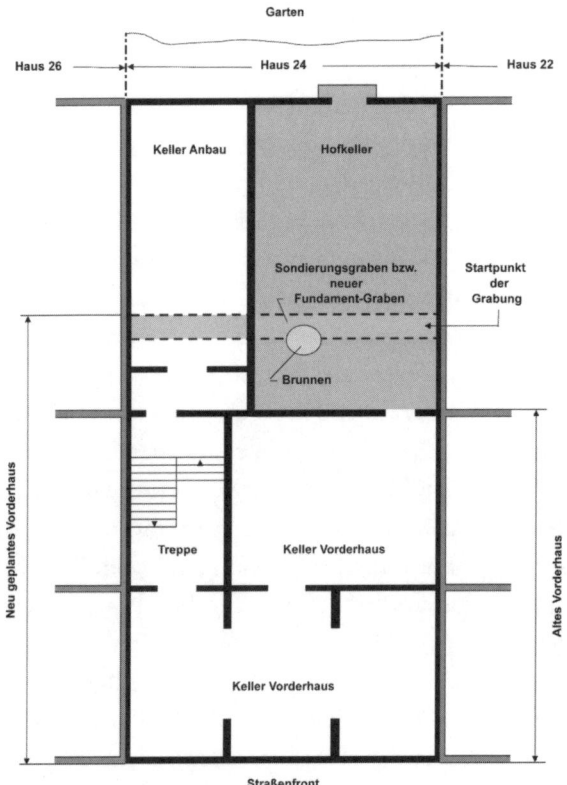

Grundriss Kellergeschoss des Hauses Chlodwigplatz 24.

Steinen und Bauschutt dann ein erster Eimer mit lehmigem Erdreich, mit dem man den Brunnen wohl 1885 verfüllt hatte.

»Da sind Scherben drin«, rief Bernhard zu uns herauf, »die müsst ihr euch mal ansehen.« Während mein Bruder aus Sicherheitsgründen Bernhard im Auge behielt, leerte ich den Eimer im hinteren Hofkeller aus, wo wir auch schon das Erdreich der Sondierungsgrabung deponiert hatten.

Ich entdeckte eine Vielzahl von Scherben, die ich vorsichtig mit den Händen säuberte und zur Seite legte. Während ich den Lehm weiter mit gespreizten Fingern durchkämmte, wurde mir klar, dass ich wirklich alle

Bruchstücke nur mit einem Sieb herausholen konnte. Ich fand eins im Keller des Vorderhauses, und als ich damit zurückkam, rief mein Bruder bereits nach mir, damit ich weitere Eimer am Brunnenrand abholte.

Ich forderte Bernhard auf, eine Pause einzulegen und aus dem Brunnen zu steigen, damit ich ihm und meinem Bruder die ersten Fundstücke zeigen konnte: Scherben unterschiedlicher Farbe, teilweise mit Muster.

Nachdem wir das bis dahin hochgeholte Erdreich gesiebt hatten, wurden weitere kleinere Scherben und auch Metallteile sichtbar. Schnell waren wir uns einig, ab jetzt alles durchzusieben, um wirklich alle Relikte zu erkennen und zu sammeln.

Ich hatte Monate vorher darüber gelesen, dass bei archäologischen Grabungen Fundgegenstände in der Reihenfolge ihrer Auffindung ausgelegt werden, um auf dieser Grundlage eine Fundchronologie zu erstellen. Also wurden die bis dahin gefundenen Stücke auf einer Holzdiele ausgelegt und alle weiteren folgten in der Reihenfolge, in der sie das Erdreich freigab.

Wie gut, dass unser Freund Toni Hermann von seinem Vater erfahren hatte, dass wir uns einen Flaschenzug ausgeliehen hatten, und plötzlich bei uns im Keller stand. Toni, von Beruf Destillateur, war im Vergleich zu unserem hyperaktiven Freund Bernhard eher ein ruhiger und bedächtig agierender Mensch, den so schnell nichts aus der Ruhe brachte. Toni bot sich an, die Aufgabe des Siebens zu übernehmen und die Fundstü-

Außenansicht des Brunnens im Keller des Hauses Chlodwigplatz 24.

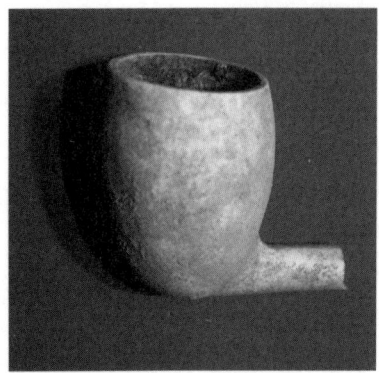

Pfeifenkopf mit Tabakresten.

cke weiter in ihrer Fundreihenfolge auszulegen. Mein Bruder zog die Eimer mit Erdreich aus dem Brunnen und behielt Bernhard im Auge, der mit der Zeit immer tiefer im Brunnenschacht verschwand. Für den Weitertransport des Erdreichs zur Siebstelle war ich verantwortlich.

Schließlich hatten wir nach vier Stunden etliche Kubikmeter Erdreich aus dem Brunnenschacht herausbefördert, gesiebt und im hinteren Hofkeller aufgeschüttet. Wir konnten jetzt bis zur Unterkante der Brunnenmauerung sehen, die auf einem ca. 20 Zentimeter dicken Eichenholzkranz endete, der trotz seines Alters noch gut zu erkennen war. Vom Brunnenrand bis zu der Unterkante maßen wir zwölf Meter.

Mithilfe solcher Holzkränze wurden, wie wir später lernten, im Mittelalter Brunnen gemauert. Während auf dem Holzkranz zylindrisch aufgemauert wurde, wurde unter dem Holzkranz die Erde entfernt. Die Brunnenausmauerung, gleichzeitig Begrenzung zum umliegenden Erdreich und somit Schalung, wurde in dem Maße, wie unter dem Kranz Erdreich entfernt wurde, nach unten gedrückt. Unter unserem Eichenholzkranz war das Erdreich nicht mehr mit Lehm durchsetzt, sondern reiner Kies. Weitere 70 Zentimeter tiefer stießen wir auf den Grundwasserspiegel.

Bernhard nutzte, nachdem die letzten Eimer mit Aushub geleert waren, die Stufenausschnitte in der Brunnenwandung, um wieder nach oben zu steigen. Wir waren wirklich froh, dass nichts passiert war. Obwohl wir alle ziemlich geschafft waren, hatten wir jetzt endlich auch Zeit, uns die Fundstücke, die Toni ausgesiebt, gesäubert und aufgereiht hatte, genauer anzusehen. In den beiden ersten Eimern der obersten Erdschicht hatte ich einen Erdklumpen gefunden, aus dem ein kleines Stückchen Glas herauslugte. Toni hatte den Erdklumpen vorsichtig in

Wasser aufgelöst und ein kleines, drei Zentimeter hohes Kännchen mit Henkel aus opalisierendem Glas freigelegt.

Zur weiteren Fundfolge gehörten dunkelrote Scherben mit herrlichen Mustern, der Henkel eines großen, einer Amphore ähnlichen Gefäßes, diverse Metallstücke, die wie große Nägel aussahen. Mit den letzten drei Eimern der untersten Brunnenschicht waren die Überreste von ca. 25 weißen Tonpfeifen nach oben gelangt. Sie wiesen allesamt Beschädigungen auf und einige von ihnen enthielten sogar noch Tabakreste im Pfeifenkopf. Unsere Eltern nahmen Brunnen und Fundstücke in Augenschein und empfahlen, nach Ostern den Stadtkonservator in Kenntnis zu setzen. Der Stadtkonservator bestätigte die mittelalterliche Herkunft des Brunnens und ordnete ihn, wie wir schon vermutet hatten, der im Mittelalter vorhandenen Vorbefestigung des Severinstors zu.

Die Fundreihenfolge der im Brunnen gefundenen Scherben, Glas- und Metallstücke verwirrte ihn, da die zuerst gefundenen Stücke nach seiner Aussage römischen und die zuletzt gefundenen Stücke mittelalterlichen Ursprungs waren. Auch nach mehrmaligem Nachfragen blieben wir dabei, dass wir uns in der Fundreihenfolge nicht geirrt hatten: dass die römischen Stücke wirklich aus der obersten Brunnenschicht stammten und die mittelalterlichen Tonpfeifen aus der untersten Erdschicht.

Die weißen Tonpfeifen ordnete der Stadtkonservator auf Anhieb den Stadtsoldaten zu, die wohl ihre zerbrochenen Pfeifen in den nicht mehr benutzten Brunnen geworfen hatten. Kurze Zeit später fanden wir eher zufällig heraus, dass die roten Funken, Stadtsoldaten im Kölner Karneval, an ihren Helmen noch heute solche weißen Tonpfeifen, gekreuzt mit einem Fisch, tragen.

Der Brunnen und die darin enthaltenen Fundstücke hatten meinen Bruder Heinz und mich beflügelt: Es war zu erwarten, dass wir, wenn wir im Bereich des mittelalterlichen Wallgrabens weitergraben würden, noch mehr finden konnten. Bernhard und Toni erging es ähnlich – deshalb boten sie spontan an, am folgenden Samstag bei der Fortführung der Sondierungsgrabung mitzuhelfen.

4

DER HIRTENGOTT PAN
UND DAS GRABUNGSVERBOT

Wir hatten uns zwar erst für Samstagvormittag zur Fortführung der Sondierungsgrabung verabredet, aber bereits am Freitagnachmittag stand Bernhard in Arbeitskleidung vor der Tür.

»Was du heute kannst besorgen, das verschiebe nicht auf morgen«, meinte er schelmisch grinsend und jeder, der ihn kannte, wusste sofort, dass der flotte Spruch nur von seiner überschäumenden Neugier ablenken sollte. Die Neugier war bei meinem Bruder Heinz und mir nicht minder groß: Kurz vor Bernhards Eintreffen hatten auch wir überlegt, ob wir nicht schon früher mit der Grabung fortfahren sollten. Also schlossen wir uns Bernhard bereitwillig an und auch Toni stand bald darauf vor der Tür.

Wir gruben an diesem Tag um den Brunnen herum bis zur gegenüberliegenden Hauswand. Da der Brunnen zur Hälfte in den Sondierungsgraben hineinragte, war der Graben an dieser Stelle nur etwa 50 Zentimeter breit, an der Hauswand erreichte er dann aber wieder die volle Breite von einem Meter. Dort waren durch die Grabung zu unserer Überraschung gemauerte Bögen zum Vorschein gekommen, von denen wir annahmen, dass sie tragende Funktion hatten. Müde und lehmverschmiert beschlossen wir deshalb, das am Folgetag zu überprüfen.

Als wir am Samstagnachmittag an der unteren Hauswand weiteres Erdreich und etwas Mauerwerk unter einem der Bögen vorsichtig wegnahmen, blieb der Bogen freitragend stehen. Das abgetragene Mauerstück war wie erwartet dünnes Blendmauerwerk ohne jegliche Tragefunktion. Nachdem wir noch mehr davon entfernt hatten, blickten wir auf ein weiteres Mauerstück auf der anderen Seite des Bogens. Als wir auch dieses wegnahmen, wurde der Blick vom Hofkeller in den Keller unter dem Anbau des Hauses frei.

Als Architekturstudent wusste unser Freund Bernhard eine Erklärung für die vorgefundene Situation: Das 1884 erbaute Haus hatte man nicht auf durchgehenden Gründungsmauern, sondern auf Pfeilerfundamenten errichtet. Diese Fundamentpfeiler, die offensichtlich tief ins Erdreich führten, waren im Abstand von drei bis vier Metern angeordnet. Sie wurden von gemauerten Bögen überspannt, auf denen die gesamte Last des Hauses ruhte.

Uns war sofort klar, dass wir diese Pfeiler, auf die das Gewicht des gesamten Hauses übertragen wurde, nicht antasten und ihre Tragefunktion nicht schwächen durften. Damit war aber auch klar, dass wir unter den Fundamentbögen durchgraben konnten, ohne die Statik des Hauses zu gefährden. In den folgenden Stunden führten wir den Sondierungsgraben unter dem ersten Bogen hindurch, drei weitere Meter bis zur Grundstücksgrenze – damit hatten wir die volle Grundstücksbreite in die Sondierung einbezogen.

Mit einer Grabentiefe von vorerst 50 Zentimetern war dies allerdings nur ein Anfang. Bis wir die geplante Grabentiefe von drei bis vier Metern unter Kellerbodenniveau erreicht hatten, waren noch enorme Mengen Lehm zu transportieren. Die ersten neun Kubikmeter Lehm, die als Aushub aus Brunnen und Sondierungsgrabung angefallen waren, hatten wir in dem großen Hofkeller deponiert. Grob geschätzt würden weitere 30 Kubikmeter Lehm anfallen. Dies hatte Bernhard hochgerechnet, als wir abends nach getaner Arbeit zusammensaßen, um die weitere Vorgehensweise zu besprechen.

Am folgenden Freitag wurde die Sondierungsgrabung fortgeführt. Um schneller zu einem Ergebnis zu kommen, beschlossen wir, erst einmal den Graben unter dem Hofkeller auf ca. 2,50 Meter Tiefe auszuheben. Später sollte dann der Graben unter dem Anbau des Hauses auf die gleiche Tiefe gebracht werden.

Einer von uns löste mit der Spitzhacke das Erdreich, ein anderer verfüllte es in Eimer und zwei waren für den Abtransport des Erdreichs zuständig, das weiterhin im hinteren Teil des Hofkellers gelagert wurde. Nach jeder Stunde wurde getauscht, um die Arbeitsbelastung gleichmäßig zu verteilen. So zumindest die Theorie.

Die Praxis änderte das ganz schnell, als Bernhard mit der Spitzhacke in ca. 80 Zentimetern Tiefe auf etwas sehr Hartes stieß. Bis in eine Tiefe von 60 Zentimetern hatte der Boden aus ziemlich festem, hellerem Lehm bestanden. Jetzt war das Erdreich mit Mörtelstücken und dunklem Lehm durchsetzt, den Bernhard rund um das Fundstück entfernte, während wir ihm interessiert zuschauten.

Ein Steinquader aus hellgrauem Kalkstein, 45 Zentimeter lang, mit einem ca. 20 mal 20 Zentimeter quadratischen Querschnitt kam zum Vorschein, an einem Ende zeigte er eine rund auslaufende Bearbeitung. »Sieht aus wie die Steine, die unten an mittelalterlichen Tordurchfahrten sitzen, um Wagen und Kutschen auf Abstand zu halten«, meinte Toni spontan. Er hatte recht, denn die quer laufenden Riefen am Schaft zeigten, dass der Stein mit so manchem Wagen- oder Kutschenrad in Berührung gekommen sein musste. Die Frage meines Bruders, an welchem Tor dieser Stein wohl ehemals gesessen habe, wurde durch Bernhards Nachricht von einem weiteren Fund unterbrochen.

Diesmal war er auf einen 70 Zentimeter langen, sechseckigen Basaltstein gestoßen, dem in den nächsten Stunden drei weitere in unterschiedlichen Größen folgten. Ab einer Grabentiefe von 90 Zentimetern kamen im Erdreich immer mehr Basaltsteine zum Vorschein, aber nun auch kleinere, hellbeige Tuffsteine. Wir nahmen an, dass sie vom Abriss der mittelalterlichen Stadtmauer stammten, da allen Steinen noch Mörtelreste anhafteten. Ein logischer Schluss, denn als man 1884 die mittelalterliche Stadtmauer niedergelegt hatte, waren Unmengen dieser Steine als Bauschutt angefallen, und was war im wahrsten Sinne des Wortes naheliegender, als die beiden Wallgräben vor der Mauer damit aufzufüllen, um das Gelände einzuebnen. Da unser anfänglicher Elan in den nächsten Wochen etwas nachließ, ging es mit dem weiteren Aushub nicht mehr ganz so zügig voran. Im Sommer bei schönem Wetter in einem feuchtkalten Keller zu graben und Erdreich zu transportieren war für keinen von uns vieren wirklich erstrebenswert und doch siegte an manchen Wochenenden die Neugier auf das, was es bei der Grabung wohl noch zu entdecken gab.

Der aufgefüllte Wallgraben sollte uns mit weiteren interessanten Fundstücken, aber auch mit Schwierigkeiten überraschen: Im Juni 1965 stellten wir bei einer Grabentiefe von 1,80 Metern fest, dass sich auf einer Seite neben dem Graben ein Riss im Kellerboden gebildet hatte. Die genauere Untersuchung zeigte, dass sich ein Erdkegel von zwei Metern Breite zu lösen schien. Bisher waren wir ohne die Holzspundwände, die wir uns zur Sicherung der Grabenseitenwände beschafft hatten, ausgekommen, aber jetzt wurden diese unverzüglich eingebaut, um ein Abrutschen des Erdkegels in den Graben hinein zu verhindern.

Beim Einbau der Spundwände rechts und links musste weiteres Erdreich weggenommen werden und dabei geschah es dann: Der Erdkegel löste sich doch und rutschte gegen die Spundwand, die seinem Druck allerdings standhielt. Im Abbruchkegel wurden zwei hellgraue bearbeitete Steine sichtbar. Nach Bergung und Säuberung stellten wir fest, dass die Fundstücke Teile eines gotischen Fenstermaßwerks waren. Aber wie kamen Teile von gotischen Fensterverstrebungen in den Schutt des Wallgrabens und von welcher Kirche mochten sie wohl stammen?

Die Spekulationen über die Herkunft der beiden Steine führten sehr bald zur Kirche St. Severin, deren Kreuzgang im Rahmen der Säkularisierung von den Franzosen teilweise zerstört worden war. Möglich, dass die Steine von dort stammten und 1884 mit dem Schutt der Stadtmauer in den Wallgraben gelangt waren.

Anfang Juli 1965 hatten wir mit dem Sondierungsgraben unter dem Hofkeller

Teilstücke des gotischen Maßwerks aus dem Schutt des Wallgrabens der mittelalterlichen Stadtmauer.

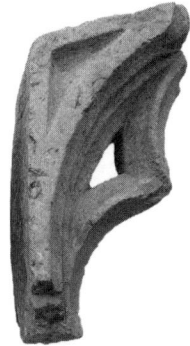

eine Tiefe von 2,60 Metern unter Kellerbodenniveau erreicht und noch waren wir nicht am Boden des Wallgrabens angekommen, wie wir an dem aufgefüllten Bauschutt aus Basaltsteinen, Tuffsteinen und Mörtelresten erkennen konnten. Beim Aushub auf 2,90 Meter Tiefe schien sich die Zusammensetzung des Erdreichs zu ändern: Eine fünf bis zehn Zentimeter dicke Humusschicht wurde erkennbar, die sich vermutlich über die Jahrhunderte am Boden des Wallgrabens aus organischen Stoffen gebildet hatte. Bei etwa drei Metern unter Kellerbodenniveau erreichten wir die Sohle des Wallgrabens, denn dort ging die dünne Humusschicht in eine feste und homogene Lehmschicht über.

Wir hatten unser Ziel erreicht. Nun galt es, den Sondierungsgraben über die gesamte Grundstücksbreite auf die Tiefe von drei Metern unter Kellerbodenniveau auszuheben, um sicherzustellen, dass wir wirklich den tiefsten Punkt des Wallgrabens und damit tragfähiges Erdreich für unseren Neubau gefunden hatten.

Als ich Mitte August 1965 aus dem Urlaub zurückkam, überraschte mich mein Bruder mit der Nachricht, dass er zusammen mit unserem Freund Günther Goldenberg, Lehramtsstudent an der Pädagogischen Hochschule Köln, den Sondierungsgraben über die gesamte Grundstücksbreite bereits fertiggestellt hatte. Der Grund für die plötzliche Eile war das Drängen des Architekten auf baldigen Baubeginn.

Nach Bericht meines Bruders war das Erdprofil des Wallgrabens jetzt an den Wänden des Sondierungsgrabens eindeutig erkennbar. Die tiefste Stelle des Wallgrabens war mit über drei Metern unter Kellerbodenniveau und damit fast sechseinhalb Metern unter Straßenniveau im Bereich des Hofkellers an der Brandmauer des Hauses Chlodwigplatz 22. Bereits in einem Abstand von einem Meter zu dieser Mauer stieg die Humusschicht, die den Boden des Wallgrabens bedeckte, in einem Winkel von ca. 30 Grad an und bildete somit einen zur Stadtmauer hin ansteigenden Hang. Unter der Humusschicht befand sich festes, gewachsenes Erdreich, in dem einzelne Wurzelreste erkennbar waren.

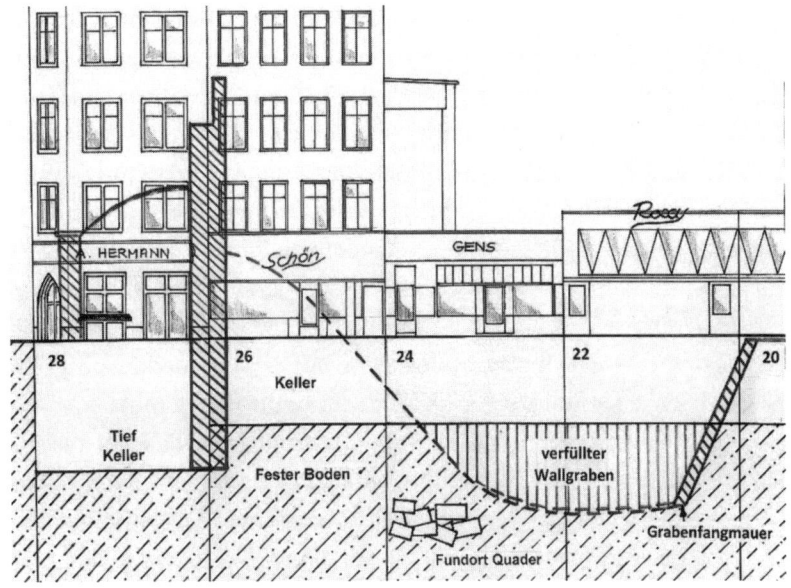

Das Erdprofil des Wallgrabens von Norden nach Süden.

So weit, so gut, wenn es da, wie mein Bruder berichtete, nicht dieses Hindernis geben würde, das den Baubeginn verzögerte: ein Steinquader, der in den Sondierungsgraben hineinragte und der allen Versuchen, ihn zu bewegen, erfolgreich widerstanden hatte.

Ich stieg mit meinem Bruder in den Sondierungsgraben, um mir Erdprofil und Quader zeigen zu lassen. Der Quader ragte ca. zehn Zentimeter kurz über dem Boden aus der Grabenwand, war ca. 58 Zentimeter breit, 44 Zentimeter hoch und grob behauen. Er erinnerte mich auf Anhieb an die römischen Steinsarkophage aus dem Gräberfeld um St. Severin, mit denen wir als Kinder beim Spielen in den Bombentrichtern rund um die Kirche schon Bekanntschaft gemacht hatten.

Wir knieten uns neben den Quader und entfernten in kaum zehn Minuten mit Spachteln den Lehm auf der Oberseite und auf den Schmalseiten, in der Hoffnung, irgendwo eine Öffnung zu finden. Ohne

Erfolg. War dies eventuell ein umgestürzter Steinsarkophag? Während mein Bruder einen Spiegel und eine bessere Lampe besorgte, begann ich einen Teil des Erdreichs unter dem Quader zu beseitigen, um festzustellen, ob dort eine Öffnung vorhanden war. Als ich die Unterseite mit den Fingern abtastete, spürte ich dort eine Art Vertiefung – und dann eine Rundung. War das die gesuchte Öffnung und war die Rundung ein Totenschädel? Als mein Bruder mit Spiegel und Lampe zurückkam, stellten wir fest, dass das, was ich ertastet hatte, Teil eines Musters war.

Was mochte das für ein Muster sein, auf einem Quader so tief im Erdreich? Wie alt mochte der Quader sein und woher konnte er stammen? Wir diskutierten mögliche Antworten, ohne wirklich eine plausible Erklärung zu finden. Je weiter wir den Quader freilegten, umso ruhiger wurden und arbeiteten wir, aber unsere innere Anspannung stieg enorm: Mein Puls raste, sodass ich ihn an den Schläfen und in den Fingerspitzen spüren konnte. Endlich, nach über zwei Stunden in einer unheimlichen Stille war der Quader so weit aus dem Lehm herausgelöst, dass wir ihn mit einer letzten Kraftanstrengung umdrehen konnten – wir konnten es kaum fassen, was wir da vor uns hatten, wir waren vollkommen gebannt.

Das Muster zeigte einen nackten männlichen Körper mit Phallus, ohne Beine und ohne Kopf, fast lebensgroß, in den Händen einen Gegenstand mit senkrecht verlaufenden Röhren, die offensichtlich durch Bänder verbunden waren. Dieser Gegenstand ließ uns einen Moment rätseln, aber dann wussten wir, das konnte nur eine Flöte sein. Eine Lei, die Flöte des griechischen Hirtengotts Pan, den auch die Römer verehrt hatten.

Das war ein unbeschreiblicher Moment: Wenn der Quader wirklich den Hirtengott Pan darstellte, dann musste er wohl, soweit kannten wir ja die Stadtgeschichte, römischen Ursprungs sein – und auch zwei weitere Quader, die bei der Bergung unter ihm zum Vorschein gekommen waren.

Noch am selben Abend hievten wir den ca. 1,2 Tonnen schweren Pan-Quader mit dem Kettenzug, den unser Freund Toni aus der Bren-

Erster Fundquader mit dem Leib des Hirtengotts Pan, Funddokumentation Gens, Nr. 60.

nerei seines Vaters ausgeliehen hatte, aus dem Sondierungsgraben auf Kellerbodenniveau. Von dort aus transportierten wir ihn auf Holzrollen, die wir kurzerhand aus einem Besenstiel gefertigt hatten, in den vorderen Hauskeller. Zwischenzeitlich hatte mein Bruder unsere Eltern, Toni und Bernhard von dem Fund benachrichtigt. Erstaunen und Begeisterung waren groß, aber es blieb auch ein geringer Zweifel darüber, ob es sich wirklich um Quader aus der Römerzeit handelte.

Um letzte Klarheit zu erhalten und um nicht gegen Gesetze zu verstoßen, informierten wir auf Raten unserer Eltern am darauffolgenden Tag das Römisch-Germanische Museum über unseren Fund.

Zwei Stunden nach unserem Anruf kam ein Mitarbeiter des Museums bei uns zu Hause vorbei, um den Fund zu begutachten. Der Pan-Quader sei wohl ein Relikt des Jugendstils, war seine erste Reaktion. Als wir ihm aber den Fundort und die zwei weiteren aus dem Erdreich ragenden Quader zeigten, revidierte er seine Meinung sofort. Er bat darum, die Museumsleitung telefonisch informieren zu dürfen. Eine halbe Stunde später waren der Direktor des RGMs, Otto Doppelfeld, sowie zwei weitere Archäologen vor Ort, die ebenfalls den Quader und später auch die Fundstelle in Augenschein nahmen.

Professor Doppelfeld befragte uns sehr detailliert nach der bisherigen Grabung und ließ sich von uns den Brunnen und die darin gefundenen Relikte zeigen. Sein besonderes Interesse galt aber der Fundstelle und den beiden dort aus dem Erdreich ragenden Quadern. Ich stieg mit ihm in den Sondierungsgraben hinab und er begann, vorsichtig etwas Lehm von den Quadern zu entfernen. Es handelte sich bei den Fundstücken, wie er begeistert feststellte, um ein Rundkapitell und um ein Pilasterkapitell, die beide zweifelsfrei römischen Ursprungs waren.

»Das ist ja unglaublich«, sagte er leise, und ich spürte so etwas wie Ergriffenheit. Es war die gleiche Ergriffenheit, die uns beim Fund des Pan-Quaders erfasst hatte, als uns bewusst wurde, dass wir die Ersten waren, die diese Darstellung – nach fast 2000 Jahren – wieder sehen durften.

Als wir kurze Zeit später wieder in den Keller hochstiegen, fragte Professor Doppelfeld, ob wir die Kapitelle ebenfalls vorsichtig freilegen könnten. Diese Frage hatten wir nicht erwartet, aber offensichtlich auch keiner der Anwesenden. Seine Kollegen, die ich bisher als eher verhalten wahrgenommen hatte, empfand ich nun als ablehnend. Offensichtlich war es bei den älteren Herren, die Professor Doppelfeld begleiteten, auf Unverständnis gestoßen, dass sich ihr Chef so ausgiebig mit uns jungen Leuten unterhalten hatte. Dass er uns jetzt aber auch noch aufforderte, die beiden im Erdreich liegenden Kapitelle zu bergen, schien zu weit zu gehen. Auch Professor Doppelfeld schien das bemerkt zu haben und ergänzte, dass wir natürlich dabei mit äußerster Vorsicht zu Werke gehen müssten.

Natürlich könnten wir die beiden Quader freilegen und selbstverständlich würden wir dabei äußerst umsichtig vorgehen, war meine Antwort. Der Begriff »Kapitell« war mir als oberer Abschluss einer Rundsäule geläufig, aber der Begriff »Pilasterkapitell« erschloss sich erst aus der Literatur als oberer Abschluss einer auf einer Wand dargestellten Säule, die auch Pilaster genannt wird.

Am folgenden Tag legten wir also zunächst das Pilasterkapitell vorsichtig frei und erkannten auf der Fläche rechts neben dem Kapitell ein kleines ausgestrecktes Bein, eine Hand, die ein Band oder eine Schleife hielt, und darüber eine Darstellung, die an einen Flügel erinnerte.

Sieht aus wie ein Teil eines kleinen schwebenden Engels, war unsere erste Vermutung. Sie bestätigte sich, als wir in der Literatur das Foto eines kleinen Eroten fanden, der schwebend in beiden Händen eine Schärpe hielt. Der Quader war 45 Zentimeter hoch, 74 Zentimeter breit und 44 Zentimeter tief. Es handelte sich dabei um einen Eckquader, da sich die Kapitell-Darstellung über die linke Ecke fortsetzte. In den nächsten Tagen waren wir damit beschäftigt, eine provisorische Tragekonstruktion für unseren Flaschenzug zu installieren, um auch diesen Quader aus dem Sondierungsgraben zu ziehen.

Endlich konnten wir uns dem Rundkapitell widmen. Wir waren unglaublich aufgeregt, als wir Stück für Stück das Muster freilegten, das sich um das Kapitell herumzog. Dabei stellten wir erstaunt fest, dass neben und unter dem Kapitell weitere Quader sichtbar wurden.

Professor Doppelfeld, dem ich von unserem Fortschritt berichtete, kam noch am selben Tag, um die beiden geborgenen Quader und die Neufunde zu besichtigen. Er war begeistert, als er die beiden Kapitelle in Augenschein nahm. Anerkennend stellte er fest, dass sie keinerlei neuere Beschädigungen aufwiesen.

Wir erklärten ihm unser Vorgehen und erläuterten die Schutzvorkehrungen, die wir getroffen hatten, um beim Hochhieven und Transport der Quader Beschädigungen zu vermeiden. Sein Lob und sein beifälliges Nicken stießen erneut auf einiges Befremden bei den beiden Kollegen, die ihn auch dieses Mal begleiteten. Nach Besichtigung der Fundstelle und der dort neu entdeckten Quaderecken bat Professor Doppelfeld uns, vorerst nicht mehr weiterzugraben, da erst die Statik des Sondierungsgrabens zu prüfen sei. Unsere Enttäuschung war groß, denn statisch war bisher aus unserer Sicht keine Veränderung eingetreten, da sich alle Quader im Bereich des Sondierungsgrabens befanden.

»Die Herren wollen selber graben«, war die Reaktion meines Bruders, als die Archäologen unser Haus verlassen hatten. Ich teilte seine Meinung nicht, denn ich war immer noch der Überzeugung, dass unser umsichtiges Vorgehen Anerkennung gefunden und somit auch niemand etwas gegen ein Weitergraben unsererseits einzuwenden hatte. Unter dieser Annahme legten wir in den folgenden Wochen drei weitere Quader frei.

Zwischenzeitlich hatten wir uns sehr intensiv mit römischer Bauarchitektur und der Benennung der einzelnen Architekturelemente beschäftigt und konnten so die neu geborgenen Quader als eine Pilasterbasis, eine Gesimsplatte und ein ca. 30 Zentimeter hohes Bruchstück, das offensichtlich Teil einer geschuppten Schlange war, identifizieren.

Wieder nahm ich Kontakt zu Professor Doppelfeld auf und bat ihn, sich die drei neuen Quader anzusehen. Seine Reaktion war dieses Mal zurückhaltend und schwankte zwischen Verärgerung darüber, dass wir entgegen seiner Bitte doch weitergegraben hatten, und verhaltener Bewunderung für die offensichtlich bedeutsamen Neufunde.

Wie bedeutsam die Neufunde wirklich waren, sollten wir drei Stunden später an diesem Novembertag 1965 erfahren, als ein Bote des Römisch-Germanischen Museums uns ein Grabungsverbot wegen Gefährdung der Bausubstanz zustellte, das unsere Eltern als Eigentümer des Hauses sofort zu unterschreiben hatten.

Hier endet also die Geschichte der Poblicius-Grabung.

Oder besser: Hier beginnt sie erst richtig!

5

EIN JUNGER FACHARCHÄOLOGE ZEIGT DEN WEG

Unsere Verärgerung über das Grabungsverbot und die rigide Vorgehensweise der Archäologen war riesig, zumal wir die Begründung des Grabungsverbots, »Die jungen Ausgräber könnten bei weiterer Grabung zu Schaden kommen«, überhaupt nicht nachvollziehen konnten und wollten.

In den nächsten Tagen erhielten wir noch mehrmals Besuch aus dem Römisch-Germanischen Museum. Wir gewannen immer mehr den Eindruck, dass sich die Hardliner gegen ihren Chef durchgesetzt hatten und die Begründung des Grabungsverbotes vorgeschoben war, um den Facharchäologen eine eigene Grabung zu sichern.

Unser Vater hatte uns klargemacht, dass das Grabungsverbot für uns bindend war. Das hatte er schließlich durch seine Unterschrift bestätigt. Gleichzeitig hatte er sein Einverständnis für eine offizielle Grabung durch das Römisch-Germanische Museum gegeben, wodurch der geplante Neubau des Hauses bis auf Weiteres gestoppt wurde.

In den folgenden Wochen erhielten wir wöchentlich mehrere Besuche der Kölner Facharchäologen, die sicherlich auch dazu dienten, zu kontrollieren, ob wir nicht weitergruben. Sie tauschten sich vor Ort über den Fund aus und brachten manchmal Tiefbaufachleute mit, um eine offizielle Grabung durch das Museum und die Stadt Köln vorzubereiten.

Die Archäologen duldeten uns zwar bei ihren Gesprächen an der Fundstelle, aber kaum mehr bezogen sie uns mit ein. Professor Doppelfeld versuchte hier immer wieder eine Brücke zu schlagen. Für seine Kollegen, alle über 60 Jahre alt, waren wir junge Grünschnäbel, die man als studierter Archäologe nicht ernst nehmen musste, und das ließen uns die älteren Herren auch deutlich spüren.

Unser Selbstbewusstsein litt dadurch keineswegs, denn unterschätzt zu werden hatte in dieser Situation den Vorteil, allein durch Zuhören eine Vielzahl von Informationen über unseren Fund und dessen Bedeutung in Erfahrung zu bringen – oder das bestätigt zu wissen, was wir uns durch die Literatur über römische Architektur inzwischen selbst angeeignet hatten.

Wir waren einsichtig, als man uns Stahlspundwände lieferte, um den Sondierungsgraben besser abzustützen, und wir waren folgsam, weil wir die Spundwände dann auch umgehend einbauten.

Schon bald waren wir allerdings davon überzeugt, dass eine offizielle Grabung durch die Stadt Köln und das Römisch-Germanische Museum sich zeitlich verzögern würde, da bis auf die wöchentlichen Kontrollbesuche der Museumsleute nichts mehr geschah. Bei einem dieser Kontrollgänge kam mir dann ein Gedanke, der mich fortan nicht mehr losließ: Was wäre, wenn wir die Grabung heimlich fortführten? Wie aber sollten wir bei den dauernden Kontrollen weitergraben? Es schien unmöglich.

Wie gut, dass unsere Eltern zweimal im Monat ihren Theaterabend hatten. Das gab meinem Bruder, mir und den Freunden Bernhard, Toni und Günther Gelegenheit, uns über unsere neusten Erkenntnisse hinsichtlich der Besuche der Facharchäologen, der Tiefbaufachleute und Statiker auszutauschen.

Bernhard, der an allen Besuchsterminen der Fachleute teilgenommen hatte – ohne sich als Architekturstudent zu erkennen zu geben –, wusste zu berichten, dass die Fachleute zwar Lösungen zur statischen Sicherung des Hauses gefunden hatten, aber sich niemand bereit zeigte, die Verantwortung für eine Grabung und das damit verbundene Risiko für die Standfestigkeit unseres Hauses zu übernehmen. Da unsere Devise seit dem Grabungsverbot »aufmerksame Zurückhaltung« hieß, hatte Bernhard unsere Erkenntnisse über die Pfeilerfundamente und die Tragebögen nicht preisgegeben.

Einige Wochen später, es war inzwischen März 1966, wurde wieder ein Besuch von Seiten des Museums angekündigt. Die Archäologen des Römisch-Germanischen Museums Köln wurden diesmal von vier Herren des Landesmuseums Bonn begleitet.

Meinen Bruder und mich erstaunte es, zu sehen, mit welcher Begeisterung die Bonner Archäologen auf den Pan-Quader, die geborgenen Architekturelemente und die noch im Erdreich befindlichen Quader reagierten. Lag das daran, dass drei der Herren aus Bonn wesentlich jünger waren als die Kölner Archäologen und die jugendliche Begeisterung mit ihnen durchging? Oder hatten sich die Kölner Archäologen in ihrer Begeisterung bisher zurückgehalten, um die Bedeutung des Fundes nicht deutlich werden zu lassen?

Es sollte noch interessanter werden, denn in der Diskussion kristallisierten sich sehr bald unterschiedliche Meinungen im Hinblick auf die Deutung der Funde und die Möglichkeit einer Grabung heraus. Die Diskussion wurde zwar höflich, aber zeitweilig so kontrovers geführt, dass wir den Eindruck gewannen, dass sich hier zwei Lager – Köln und Bonn – gegenüberstanden.

Einige Tage später erhielten wir einen Anruf aus dem Landesmuseum Bonn mit der Bitte, dass zwei Archäologen des Hauses unseren Fund nochmals in Augenschein nehmen dürften. Wir hatten dagegen nichts einzuwenden, wunderten uns aber darüber, dass statt der angekündigten zwei dann insgesamt fünf Archäologen zum Termin kamen: Die zwei uns schon bekannten Herren des Landesmuseums Bonn wurden dieses Mal von drei Herren des Landesmuseums Mainz begleitet. Die Diskussion der Herren untereinander verlief sehr viel entspannter als beim Termin Tage zuvor und das Interesse der Archäologen stieg noch deutlich, als sie die Fundstelle mit den noch im Erdreich befindlichen Quadern besichtigten.

»Großartig, was mag hier noch alles im Erdreich liegen«, meinte einer der Bonner Archäologen und zu mir gewandt fragte er, warum denn die Kölner Kollegen noch nicht mit der Grabung begonnen hätten.

»Ich dachte, Sie hätten die Gründe beim letzten Besuch mit Ihren Kölner Kollegen besprochen«, war meine verblüffte Antwort. Darauf kam nur ein kurzes, knappes »Nein«.

Ich war enttäuscht, denn ich hatte angenommen, dass mit Einschaltung des Landesmuseums Bonn und weiterer Kollegen vom Landesmuseum Mainz nun endlich eine offizielle Grabung beginnen würde. Meine Enttäuschung wurde noch größer, als mir erklärt wurde, dass das Landesmuseum Bonn, das für Bodenfunde in ganz Nordrhein-Westfalen zuständig sei, in Köln sowieso nicht graben dürfe, weil dessen Zuständigkeitsbereich an der Kölner Stadtgrenze ende. Köln habe aufgrund seiner überragenden Bedeutung in der Antike als einzige Stadt in Nordrhein-Westfalen eine eigene archäologische Bodendenkmalpflege und diese sei das Römisch-Germanische Museum in Köln.

Mittlerweile waren vier Monate seit dem Grabungsverbot vergangen. Der Ärger darüber, dass sich die angekündigte offizielle Grabung durch das Römisch-Germanische Museum immer weiter verzögerte, war auch bei unseren Eltern inzwischen sehr groß geworden, denn damit verzögerte sich der Neubau des Hauses auf unbestimmte Zeit.

Gleichzeitig wurde unsere Neugier durch die Lektüre der Fachliteratur immer größer und es stellte sich uns auf einmal eine Vielzahl von Fragen, die ich mit einem Facharchäologen besprechen wollte – der allerdings nicht aus dem Umfeld des Römisch-Germanischen Museums kommen sollte, da ich hoffte, so einen offeneren Dialog führen zu können.

Schließlich fand ich einen Archäologen, der schon aus der Presse von dem Kölner Fund erfahren, aber noch keine Fotos der Fundstücke gesehen hatte. Meine Fragen beantwortete er, als ich ihn besuchte, mit viel Geduld. Die vielen Fragen, die er mir stellte, zeigten sein Interesse, aber auch sein Unverständnis darüber, dass die zuständigen Kölner Archäologen nicht schon längst mit einer Grabung begonnen hatten.

»Warum graben Sie nicht selber, wenn Sie der Meinung sind, die Statik des Hauses zu beherrschen?«, fragte der Archäologe mich.

»Dafür gibt es zwei konkrete Gründe«, erklärte ich. »Da sind erstens die Kontrollbesuche der Kölner Archäologen und zweitens ist da mein mangelndes Wissen im Hinblick auf die Erstellung einer fachgerechten Funddokumentation.«

Der Archäologe zog hinter sich zwei Bücher aus dem Regal.

»Lesen Sie diese Bücher, wenn Sie Fragen haben, rufen Sie mich unter meiner Privatnummer an«, sagte er. »Wenn Sie die Bücher gelesen haben, sind Sie in der Lage, eine Fundaufnahme zu erstellen. Ich sehe Sie dann in etwa sechs bis sieben Monaten wieder. Ich bin gespannt, was Sie mir dann vorlegen.«

Keine drei Monate später, im Frühsommer 1966, bat ich den Archäologen um einen neuen Termin, um ihm meine erste Fundaufnahme vorzulegen. Er schüttelte sichtlich verblüfft den Kopf, während er die Details der Fundaufnahme begutachtete. »Das ist eine gelungene Komposition aus archäologischer Fundaufnahme und technischer Zeichnung, die an Klarheit nichts zu wünschen übrig lässt, einfach großartig.«

Ich war froh, dass meine Arbeit, für die ich in den letzten Wochen jede freie Minute geopfert und auch teilweise nachts gelesen und gearbeitet hatte, eine solche Anerkennung fand. Die Bereitschaft des Archäologen, auch zukünftig für fachspezifische Fragen zur Verfügung zu stehen, nahm ich dankbar an und seine Bemerkung, dass er bei einer so exakten Funddokumentation nun keinen Grund mehr sehe, warum wir nicht selber graben sollten, machte Mut.

Auf dem Rückweg nach Köln wurde mir bewusst, dass ich einen Mentor gefunden hatte.

Was sollte uns jetzt noch aufhalten?

6

EIN KINOFILM ALS INSPIRATION:
GUTE VORBEREITUNG UND DAS RICHTIGE TEAM

Die Euphorie, mit der ich von dem Besuch bei meinem Mentor zurück-gekommen war, erhielt noch am selben Tag einen Dämpfer, denn wieder hatten sich die Kölner Archäologen angesagt. Wieder war der Besuch vor allem eine Kontrolle, um festzustellen, ob wir nicht zwischenzeitlich gegen das Grabungsverbot verstoßen hatten. Mein Freund Bernhard, der vorbeigekommen war, um zu erfahren, wie es bei mir gelaufen war, bemerkte meinen Frust über die neuerliche Kontrolle – so war an eine Fortführung der Grabung einfach nicht zu denken.

»Komm, wir gehen ins Kino, damit du auf andere Gedanken kommst«, war sein Vorschlag, dem ich nur widerwillig folgte. Der Film über einen Bankraub, den Bernhard ausgesucht hatte, interessierte mich nicht beson-ders, aber vielleicht würde er mich ja wirklich ein wenig ablenken.

»Die sieben goldenen Männer« begann ziemlich langatmig. Eine Bank in Zürich, endlose Kameraschwenks, die die Lage der Bank, die Kassenräume, die Sicherheitseinrichtungen und den mit Gold randvollen Tresor zeigten. Ich ärgerte mich, Bernhards Drängen nachgegeben zu haben. Als es dann um die Vorbereitung des Bankraubs ging, wurde es allerdings sehr spannend: Es war höchst faszinierend, zu sehen, wie sie-ben Männer mit unterschiedlichen Qualifikationen als perfektes Team zusammenfanden, um zunächst unter einer Straße hindurch einen Tun-nel bis zum Tresor zu graben. Der Tunnelbau gestaltete sich schwieriger als geplant und das Team hatte alle Hände voll zu tun, um zu vermeiden, dass man oberirdisch etwas von der Aktion bemerkte. Mit welchen tech-nischen und logistischen Finessen die Männer dabei ans Werk gingen, wie eventuelle Störereignisse vorweggenommen wurden, das alles hatte mich von einem Moment auf den anderen gefangen genommen.

Urplötzlich war ich gedanklich nicht mehr beim Film, sondern bei unserer eigenen Grabung. Ein Tunnel in unserem Sondierungsgraben, den man von oben nicht erkennt? War das die Lösung, um den Kon-trollen der Museumsleute zu entgehen? Ich wollte meine Ideen dazu sofort zu Papier bringen. Ich stand auf, verließ das Kino und fuhr auf dem schnellsten Weg nach Hause und erst dort fiel mir auf, dass ich mich nicht von Bernhard verabschiedet hatte.

Bernhard schnaubte vor Wut, als er eine Stunde später zu meinem Zimmer im zweiten Stock hinaufstürmte. Als ich ihn kommen hörte, war es mir gerade noch geglückt, die ersten Skizzen auf dem Reißbrett mit einem Blatt Papier abzudecken.

»Ich habe gedacht, dir ist etwas passiert«, schimpfte Bernhard, »und du sitzt hier in aller Ruhe an deinem Schreibtisch. Bist du noch ganz normal, oder wieso lässt du mich im Kino sitzen, ohne etwas zu sagen?« Meine Entschuldigung schien er nicht gehört zu haben, denn er schimpfte unentwegt weiter.

Plötzlich hielt er inne und schaute mich prüfend an. »Du heckst doch was aus«, sagte er und kaum hatte er das ausgesprochen, war ihm auch klar, was im Kino passiert war. »Verdammt, du bist total verrückt, du willst einen Tunnel bauen, um heimlich graben zu können.«

So blitzschnell, wie er das erkannt hatte, so blitzschnell riss er jetzt das Blatt vom Reißbrett ab, das die Skizzen verdeckte. »Wusste ichs doch, du hast schon gezeichnet und jetzt erklär mir genau, was du vorhast.«

Meine Skizzen zeigten einen Tunnel, der in dem drei Meter tiefen Sondierungsgraben verlaufen sollte. Nach oben sollte der Tunnel auf einer Höhe von 2,30 Metern abgedeckt und bis zum Kellerboden mit Lehm verfüllt werden.

Der Sondierungsgraben wäre damit optisch zugeschüttet, ein Weitergraben durch uns – offensichtlich – nicht mehr möglich. Die vermeintlich zugeschüttete Fundstelle würde die Museumsleute derart beruhigen, dass keine Kontrollbesuche mehr notwendig wären. Auch unsere Eltern würden so von einem Ende unserer Aktivitäten ausgehen.

Bernhards Fragen gingen jetzt ins Detail. Ich erläuterte ihm die Bauausführung des Tunnels, den wir fortan als Haupttunnel bezeichneten, mit einer ca. 50 Zentimeter starken Bodenplatte und den 2,20 Meter hohen, tragenden Seitenwänden aus 24,50 Zentimeter starkem Ziegel-

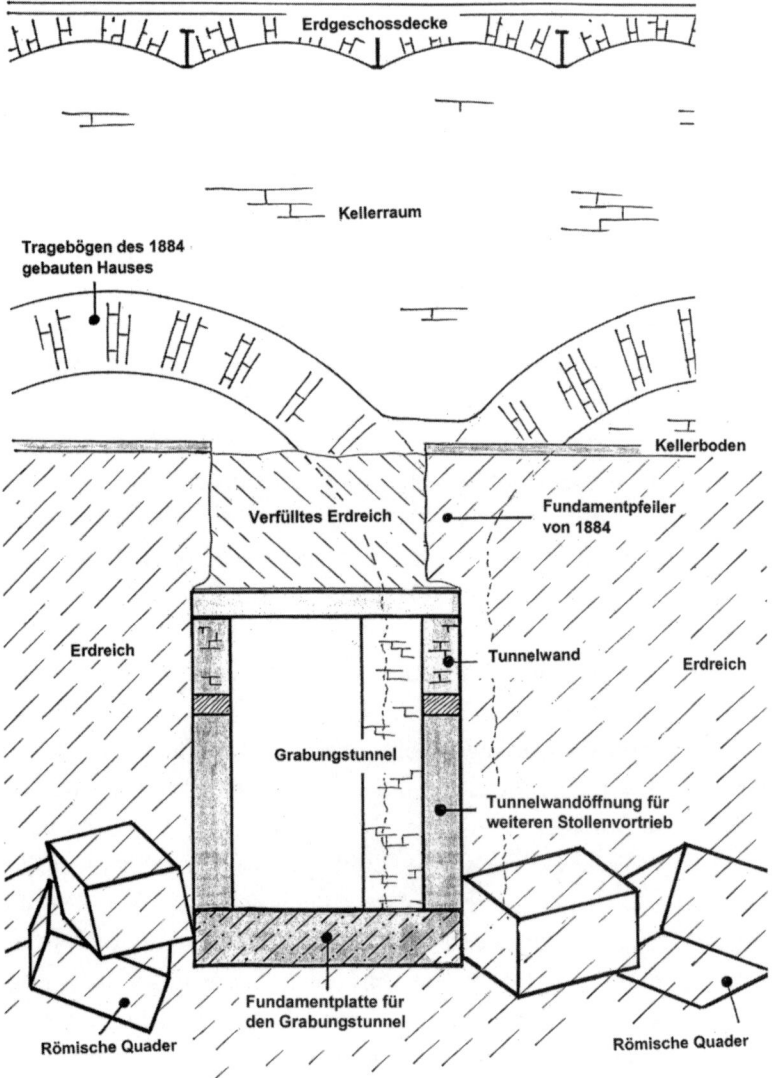

Planungszeichnung für den Einbau des unterirdischen Tunnels.

mauerwerk. Auf diese Mauern sollte eine Decke aus zehn Zentimeter dicken Balken mit Isolierung aufgelegt werden. Und über der Balkendecke sollten dann die verbleibenden 70 Zentimeter bis in Höhe des Kellerbodens mit Lehm verfüllt werden.

Beide Wände des Haupttunnels sollten jeweils eine Öffnung erhalten, um von dort aus später weitere, etwas niedrigere Seitentunnel ins Erdreich vortreiben zu können. Der Einstieg zum Haupttunnel sollte durch den Nachbarkeller erfolgen, dessen Zugang den Museumsleuten nicht bekannt war. Vorsichtshalber sollte dieser Zugang aber so verändert werden, dass er als solcher nicht mehr erkennbar war.

Auch auf Bernhards Frage, wie es denn gelingen sollte, den Haupttunnel zu bauen, ohne dass die Museumsleute bei den Kontrollbesuchen davon etwas merkten, hatte ich eine Antwort. Da an den Wochenenden niemand vorbeikam, hatte ich den Bau des Haupttunnels auf vier Wochenenden aufgeteilt.

»Und wie erklärst du deinen Eltern diese Arbeiten?«, war Bernhards nächste Frage. Meine Antwort kam prompt.

»Ich habe meinen Vater vor einiger Zeit gebeten, den vorderen Hauskeller als Partykeller ausbauen zu dürfen, und er hat zugestimmt. Wir werden mit den Arbeiten beginnen und zwei Wochen später, wenn meine Eltern sich an die Arbeiten im Keller und das Hineinschaffen von Baumaterial gewöhnt haben, den Bau des Haupttunnels im Sondierungsgraben starten.«

Bernhard sah mich ungläubig an und ehe er noch seine nächste Frage stellen konnte, benannte ich ihm das Grabungsteam.

»Wir werden ein Team aus fünf Leuten sein, mein Bruder Heinz, Toni Hermann, Günther Goldenberg, du und ich. Und wir werden unser Tun genauso geheim halten, wie wir das eben im Film gesehen haben. Wenn meine Eltern am nächsten Dienstag ihren Theaterabend haben, werden wir die anderen einweihen.«

In den nächsten Stunden besprachen Bernhard und ich weitere wichtige Details für die spätere Grabung.

Am folgenden Dienstagabend saß das Team erstmals zusammen. Offensichtlich ahnten mein Bruder Heinz, Toni und Günther schon, was besprochen werden sollte, denn meine Frage, was sie von einer heimlichen Grabung hielten, stieß auf ein begeistertes Echo.

Aus meiner und Bernhards Vorplanung wurde an diesem Abend und in den folgenden Wochen eine Detailplanung, die mit einer genauen Aufgabenverteilung und dem Schwur absoluter Verschwiegenheit endete.

Wir behaupteten also unseren Eltern gegenüber, mit dem Bau des Partykellers im Vorderhaus beginnen zu wollen, und schon ging es los: Es wurden erste Baumaterialien herangeschafft und Veränderungen in der elektrischen Installation der Kellerräume wurden vorbereitet – nicht nur im neuen Partykeller, sondern parallel und von unseren Eltern unbemerkt auch in den Kellern des späteren Grabungsbereichs.

Zwei Wochen später, im Juli 1966, begannen wir wie geplant mit der Zementierung der Bodenplatte für den Haupttunnel. Kies und Zement dafür hatten wir bei der Baustoffhandlung Reifenberg auf dem Severinswall gekauft und über das danebenliegende Grundstück der Langschen Druckerei durch unseren dort angrenzenden Garten unbemerkt in die Kellerräume geschafft.

Während Bernhard mit mir lautstarke Arbeiten am Partykeller durchführte, waren mein Bruder Heinz, Toni und Günther damit beschäftigt, den Aushub für die Bodenplatte vorzunehmen, die dort noch im Erdreich liegenden sichtbaren Quader mit Plastikfolie zu schützen und danach den Beton für die Bodenplatte einzubringen. Sonntagabends hatte der Beton erwartungsgemäß abgebunden und die Betonplatte wurde mit Lehm bedeckt, sodass sie beim Kontrollbesuch der Museumsleute nicht bemerkt wurde: Sie blickten weiterhin in den äußerlich unveränderten Sondierungsgraben.

An den nächsten beiden Wochenenden wurde das Team durchgetauscht und die je 2,20 Meter hohen Seitenwände des Haupttunnels gemauert. Anschließend wurden die Eisenspundwände davorgesetzt, sodass die aufgemauerten Wände bei den folgenden Kontrollbesuchen ebenfalls nicht bemerkt wurden. Alle Arbeiten verliefen nach Plan und so gelang es uns auch, am vierten Wochenende die Stahlspundwände zu entfernen, die Balkendecke auf die gemauerten Seitenwände aufzulegen und den darüber verbleibenden Graben mit Lehm aufzufüllen.

Der Sondierungs- bzw. Fundamentgraben unter dem Wohnhaus und damit die Fundstelle waren nun rein optisch zugeschüttet. Der darunterliegende Haupttunnel war nur über den Nebenkeller unter dem Hof zugänglich. Doch noch fehlte ein wichtiges Detail: Der unseren Eltern und den Museumsleuten bekannte Zugang zum Hofkeller, in dem ja weiterhin ein Teil des Sondierungsgrabens sichtbar war, musste verschlossen werden, denn durch diesen Zugang hätte man unser Vorhaben entdecken können.

Da wir den Hofkellerzugang aber weiter nutzen wollten, musste eine geschickte Lösung gefunden werden. Der Eingang zu diesem Keller wurde kurzerhand zugemauert – jedoch nur im oberen Bereich. Die untere Hälfte blieb offen, verdeckt durch eine vorher präparierte Waschkommode, deren Rückwand herausklappbar war und uns so den heimlichen Zugang in den Hofkeller ermöglichte.

Der unter dem Haus vermeintlich verfüllte Sondierungsgraben sowie der vermeintlich zugemauerte Hofkeller beruhigten tatsächlich unsere Eltern und auch die Museumsleute, die nun letztmals und zufrieden unser Haus verließen und fortan nicht mehr kontrollierten.

Der Weg für unsere eigene Grabung war frei.

Fachliteratur wurde gewälzt, Pläne für notwendiges Bergungsgerät wurden gezeichnet und beauftragt, Baumaterial wurde besorgt und schließlich brachte ein Besuch im Deutschen Museum München, Abteilung Bergbau, als Abstecher einer Ferienreise, die notwendigen Kenntnisse für den Bau und Vortrieb von unterirdischen Stollen.

Unsere Vorbereitungsarbeiten liefen auf Hochtouren. Wichtigste Arbeit war, den restlichen Erdaushub des Sondierungsgrabens und des Brunnens, den wir im Hofkeller deponiert hatten, zu entfernen, um Platz für die neuen, im Erdreich schon sichtbaren Fundstücke zu schaffen. Wohin aber mit der Erde und wohin mit dem Erdaushub, der aus

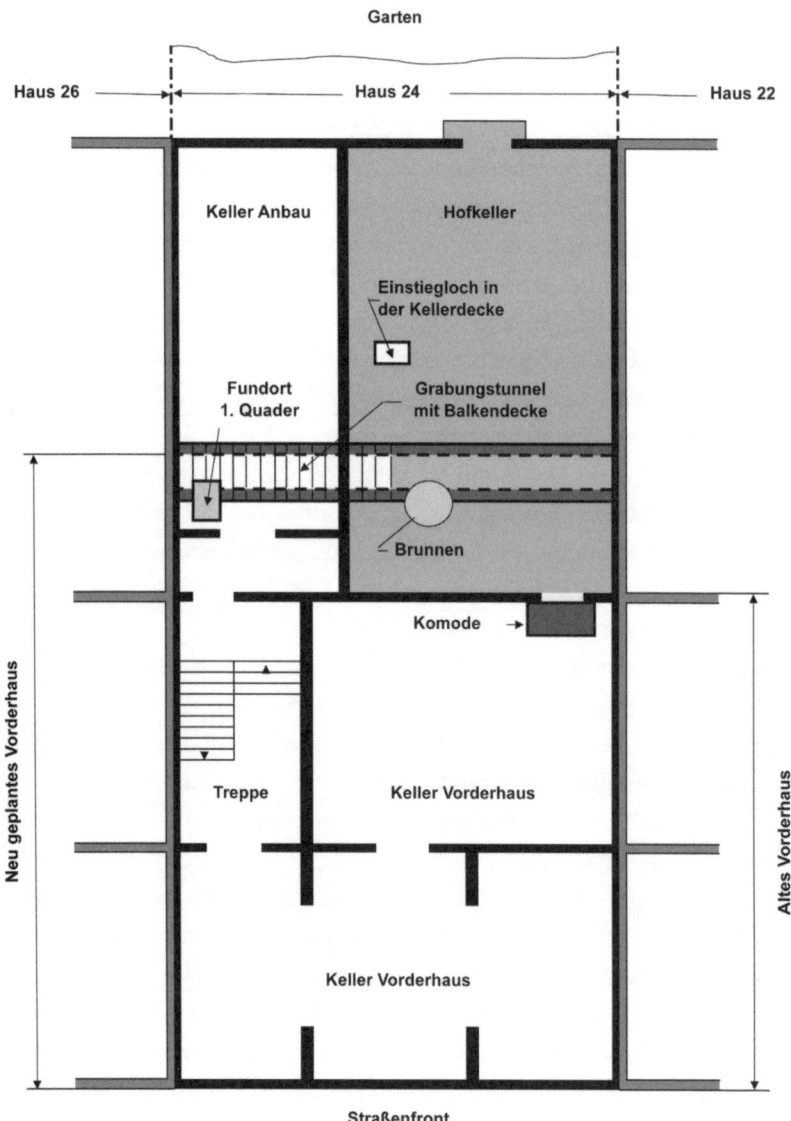

Grundriss Keller mit Waschkommode.

der geplanten Grabung zu erwarten war? Ein Container vor unserem Haus hätte sofort die Museumsleute wieder auf den Plan gerufen. Eine gute Idee musste her – und die hatten wir dann auch.

Der Garten hinter unserem Haus lag ca. 70 Zentimeter unter dem Hofniveau, war also nur über einige Stufen erreichbar. Es fiel uns nicht schwer, unsere Eltern zu überzeugen, dass das im Hofkeller noch lagernde Erdreich aus Brunnen und Sondierungsgraben die Fundamente des Hauses anfeuchtete. Ein Höherlegen des Gartenniveaus mit diesem Erdreich wurde von uns so vorteilhaft dargestellt, dass unsere Eltern dem Vorhaben zustimmten. Allerdings mit der Auflage, dass Mutterboden und Pflanzen abgehoben, auf dem Hof zwischengelagert und nach Verfüllen des Gartens wieder aufgebracht werden mussten.

Ehe unsere Eltern sich noch anders entscheiden konnten, hatten wir bereits mit der Verlagerung von Erdreich und Pflanzen begonnen und ein 60 mal 60 Zentimeter großes Loch in die Hofdecke gestemmt. Unseren Eltern erklärten wir, dass dieses Loch notwendig sei, um wieder in den Hofkeller gelangen zu können und um das Erdreich auf dem kürzesten Weg in den Garten zu schaffen.

Dieses Loch hatte jedoch noch weitere Funktionen: Es diente zur Entlüftung von Hofkeller und Grabungsstollen sowie dazu, über den Garten herangeschafftes Baumaterial noch schneller unbemerkt im Keller verschwinden zu lassen. Darüber hinaus war es, neben dem verborgenen Einstieg über die Waschkommode, zweiter Zugang zu Hofkeller und Grabungsbereich.

Nach einigen Wochenenden harter Arbeit, es war inzwischen September 1966, war das Erdreich aus dem Hofkeller entfernt. Unsere Planung, die den Garten als Depot für noch weitere ca. 40 Kubikmeter Erdreich der neuen Grabung vorsah, ging auf. Im Hofkeller lagerte diverses Baumaterial, das wir zwischenzeitlich dorthin geschafft hatten.

Die Monate der Planungs- und Vorbereitungsarbeiten waren wie im Flug vergangen, aber jetzt konnten wir es auch kaum mehr erwarten, mit der Grabung zu beginnen.

7

DER ERSEHNTE GRABUNGSBEGINN

Zunächst musste im Hofkeller über dem dort noch offenen Sondierungsgraben ein Kettenzug befestigt werden, um die Quader bergen zu können. Für die rechnerische Auslegung der Kettenzug-Tragekonstruktion waren Bernhard als Architektur- und ich als Maschinenbaustudent zuständig, denn Festigkeitslehre und Statik gehörten bei uns beiden zum Vorlesungsplan. Da wir bei der Grabung Quader mit Gewichten von bis zu zwei Tonnen erwarteten, wurde die Tragekonstruktion mit einem hundertprozentigen Sicherheitsaufschlag auf vier Tonnen ausgelegt. Außerdem wurde in den restlichen Sondierungsgraben ebenfalls eine tragfähige Bodenplatte eingegossen, um den Quadertransport aus dem Haupttunnel unter den Kettenzug zu erleichtern.

Eine wichtige Sache, die wir ebenfalls noch im Vorfeld klären mussten, war, wer wann für welche Arbeiten einzusetzen war. Dazu gehörte auch die Einteilung für die interessanteste und begehrteste Arbeit: das Freilegen der Fundstücke. Die Tatsache, dass wir großen Wert auf Fairness bei der Einteilung legten, war sicherlich einer der Hauptgründe dafür, dass das Team während der Grabung so vertrauensvoll, unkompliziert und erfolgreich zusammenarbeitete.

Somit waren alle Voraussetzungen für eine zügige Grabung erfüllt. Mit konsequenter Einhaltung unserer beiden Arbeitsprämissen »archäologisch fachkundig« und »statisch sicher« würde sich der Erfolg einstellen, der später rechtfertigte, gegen das Grabungsverbot verstoßen zu haben. Den Grabungsbeginn legten wir auf Anfang Oktober 1966 fest. Endlich – es hatte sehr viel Überwindung gekostet, während der Monate der Vorbereitungsarbeiten die im Erdreich schon sichtbaren Quader nicht anzurühren.

Erster zu bergender Quader war, wie wir schon bald erkannten, ein Architrav mit Rankenfries. Architrave sind in der römischen und griechischen Bauarchitektur die über den Kapitellen verlaufenden Längsbalken. In der unteren Hälfte sind sie mit einem waagerecht verlaufenden Treppenmuster und im oberen Bereich oft mit einem Fries mit unterschiedlichen Mustern verziert. Wir alle beneideten meinen Bruder Heinz, der für die Freilegung eingeteilt war. Im grellen Licht der Parabolleuchte zeichnete sich schon bald das Treppenmuster sehr deutlich ab, darüber ein gefiedertes Blatt und bald darauf weitere. Immer wieder legte Heinz den Spachtel aus der Hand und entfernte den Lehm, der die Blätter bedeckte, mit den Fingern, um das Muster nicht zu beschädigen. Schon bald konnten wir erkennen, dass die Musterseite des Quaders 58 Zentimeter hoch und dass der Quader ca. 45 Zentimeter dick war. Obwohl die Musterseite schon auf einer Länge von 89 Zentimetern freigelegt war, erschloss sich die gesamte Länge des Quaders noch nicht. Mittlerweile war schon eine 40 Zentimeter tiefe Erdhöhle entstanden, die mein Bruder im grellen und heißen Licht der Parabolleuchte um weitere 25 Zentimeter vertiefte und dabei nun endlich das Ende des Quaders erreichte.

Der Rest des Teams konnte sich nur schwer der Faszination entziehen, ihm bei der Arbeit zuzuschauen. Mit jedem Stückchen Muster, das

Architrav mit Rankenfries, Funddokumentation Gens, Nr. 7.

sichtbar wurde, erschloss sich eine Akanthus-Ranke, die sich elegant um Blätter und Blütenkelche legte. Die Natürlichkeit der Rankendarstellung und die minutiöse, tief plastische Ausführung der Steinmetzarbeit begeisterten uns – erst recht, als der Quader in seiner Gesamtlänge von 110 Zentimetern freigelegt war.

Mein Bruder stellte bald fest, dass sich das Rankenmuster um die rechte Ecke des Quaders herum fortsetzte und auch dort weitestgehend unbeschädigt war. Die einzigen Beschädigungen, die dieser Eckquader aufwies, waren zwei kleine Abplatzungen am unteren Quaderrand. Der auf diesen Fehlstellen anhaftende Lehm zeigte, dass die Beschädigungen schon zur Römerzeit entstanden waren.

Bernhard und Günther waren an diesem Wochenende zum Weiterbau des Partykellers eingeteilt, der ja auch zukünftig parallel zu den Grabungsarbeiten stattfinden sollte, um unsere Eltern von den Grabungsaktivitäten abzulenken. Immer wieder erschien einer der beiden im Grabungsbereich, denn das Freilegen des Quaders war selbstverständlich weitaus interessanter als die Arbeiten im Partykeller. Mit dem Hinweis, dass sie durch Verlassen ihres »Vorpostens« unsere Grabung gefährdeten, gelang es aber, sie in ihren Arbeitsbereich zurückzuschicken.

Mittlerweile war der Quader so weit freigelegt, dass nur noch ein Teil seiner Unterseite mit dem lehmigen Erdreich verbunden war. Zu dritt versuchten wir durch Anheben diese letzte Verbindung zum Boden zu lösen. Ohne Erfolg. Der Quader rührte sich keinen Millimeter und schien wie festgebacken. Vorsichtig setzten wir einen Wagenheber unter dem Quader an. Diesen Wagenheber hatten wir für die Grabung mit einer größeren Auflageplatte so modifiziert, dass sich die Druckkräfte besser auf dem Stein verteilen konnten. Gespannt verfolgten wir, wie durch das Drehen der Kurbel langsam der Hubvorgang einsetzte. Der Quader bewegte sich aber immer noch nicht, weil sich der Wagenheber lediglich in das darunterliegende Erdreich hineindrückte. Nachdem wir den Wagenheber schließlich mit einer Holzplatte unterbaut hatten, hatten wir Erfolg. Mit einem satten Schmatzen löste sich der Stein vom Untergrund und als wir ihn vorsichtig zur Seite zogen, wurde darunter die Ecke eines weiteren Quaders sichtbar. Fast zwei Stunden benötigten wir anschließend, um den Rankenarchitrav aus dem Haupttunnel zu transportieren und ihn mit Hilfe des Kettenzugs drei Meter höher auf Kellerbodenniveau zu hieven. Dort machten wir uns daran, den Stein im Detail zu untersuchen. Nachdem wir die letzten Lehmreste vorsichtig entfernt hatten, offenbarte er im Lichtschein mehrerer Lampen schließlich seine ganze Schönheit.

Beginnend mit diesem ersten wurde die genaue Fundsituation jedes einzelnen Quaders dokumentiert: Dazu installierten wir im Haupttunnel einen Referenz-Messpunkt, von dem aus alle Quader nach Länge, Breite und Höhe in ihrer Fundlage erfasst wurden. Die nach diesem Aufmaß angefertigten Fundlagepläne sollten später den Facharchäologen ein Nachvollziehen unserer Grabung ermöglichen. Diese Zeichnungen

Querschnitt des Hauses im Bereich des Grabungsfelds von Westen nach Osten.

Haus- und Grabungsbereich

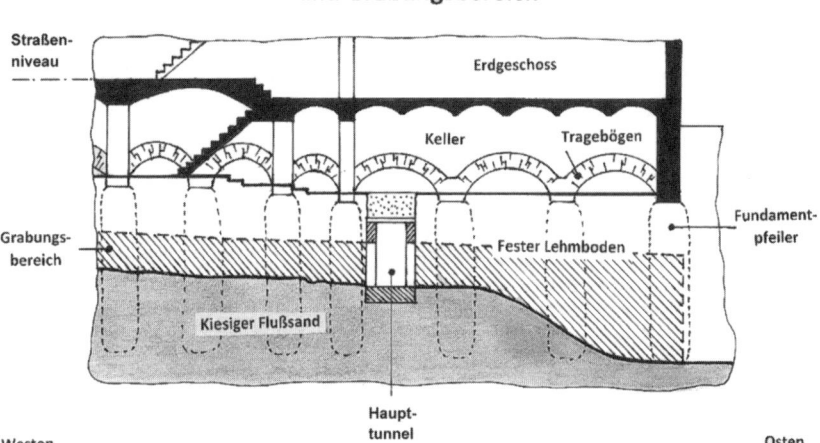

konnten wir ebenfalls zur Planung der notwendigen Baumaßnahmen für Tunnelbau und Absicherung des Hauses nutzen.

Neben der exakten Dokumentation der Quaderfundlage stellte sich natürlich auch die Frage nach der geologischen und geschichtlichen Fundsituation. Schon nach den ersten Grabungswochen erkannten wir, dass das gesamte Fundareal unterhalb des Wallgrabens aus einer homogenen Erdreichstruktur bestand.

Der gleichmäßig dunkelbraune Lehm zeigte keinerlei Farbunterschiede, was zu einer unterschiedlichen Datierung der Funde Anlass gegeben hätte. Diese homogene Erdreichstruktur endete im Bereich des Haupttunnels nahe der Brandmauer des Hauses Nummer 26 in einer Tiefe von 6,70 Metern unter Straßenniveau. Sie fiel, wie wir später feststellen sollten, bis zum rückwärtigen Fundament des Anbaus, also in Richtung Rhein, bis auf eine Tiefe von 9 Metern ab. Darunter ging sie sofort in eine Sand-Kies-Schicht über, die dem Boden eines Flusses sehr ähnlich war. Die Quader, aber auch alle römischen Relikte wie Scherben, Knochen, Glas- und Metallreste wurden von der homogenen Erdschicht so fest umschlossen, dass sie wie einzementiert schienen.

Einzige Erklärung für diese Fundsituation war ein stehendes Gewässer, das über die Jahrhunderte verlandet war und dabei alle ins Wasser gefallenen Fundstücke fest und ohne jeden Hohlraum umschlossen hatte. Damit war auch die Frage geklärt, warum die Quader in den folgenden Jahrhunderten nicht für andere Bauten wiederverwendet worden waren.

Nachdem Transport, Vermessung und Säuberung des Ranken-Architravs abgeschlossen waren, begann mein Bruder Heinz die Quaderecke freizulegen, die an der Fundstelle sichtbar geworden war. Enttäuscht stellten wir fest, dass es sich dabei nur um ein ca. 35 Zentimeter langes, keilförmiges Bruchstück eines Quaders handelte, das ohne Muster zu sein schien. Erst als mein Bruder das Quaderstück ganz freigelegt hatte und umdrehen konnte, offenbarte es sein Geheimnis.

Zu sehen war ein menschlicher Kopf mit fliehendem Kinn, einem seltsam geformten Ohr und üppigem Haupthaarwuchs – was lag näher, als direkt an den Kopf des Pan zu denken. Das Bruchstück wurde gesäubert und auf unser erstes Fundstück, den Leib des Hirtengottes Pan, aufgesetzt.

Unsere Enttäuschung war groß, als wir feststellten, dass Kopf und

Bruchstück mit dem Kopf eines Pan, Funddokumentation Gens, Nr. 31.

Torso am Halsansatz zwar zusammenzupassen schienen, der Kopf jedoch im Verhältnis zum Torso in die falsche Richtung schaute: Der Leib des Pan war nach rechts ausgerichtet, der Kopf auf dem Bruchstück jedoch nach links. Eine solch verdrehte Haltung schien uns einfach nicht richtig. Deshalb untersuchten wir immer wieder den Halsansatz, kamen dann aber doch – irgendwie resigniert, aber auch hoffnungsfroh – zu dem Schluss, dass dieses Kopfbruchstück zu einer anderen Reliefdarstellung gehören musste.

Wir waren zufrieden, dass der erste Grabungstag so gut verlaufen war, nun galt es aber, die notwendigen Aktivitäten zu planen, die für ein reibungsloses Fortführen der Grabung an den nächsten Wochenenden erforderlich waren. Teameinteilung, Planung der Baumaterialbeschaffung, der Beseitigung des angefallenen Lehms und der Bergung von zwei Säulentrommeln, die beim Freilegen des Architravs im Erdreich sichtbar geworden waren, standen an. Um all das kümmerten wir uns während des Sonntagsspaziergangs unserer Eltern.

In der darauffolgenden Woche kauften wir das Baumaterial und deponierten es von unseren Eltern unbemerkt im Hofkeller. Der dafür gewählte Transportweg von der Baustoffhandlung über das Grundstück der Langschen Druckerei und unseren Garten direkt in den Hofkeller erwies sich dabei als sehr vorteilhaft: Der Weg war kurz, kaum einsehbar und Herr Lang, der Druckereibesitzer, fragte nur ab und an mal, ob unser Partykeller denn Fortschritte mache, was wir artig bejahten.

An den folgenden Wochenenden wurden vier weitere Quader freigelegt. Zunächst bargen wir zwei Säulentrommeln, beide mit einem Durchmesser von 40 Zentimetern und einer Länge von 50 und 57 Zentimetern mit tief ausgearbeitetem, hohlkehlartigem Längsprofil, das man an nahezu allen korinthischen Säulen findet und Kannelur genannt wird. Anschließend legten wir einen Quader frei, der über einem Podest

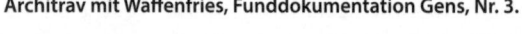

Architrav mit Waffenfries, Funddokumentation Gens, Nr. 3.

ebenfalls ein Kannelur-Relief aufwies, sowie einen weiteren mächtigen Architrav, dessen Fries allerdings zu unserem großen Erstaunen kein Rankenmuster zeigte: Einige rechteckige, zum Teil halb übereinander angeordnete Elemente und etwas Rundes waren zu erkennen.

Erst als wir den Quader in voller Länge von 118 Zentimetern freigelegt und gesäubert hatten, erkannten wir, dass es sich um ein Waffenfries bestehend aus Langschilden, einem Rundschild und mehreren Schwertern handelte. Auf einem der Langschilde war ein gefiederter Vogelflügel zu erkennen, dessen Bedeutung uns aber erst einige Zeit später klar wurde.

Die Grabungsarbeiten gingen inzwischen zügig voran, denn mittlerweile waren wir fünf gut aufeinander eingespielt: In der Woche erledigten wir kleinere Vorbereitungsarbeiten. Am Wochenende gruben wir und führten Sicherungsarbeiten durch. Erdreich wurde aus dem Tunnelsystem in den Garten geschafft und dort gesiebt, um alle darin enthaltenen römischen Relikte wie Scherben, opalisierendes Glas, Metall- und Knochenreste zu bergen. Spätabends besprachen wir dann meist noch die Planung für die weitere Grabung.

Das Bewegen des 1,4 Tonnen schweren Waffenarchitravs durch das Tunnelsystem und das Hochhieven dieses Fundstücks in den Hofkeller hatten uns wieder einmal deutlich gemacht, dass wir in dieser Hinsicht dringend einiges verbessern mussten: Der ebenerdige Transport der Quader in Haupttunnel und Sondierungsgraben bis zum Kettenzug war kompliziert und zeitaufwendig. Die Transportdielen und Eisenrollen, mit denen wir die Quader bewegten, waren schwieriger zu handhaben, als wir uns das vorgestellt hatten. Die Quader verrutschten auf den Transportdielen und die darunterliegenden Eisenrollen verkanteten immer, wenn Lehm in ihre Laufbahn fiel. Ein stählerner Transportwagen mit einer Auflagefläche von 90 mal 45 Zentimetern und Eisenrädern mit einem Durchmesser von 10 Zentimetern sollte hier Abhilfe schaffen. Konstruiert und berechnet für eine Tragkraft von zwei Tonnen wurde er in einer Schlosserei in Auftrag gegeben.

Beim Hochhieven der Quader in den Hofkeller ergaben sich noch größere Schwierigkeiten. Ein über dem Sondierungsgraben hängender Quader konnte erst vom Kettenzug gelöst werden, wenn wir ihn mit schweren Balken unterbaut hatten, damit er nicht in den Graben abstürzen konnte. Erst danach war ein seitliches Wegziehen des Quaders möglich. Dieses seitliche Verschieben war sehr anstrengend und auch gefährlich für uns, weil wir dabei über dem offenen Graben arbeiten mussten. Eine Alternative musste her – für die Sicherheit des Teams, aber auch, um die Unversehrtheit der Quader zu gewährleisten.

Wir benötigten eine Vorrichtung, die man unter den im Flaschenzug hängenden Quader schieben konnte: Sie musste beweglich und so tragfähig sein, dass man auch extrem schwere Quader darauf absetzen und seitlich in den Hofkeller transportieren konnte, und sie musste den offenen Graben so weit abdecken, dass wir gefahrlos darauf arbeiten konnten.

Nach zahlreichen Diskussionen und Ausführungsvarianten war die Lösung gefunden: Eine hölzerne Plattform, ausgelegt für ein Maximalgewicht von vier Tonnen, wurde gebaut und mit zwei Achsen und vier Stahlrädern versehen. Sämtliches Holz dafür kauften wir bei Holz Schumacher in der Landsbergstraße, für Eisenteile hatten wir eine kleine Schlosserei in der Merowingerstraße. Anschließend wurden zwei horizontale Tragebalken mit Schienen auf die seitlichen Holzspundwände des Sondierungsgrabens montiert, auf denen die Stahlräder der Plattform geführt ablaufen konnten.

Trotz ihres hohen Eigengewichts war die Plattform über dem Sondierungsgraben nunmehr leicht verschiebbar. Zur Erhöhung der Sicherheit wurde sie an den Seiten noch durch Eisenprofile verstärkt, die sich bei einem eventuellen Bruch eines Rades auf die Schienen aufgelegt und so ein Abstürzen von Plattform, darauf abgestelltem Quader und uns Ausgräbern verhindert hätten.

Schon am folgenden Wochenende, Mitte November 1966, waren Transportwagen und Rollplattform voll im Einsatz, um einen 0,6 Tonnen schweren Eckquader zu bergen. Mit dem neuen Transportwagen schafften wir den Quader vom Fundort durch das Stollensystem unter den Flaschenzug in zehn Minuten. Bei den vorher geborgenen Quadern hatten wir mit Eisenrollen und Holzdielen manchmal bis zu zwei Stunden benötigt.

Mittlerweile hatten wir begonnen, ausgehend vom Haupttunnel, einen Seitentunnel vorzutreiben, der der Fundlage der Quader folgte, die dort teilweise sehr dicht neben- und aufeinanderlagen. Eine noch detailliertere Vorplanung der Bergungsaktivitäten wurde unverzichtbar, erforderte aber auch Disziplin vom gesamten Team, denn der Wunsch nach schnellerem Grabungsfortschritt stand absolut konträr zu den erforderlichen statischen Sicherheitsvorkehrungen: Bevor die Quader geborgen werden konnten, mussten wir diesen Seitentunnel ebenfalls ausmauern und es mussten Deckenbalken eingezogen werden.

Um die Motivation aller Teammitglieder hochzuhalten, hatten wir mittlerweile auch die Einteilung zum Freilegen der Quader geändert. Wir wechselten inzwischen stundenweise, sodass jedes Teammitglied an jedem Wochenende in den Genuss kam zu graben.

Am folgenden Samstag war Bernhard für die erste Grabungsstunde eingeteilt und schon nach kurzer Zeit überraschte er uns mit der Nachricht, dass der freizulegende Quader ein noch nicht bekanntes Muster zeige. Alle Teammitglieder fanden sich an der Fundstelle ein. Die Oberseite des Quaders war grob behauen, so wie wir das von den Rückseiten der bisher geborgenen Quader kannten. Seitlich wurde ein unregelmäßiges Rillenmuster sichtbar. Was es darstellte, war noch nicht erkennbar, weshalb die anderen Teammitglieder wieder an die für sie eingeteilten Arbeiten gingen. Nach Ablauf der ersten Grabungsstunde war ich als Zweiter zum Graben eingeteilt. Ich stieg in den Haupttunnel hinab, um Bernhard abzulösen.

Bernhard hatte mein Kommen nicht bemerkt, er arbeitete offensichtlich hoch konzentriert, denn auch auf meine zweimalige Aufforderung, mir jetzt das Weitergraben zu überlassen, reagierte er nicht. Als ich mich zu ihm hinunterbeugte und seinen Arm festhielt, um auf mich aufmerksam zu machen, wandte er sich um und boxte mir wütend gegen die Schulter.

»Bist du verrückt«, schrie ich. »Was soll das denn?«

Bernhard schaute mich fragend an und machte den Eindruck, als sei er gerade aufgewacht. Ich war wütend und zugleich beängstigt, denn er schien seinen Schlag nicht realisiert zu haben. Mein Bruder Heinz, Toni und Günther waren zwischenzeitlich zu uns hinuntergestiegen, um nach der Ursache für den Lärm zu fragen. Als ich erzählte, was vorgefallen war, schlug mein Bruder vor, eine Pause einzulegen, damit sich die Gemüter wieder beruhigen konnten. Ich war immer noch wütend, weil Bernhard behauptete, mich nicht geschlagen zu haben. Die Ernsthaftigkeit, mit der er das sagte, machte allerdings nicht nur mich, sondern auch die anderen Teammitglieder nachdenklich.

Nach einiger Zeit gingen wir wieder an die Arbeit. Ich machte mich daran, den Rest des Quaders freizulegen. Das Muster zog sich fühlbar von der sichtbaren Seite zur Unterseite, die noch im Erdreich steckte. Ganz vorsichtig begann ich, die Erde unter dem Quader zu entfernen. Kurze Zeit später klopfte mir Toni auf die Schulter, um mich abzulösen. Ich schaute verwirrt auf meine Uhr und war erstaunt, dass meine Stunde schon vorbei war, noch war der Quader aber leider nicht aus dem Erdreich zu lösen. Toni setzte das Unterhöhlen fort.

Nach einiger Zeit rief er uns in den Grabungstunnel, weil er Hilfe beim Umdrehen des Fundstücks benötigte. Zwei alte Wolldecken wurden zum Schutz des Musters in die Erdhöhle unter den Quader geschoben und dann wuchteten wir ihn vorsichtig über die gerundete Seitenfläche. Unter dem teilweise noch anhaftenden Lehm wurde das Muster der Frontseite sichtbar: Wir erkannten den Torso einer Statue mit einer herrlichen Gewandfaltung. Um möglichen Beschädigungen vorzubeugen, beschlossen wir, den restlichen Lehm erst im Hofkeller im Schein von zwei Reflektorlampen zu entfernen.

Wir hatten in den letzten Wochen auch im Hinblick auf die Säuberung der Quader viel gelernt: Es hatte sich herausgestellt, dass der an den Quadern anhaftende Restlehm sich nach ausreichendem Einweichen viel leichter und schonender entfernen ließ, indem man ihn einfach abspülte. Diese Vorgehensweise, die Spachtel und Pinsel überflüssig machte, forderte allerdings von uns allen, speziell aber von demjenigen, der zum Freilegen eingeteilt war, Geduld und auch Überwindung der Neugier – der Restlehm war meist erst nach einer halben Stunde so weit durchgeweicht, dass er sich durch Abspülen vom Quader löste.

Der Torso, der jetzt unter dem Lehm vollends zum Vorschein kam, reichte von der Hüfte bis zum unteren Drittel der Unterschenkel. Im Bereich der Hüfte war eine linke Hand erkennbar, die die Tunika hielt. Das leicht angewinkelte rechte Knie drückte sich durch die Falten. Wir waren begeistert von der Schönheit der Darstellung, aber auch ein wenig enttäuscht wegen der beiden sichtbar gewordenen Bruchstellen und der fehlenden Anschlussteile, die es möglich gemacht hätten, die fast lebensgroße Statue zu komplettieren. Aber die Chancen, die fehlenden Teile der Statue auch zu finden, standen nicht schlecht. Das gab unserem Arbeitseifer neuen Schwung.

**Torso einer Frauenstatue,
Funddokumentation Gens, Nr. 54.**

8

GRABUNGSFIEBER –
FASZINATION UND GEFAHR

Der Fund der Frauenstatue sollte nicht die letzte Überraschung an diesem Samstag im November 1966 bleiben, denn schon bald informierte uns Günther, der nun zum Graben und Freilegen eingeteilt war, über ein ca. 40 Zentimeter hohes und 15 Zentimeter breites Quaderstück, das mit seiner zylindrischen Form und den darauf erkennbaren Schuppen offensichtlich den Leib einer Schlange darstellte. Der Schlangenkörper endete dann aber zu unserem Erstaunen in einer Fischflosse.

Als dieses Quaderstück gegen 0:30 Uhr geborgen war, setzen wir uns noch zusammen, um über die Funde des Tages zu sprechen und weitere Aktivitäten zu planen.

Natürlich sprachen wir auch über Bernhards merkwürdiges Verhalten. Seine aggressive Reaktion bei der Ablösung im Grabungstunnel ließ uns nicht los, weil sie für Bernhard absolut untypisch war. Warum Bernhard mich nicht bemerkt hatte, als ich zu ihm in den Stollen gestiegen war, warum er sich nicht an seinen Schlag erinnern konnte und er erst auf meinen Schmerzschrei reagiert hatte, all das war nicht nur für uns, sondern auch für ihn selbst ein Rätsel. Was war da unten während der Grabung passiert?

Toni erwähnte jetzt eher beiläufig, dass auch ich nicht direkt reagiert habe, als er mich beim Graben hatte ablösen wollen. Auf meinen empörten Einwand berichtete er dann, dass ich sein Kommen gar nicht bemerkt, seine zweimalige Aufforderung nicht gehört und erst reagiert hätte, als er mir auf die Schulter gefasst habe.

Ich glaubte, das sei ein Scherz, aber Toni versicherte sehr ernsthaft, dass ich mich fast genauso verhalten hätte wie Bernhard. Ich sei zwar nicht aggressiv gewesen, hätte aber unwirsch und abweisend reagiert und er habe das Gefühl gehabt, mich aus einem Traum gerissen zu haben. Genau diesen Eindruck hatte ich bei Bernhard auch gehabt: Es war, als hätte ich ihn aus einer anderen Welt herausgerissen.

Für dieses Verhalten gab es nur eine Erklärung: Das Freilegen des Quaders hatte Bernhard und mich so sehr gefangen genommen, dass wir unsere Umwelt nicht mehr wahrgenommen hatten. Toni verglich die Situation mit dem Lesen eines spannenden Buches – auch dabei kommt es ja vor, dass man derart in die Handlung eintaucht, dass man das Umfeld vergisst und verzögert reagiert.

Die Erklärung war einleuchtend, aber auch beängstigend, denn eine solche Einschränkung der Wahrnehmung beim Freilegen der Quader konnte – das wurde uns allen klar – zu unvorsichtigem Verhalten und Unfällen führen.

Wir fragten uns, ob die Unfälle, die bei einigen Grabungen in der Vergangenheit in Köln passiert waren, eventuell auch wie bei uns auf Wahrnehmungsstörungen während des Grabens zurückzuführen gewesen waren. War das das so genannte Grabungsfieber, das manchmal sogar tödliche Folgen haben konnte?

Wir mussten handeln, einen zweiten Mann zum Graben einteilen, dessen Aufgabe einzig darin bestand, den Grabenden zu überwachen. Und das aus einiger Entfernung, um nicht selbst vom Grabungsgeschehen gefangen genommen zu werden. Da wir unserer Sicherheit bei der Grabung oberste Priorität einräumten, entschieden wir, die Einsatzpläne entsprechend zu verändern – auch wenn das bedeutete, dass uns ein Mann für andere Arbeiten fehlte.

Am übernächsten Wochenende standen drei weitere im Erdreich bereits sichtbare Quader zur Bergung an. Da wir an dem Wochenende davor und unter der Woche bereits Sicherungsarbeiten erledigt hatten, kamen wir zügig voran: Ein Quader mit Eckpilaster und eine 30 Zentimeter starke Quaderplatte mit einer getreppten Basis waren nach vier Stunden geborgen. Dabei war ein so großer Stollenraum entstanden und eine so große Lehmmenge angefallen, dass vor dem Freilegen des dritten Quaders erst zwei Tragepfeiler gemauert und der Lehm fortgeschafft werden musste.

Es war der 10. Dezember 1966 und wir beschlossen, die Bergung des letzten der drei Quader auf Anfang Januar 1967 zu verschieben. Auch zwei weitere Quader, die seitlich und unter dem letzten Quader zum Vorschein gekommen waren, blieben bis dahin unangetastet.

Auch im Januar lief der vermeintliche Partykellerbau immer noch parallel zu den Grabungsaktivitäten. Als Alibi konnte er nicht mehr lange herhalten, denn unsere Eltern hatten wohl längst bemerkt, dass der großen Aktivität, die wir auch im neuen Jahr an den Tag legten, kein wirklich sichtbarer Fortschritt im Partykeller gegenüberstand. Auch der Transport des Lehms in den Garten, der vermeintlich vom Freiräumen des Hofkellers stammte, in Wirklichkeit aber bereits aus dem Vortrieb der Stollen kam, führte offensichtlich zu Skepsis bei unseren Eltern. Das Vertrauen, das sie in dieser Grabungsphase in uns setzten, in der sie nur ansatzweise ahnen konnten, was dort unter dem Haus geschah, und die Toleranz, mit der sie uns dabei begleiteten, waren großartig. Uns war klar, dass wir dieses Vertrauen keinesfalls enttäuschen durften.

Bernhard war als Erster zum Freilegen eingeteilt – mit Günther als Grabungsaufseher. Der erste Quader an diesem Wochenende, bei dem zunächst eine Pilasterkannelur zu sehen war, die sich um die linke Ecke herumzog, schien nahezu unbeschädigt. Als rechts neben der Kannelur eine figürliche Darstellung sichtbar wurde, rief Bernhard das restliche Team zusammen. Unter dem nur grob entfernten Lehm kam der Oberkörper einer menschlichen Gestalt zum Vorschein. Nachdem der Quader schließlich aus dem Erdreich gelöst, durch das Stollensystem transportiert, mit dem Kettenzug zum Hofkeller hochgehievt und der restliche Lehm mit Wasser vorgeweicht war, kam der spannende Augenblick.

Wir konnten es kaum glauben, als der Körper und der Umhang eines zweiten Pan sichtbar wurden. Die Konturen und Abmessungen zeigten viele Ähnlichkeiten mit dem bereits gefundenen Pan-Quader. Die Musterdarstellungen des neuen Quaders waren jedoch viel detaillierter und Gott Pan hielt hier nicht die Hirtenflöte, sondern einen Stab in der rechten und die Beine eines Tieres in der linken Hand.

Reliefquader mit dem Leib des zweiten Pan, Funddokumentation Gens, Nr. 34.

Wir waren begeistert und die Aussicht, dass sich vielleicht noch weitere solch herrliche Quader im Erdreich finden würden, steigerte erneut unsere Motivation.

Motivation war für die Weiterführung der Grabung auch dringend erforderlich, denn die umfangreichen und oft mühseligen Begleitarbeiten wie die Vortriebsplanung, die Arbeitseinteilung der Teammitglieder, die statischen Berechnungen und Zeichnungen, die darauf abgestimmte Baumaterialbeschaffung, das Wegschaffen von Lehm aus den Stollen, das Mischen von Zement und Beton und das Ausmauern und Abstützen der Stollen waren Arbeiten, die zwar dringend erforderlich waren, aber nach einigen Monaten Grabung stießen sie nicht mehr auf so große Begeisterung und führten teilweise zu Unmut.

Beim Lehmtransport entwickelte sich zwischen Toni, Günther und mir ein Streit darüber, wie man am besten vorgehen sollte und wer zuständig sei. Wie gut, dass wir zu Grabungsbeginn für das gesamte Team zwei klare Regeln festgelegt hatten, die von allen akzeptiert worden waren: Danach hatte jeder im Team jede Arbeit zu erledigen, die er aufgrund seiner Fähigkeiten auszuführen in der Lage war. Und die im Team verabschiedete Arbeitsplanung und -einteilung konnte nur dann in Frage gestellt werden, wenn außergewöhnliche Umstände dies erforderten. Nachdem mein Bruder Heinz diese Regeln nochmals für alle in Erinnerung gerufen hatte, war der Streit schnell beigelegt und alle gingen wieder an die ihnen zugeteilte Arbeit.

Im Stollensystem begann das Freilegen der beiden letzten Quader für dieses Wochenende: eine Pilaster-Basis und eine Gebälkplatte. Beim Lösen der Pilaster-Basis waren wir erneut auf die Ecken von drei weiteren Quadern gestoßen.

Nach dem Abtransport der Pilaster-Basis war ich zum weiteren Freilegen der Gebälkplatte eingeteilt, die sich zu meinem Erstaunen immer tiefer ins Erdreich hinein fortzusetzen schien. Als auch bei einer Länge von 130 Zentimetern immer noch kein Ende der Platte erkennbar war, mussten erst einmal wieder Sicherungsarbeiten durchgeführt werden. Bei einer Vortriebslänge von 130 Zentimetern musste der Stollen seitlich und oben abgefangen werden.

Mit dem Aufmauern einer Stollenseitenwand und eines Stützpfeilers beendeten wir an diesem Wochenende unsere Arbeiten. Grund waren zwei fehlende Eisenträger, die wir für das Abstützen der Stollendecke benötigten. Die statische Berechnung hatte ergeben, dass für diesen Stollenabschnitt 100er-Breitflanschträger erforderlich waren. Diese besorgten wir in einem Metallbaubetrieb in Kalk und brachten sie mit Bernhards VW-Bus auf den Severinswall vor die Langsche Druckerei und über deren Hof zu unserer Gartenmauer. Bei einer Länge von 160 Zentimetern waren diese so schwer, dass wir ziemliche Mühe hatten, sie über die Gartenmauer zu schaffen, um sie unbemerkt im Keller verschwinden zu lassen.

Mit dem Verbauen der beiden Breitflanschträger und zahlreicher Holzbalken begannen am folgenden Januarwochenende die Arbeiten. Als wir mit der Absicherung der Stollendecke fertig waren, machte sich

Bernhard daran, die Gebälkplatte weiter freizulegen. Erst nach andert-
halb Stunden war der Quader schließlich in seiner vollen Länge sichtbar.
Mit einer Breite von 110 Zentimetern, einer Stärke von 30 Zentimetern
und einer Länge von 154 Zentimetern war dies der bisher größte Quader, den wir gefunden hatten. Die Fragen, die sich uns stellten, lauteten:
Wie hatten die Römer solch große Quader bewegt – und wie würde es
uns gelingen, diese mächtige Platte zu transportieren?

Noch haftete die Unterseite der Platte fest am Lehm. Die erprobte
Praxis, Quader mit dem Wagenheber aus dem Lehm zu lösen, wurde
sofort verworfen, da bei der Länge der Platte die Gefahr bestand, dass
sie brechen würde. Auch ein Hochhebeln mit Balken schied aus diesem
Grund aus. Einzig sinnvoll erschien uns, die Platte vorsichtig zu unterhöhlen und die Hohlräume mit Kalksandsteinen zu unterbauen. Nur so
konnten wir verhindern, dass sich die Platte unkontrolliert absenkte.

Fast eine Stunde dauerte es, bis Bernhard auf diese Weise den Quader
aus dem Erdreich gelöst hatte. Zwei weitere Stunden dauerte der Transport der Platte durch das Stollensystem: Wegen der enormen Abmessungen des Schwergewichts konnten wir unseren Transportwagen nicht
benutzen und mussten deshalb auf die bewährten Eisenrollen und
Transportdielen zurückgreifen. Zentimeter für Zentimeter bewegten wir
die Platte bis unter den Kettenzug – dann machten wir erst einmal eine
wohlverdiente Pause.

Wir diskutierten darüber, wie weiter vorzugehen sei, und stellten fest,
dass die Größe der Gebälkplatte längere Tragseile erforderte, um sie sicher in den Kettenzug einhängen zu können. Doch die längeren, stäh-
lernen Tragseile mussten erst in der kommenden Woche beschafft werden. Außerdem wurde uns klar, dass die 154 Zentimeter lange Platte
nicht durch die nur 130 Zentimeter breite Öffnung unter dem Kettenzug
zwischen Hauswand und Rollplattform hindurchpasste. Wir mussten
also die Öffnung vergrößern, indem wir die schwere Rollplattform zeitweilig entfernten. So weit die Theorie, die Praxis am nächsten Samstag
würde zeigen, ob dies alles so umzusetzen war.

Mehrere Stunden vergingen dann am folgenden Wochenende, bis wir das riesige Fundstück mit den neu beschafften Tragseilen hochgehievt, durch die vergrößerte Öffnung gebracht, sicher auf der wieder eingesetzten Rollplattform und schließlich auf dem Kellerboden abgesetzt hatten.

Die Hoffnung, solch schwere und extrem große Quader möglichst nicht mehr zu finden, sollte sich leider nicht erfüllen – schon kurz nach Wiederaufnahme der Arbeiten überraschte uns Toni, der gerade mit der

Girlanden-Quader, Funddokumentation Gens, Nr. 44.

Grabung betraut war, mit der Nachricht, dass der erste der drei zu bergenden Quader eine weitere getreppte Basis sei, die auch bereits eine Länge von mehr als 115 Zentimetern aufwies und deren Ende noch im Erdreich verborgen war. Der zweite, ein quadratischer Quader mit nur 60 Zentimetern Seitenlänge, der als Muster einen Blattfächer erkennen ließ, erschien uns da schon ein Leichtgewicht.

Vor lauter emsigem Hin und Her zwischen Haus, Kellerräumen, Hof und Garten bemerkten wir an diesem Samstag nicht, dass unsere Mutter unsere Arbeit mit weit größerer Aufmerksamkeit verfolgte als sonst. Ihre Skepsis im Hinblick auf den vermeintlichen Partykellerbau war größer geworden, als ihr aufgefallen war, dass wir durch das Loch in der Hofdecke in den Hofkeller eingestiegen und später die normale Kellertreppe wieder heraufgekommen waren. Und das, obwohl kein Zugang vom Haus- zum Hofkeller mehr existierte, nachdem dieser von uns ja angeblich zugemauert worden war.

Restlos skeptisch war sie geworden, als sie meinem Bruder gegen 18 Uhr in den Hauskeller folgte, um ihn etwas zu fragen, aber dann niemanden mehr dort antraf. Unserer Mutter war klar, der Hauskeller musste ein Geheimnis bergen, und da sie nicht an Spuk glaubte und auch nicht ängstlich war, beschloss sie, der Sache auf den Grund zu gehen.

Sie holte sich einen Stuhl, setzte sich in den Keller, in dem die Waschkommode stand, die unseren Eingang zum Hofkeller verbarg, schaltete das Licht aus und wartete, was geschehen würde.

Nach einiger Zeit hörte sie, wie ein Riegel zurückgezogen wurde. Die linke Tür der Waschkommode öffnete sich wie von Geisterhand und in dem spärlichen Licht, das aus der Kommode drang, erkannte sie unseren Freund Bernhard, der hinaussteigen wollte, um im Hauskeller Werkzeug zu holen.

Wer von den beiden wohl mehr überrascht und erschreckt war, ließ sich nicht mehr feststellen, aber unsere Mutter wollte jetzt die ganze Wahrheit wissen. Sie kroch kurzerhand durch die Kommode in den

Hofkeller und was sie dort sah, verschlug ihr den Atem. 19 römische Quader, darunter die beiden Pane und der Torso der weiblichen Statue, standen an den Wänden verteilt. Nachdem wir ihr alles erklärt, sie durch das entstandene Stollensystem geführt und sie auch von unseren Sicherheitsvorkehrungen überzeugt hatten, versprach sie uns absolute Verschwiegenheit. Allerdings bestand sie darauf, dass wir am nächsten Tag unseren Vater über unser Tun aufklärten.

Auch unser Vater war in höchstem Maße beeindruckt, obwohl er das zu verbergen versuchte. Beide Eltern hatten wohl etwas von der Grabung geahnt, aber das, was sie jetzt in den Kellerräumen sahen, übertraf all ihre Vorstellungskraft. Da waren einerseits die römischen Quader, die jeden, der sie zum ersten Mal sah, fassungslos staunen ließen. Und da war das unter dem Haus entstandene Stollensystem. Dass wir dieses Bergwerk – wie es mein Vater nannte – mit seinen mächtigen Stützwänden, Eisenträgern und stabilen Balkendecken in nur wenigen Monaten gebaut hatten, war kaum glaubhaft und deshalb hatten wir viel zu erklären. Unser Vater war ein aufmerksamer Zuhörer, der unserem Tun sichtlich Respekt zollte, aber würde er uns auch gestatten weiterzugraben?

Als er auf meine Frage, ob wir weitergraben durften, schweigend den Keller verließ, da wussten wir, was das bedeutete. Wir hatten freie Bahn, wir konnten weitermachen. Wir konnten Baumaterial ohne Heimlichkeiten heranschaffen und wir hatten einen zusätzlichen Berater – und gottlob auch einen Sponsor, der unsere Konten wieder auffüllte, die wir für das Baumaterial schon weitestgehend geplündert hatten.

Es hatte aber noch weitere Vorteile, dass unsere Eltern über unsere Grabung Bescheid wussten. So konnten wir jetzt in aller Offenheit unsere Planungstreffen zu Hause durchführen, wir wurden mit Proviant versorgt – und wir konnten nun endlich den schon länger gehegten Wunsch, den Kettenzug zum Hochziehen der Quader nicht mehr per Hand, sondern durch einen Motor anzutreiben, in die Tat umsetzen.

Dazu opferte unser Freund Bernhard seinen nicht mehr ganz neuen Lloyd, der nicht nur von uns, sondern auch von den Jugendlichen der sechziger Jahre verächtlich als Leukoplast-Bomber bezeichnet worden war, weil die Löcher in der Kunststoffkarosserie mit Leukoplast zugeklebt wurden. Nachdem Motor, Getriebe und Differential ausgebaut waren, wurden diese Teile in den Keller geschafft und direkt neben dem Sondierungsgraben und neben dem Kettenzug in einem Holzgerüst kardanisch aufgehängt. Eine Stahlfelge des zerlegten Autos wurde mit Blechschrauben, die in den Felgengrund eingeschraubt wurden, in eine Art Antriebzahnkranz verwandelt, mit dem Differential verbunden und über einen Achsschenkel zur Flucht der Zugkette des Kettenzugs ausgerichtet und fixiert.

Danach wurde die Zugkette in die Felge eingelegt und über federnd aufgehängte Umlenkrollen unter Spannung gesetzt. Nachdem wir Batterie und Bedienungspult installiert hatten, fehlte nur noch der Auspuff, der nochmals unseren gesamten Ideenreichtum forderte.

Wir führten das Auspuffrohr zunächst aus dem Keller über die Hofdecke in den Hofinnenraum. Aber schon beim ersten Testlauf des Motors stellten wir fest, dass der Motorlärm, der aus dem Auspuffrohr entwich, trotz eingebautem Schalldämpfer viel zu laut war: Bei dem vorgesehenen nächtlichen Betrieb hätte jeder Motorstart unsere Eltern aus dem Schlaf gerissen, denn im engen Innenhof verstärkte sich der Lärm durch Reflexion an den Hauswänden. Eine andere Lösung musste gefunden werden. Wir kamen auf die Idee, ein Gasrohr als Auspuff aus dem Innenhof bis zum Hausfirst nach oben zu führen.

Damit war zwar die Lärmquelle weit vom Elternschlafzimmer entfernt, aber das lange Auspuffrohr führte zu einem solch hohen Abgasgegendruck, dass der Motor nach kurzem Betrieb an seinen eigenen Abgasen erstickte. Um den Abgasgegendruck zu senken, wurde kurzerhand der Schalldämpfer aus dem Abgassystem entfernt. Motor und Abgasrohr funktionierten jetzt, aber über dem Hausfirst und den Dächern hörte sich unser kleiner Lloyd-Motor wegen des fehlenden Schalldämpfers an wie ein Ferrari. Nur gut, dass das Ende des Auspuffrohrs nicht erkennbar war: Wir hatten es so neben einen Kamin gelegt, dass es nicht zu sehen war.

Schon nach den beiden ersten Einsätzen des Motors am folgenden Wochenende wurde in der Nachbarschaft gerätselt, wo denn wohl in der Nacht von Samstag auf Sonntag der Rennwagen über die Dächer gerast war. Niemand konnte sich erklären, wo der Motorenlärm herkam. Wir gaben uns ahnungslos – und rätselten mit. Uns war aber auch klar, dass wir den nächtlichen Einsatz des Motors so optimieren mussten, dass dabei ein Minimum an Lärm entstand, um unsere Nachbarn nicht über Gebühr zu belasten.

Dieses Januarwochenende 1967 bescherte uns neben den spannenden Testläufen des Motors auch weitere Neufunde: Toni hatte einen trapezförmigen Quader freigelegt, der auf zwei Schrägseiten ein Schuppenmuster zeigte.

Wir hatten zwar schon einen Quader gefunden, der eine geschuppte Oberfläche aufwies und der aufgrund seiner Form einem schlangenähnlichen Wesen zugeordnet werden konnte, doch dieser neue Quader war zunächst nicht einzuordnen. Direkt neben dem neuesten Fundstück wurde erneut ein Architrav sichtbar, dessen Fries wiederum Waffen darstellte. Günther und Bernhard legten ihn frei.

Beim Hochhieven beider Quader hatten wir sowohl das Abgasrohr als auch den Motorantrieb des Kettenzuges nochmals verbessert und wir waren froh, dass alles so problemlos funktionierte.

9

EX TESTAMENTO –
DER ERSTE QUADER MIT INSCHRIFT

Nachdem unsere Eltern in unser Grabungsvorhaben eingeweiht waren, konnten wir jetzt endlich auch die Materialversorgung verbessern. Der Transport des Baumaterials über das Langsche Grundstück und unseren Garten hatte sich bewährt. Aber immer noch mussten Kalksandsteine, die für das Mauern von Seitenwänden und Stützpfeilern unseres Bergwerks benötigt wurden, einzeln vom Hof über den Hofkeller in die Grabungsstollen weitergereicht werden. Dies war arbeitsintensiv und zeitraubend. Gleiches galt für den Mörtel, dessen Transport in Eimern aufgrund des Gewichts sehr anstrengend war.

Wir diskutierten darüber, wie der Transport effektiver gestaltet werden könnte, und beschlossen schließlich, eine Materialrutsche zu installieren, die vom Hof, durch Hof- und Hauskeller bis in den Hauptstollen geführt werden sollte. Dafür wurde ein Stahlrohr mit 25 Zentimetern Durchmesser beschafft und nach Aufstemmen von Kellerdecke und Kellerboden und einem Durchstich bis in den Haupttunnel so starr montiert, dass selbst schwere Lasten das Rohr nicht aus seiner Verankerung rissen.

Jetzt konnten alle zur weiteren Ausmauerung der Stollen erforderlichen Steine, Hölzer und Mörtel auf direktem Weg in den Hauptstollen geschickt werden. Sehr schnell hatte unsere Mutter dann die Möglichkeit entdeckt, die Materialrutsche für die Proviantversorgung des Teams und als Sprachrohr zu benutzen. Die Funktion der Materialrutsche war aber damit keineswegs ausgeschöpft, denn zu unserem großen Erstaunen wurde die bis dahin oft sehr stickige Luft im Stollensystem plötzlich sehr viel besser: Das Rohr wirkte wie ein Kamin. Es zog die verbrauchte Luft aus den Stollen, während über die Öffnung in der Hofkellerdecke frische Luft nachströmte – wir hatten also eine Bewetterung für unser Stollensystem geschaffen.

Während wir uns noch über diese gelungenen Neuerungen freuten, wurden wir von Toni, der zum Freilegen eingeteilt war, und von Bernhard, der die Grabungsaufsicht führte, in einen Seitenstollen gerufen, mit der Bitte, weitere Beleuchtung und einen Spiegel mitzubringen. Der

Quader, den Toni freilegte, schien glatt behauen. Als Toni aber eine Lampe in die bereits gegrabene Erdhöhle hinter dem Quader einführte und auf der Rückseite mit dem Spiegel das betrachtete, was er bis dahin nur gefühlt hatte, schrie er begeistert auf:

»Ich sehe zwei Buchstaben, ja, und jetzt noch einen dritten, der Quader hat auf der Rückseite eine Inschrift.«

Einen Moment lang waren wir wie erstarrt, aber dann wollte jeder von uns natürlich einen Blick auf die Buchstaben werfen. Bernhard wurde jetzt seiner Aufgabe als Grabungsaufsicht gerecht, denn er forderte uns sehr entschieden auf, den Stollen zu verlassen und erst zurückzukommen, wenn Hilfe zum Umdrehen des Quaders benötigt würde. Toni untersagte er, die Erdhöhle hinter dem Quader zu vergrößern, und forderte ihn auf, den Quader erst seitlich aus dem Lehm zu lösen. Nur widerwillig ließ sich Toni darauf ein, denn viel lieber hätte er weitere Buchstaben freigelegt.

So wurden wir alle auf eine Geduldsprobe gestellt und mussten warten, bis der Quader gelöst und umgedreht werden konnte. Als wir nach einer halben Stunde in den Stollen gerufen wurden, waren wir unglaublich gespannt. Ober- und Seitenflächen des Quaders lagen frei, nur die Unterseite und ein Teil der Rückseite hafteten noch am Lehm. Unter dem Quader hatte Toni ein Loch gegraben, in das wir einen Balken einführten, um den Stein von den letzten haftenden Flächen loszuhebeln.

Es herrschte eine gespenstische Stille, als wir den Hebelbalken ansetzten, und dann hörten wir endlich das satte Schmatzgeräusch, mit dem sich die Quader immer vom Erdreich lösten. Der Drehpunkt des Hebelbalkens wurde unterbaut und der Quader nochmals angehoben – so hoch, dass das Erdreich darunter entfernt und eine Holzdiele sowie zwei Eisenrollen unterlegt werden konnten. Nachdem wir den Quader auf seine Schmalseite abgesenkt und den Hebebalken entfernt hatten, rollte er, fast wie von selbst, aus seiner Erdhöhle in den Stollen.

Die Anspannung stieg bei uns allen noch einmal, als wir den Quader umdrehten und seine Frontseite betrachten konnten. Die beiden Buchstaben, die Toni freigelegt hatte, waren als »R« und »E« erkennbar, aber unter dem noch anhaftenden Lehm konnte man noch andere Buchstaben erahnen. Toni wollte gerade damit beginnen, einen weiteren Buchstaben mit dem Spachtel freizulegen, da forderte Bernhard: »Einweichen!« Ich war sicher nicht der Einzige, der ihn in diesem Moment dafür hätte umbringen können.

»Sollen wir den Quader nicht erst noch mit dem Kettenzug in den Hofkeller ziehen?«, fragte ich provokant und erntete heftigen Widerspruch des restlichen Teams: Zu groß war unser aller Neugier. Und schon mit dem ersten Eimer Wasser, den wir auf die Oberfläche schütteten, wurden Teile eines zusammenhängenden Wortes erkennbar – aber nicht lesbar.

Die nächsten zehn Minuten wurden zu einer erneuten Geduldsprobe, während wir um den Quader herumstanden und diskutierten. Günther hatte zwei weitere Eimer Wasser herangeschafft, die Toni jetzt vorsichtig auf die Oberfläche schüttete, um den restlichen Lehm wegzuspülen, der noch in den Buchstaben haftete. Drei Schriftreihen mit unterschiedlich großen Buchstaben wurden sichtbar. Gebannt verfolg-

Erster Quader mit Inschrift, Funddokumentation Gens, Nr. 11.

ten wir, wie Toni die letzten Lehmreste vorsichtig mit den Fingern entfernte. Es wurde das Wort »ESTAMENTO« lesbar und direkt darunter das Wort »VIVIS«. Die schon freigelegten zwei Buchstaben »R« und »E« in der obersten Zeile schienen das Ende eines weiteren Wortes zu bilden.

Die Schrift bestand nur aus Großbuchstaben, die auf eine Weise in den Stein gemeißelt waren, dass sie enorm plastisch und fast unwirklich auf uns wirkten. Es dauerte eine ganze Weile, bis wir uns der Magie dieser Situation entziehen konnten. Zum ersten Mal hatten wir die absolute Gewissheit, ein Grabmal gefunden zu haben. »ESTAMENTO« musste »TESTAMENTO«, also »Testament«, bedeuten und »VIVIS« »den Lebenden«.

Nachdem wir den Quader mit dem Kettenzug in den Hofkeller hochgehievt, dort abgestellt und beleuchtet hatten, saßen wir noch eine geraume Zeit davor und diskutierten, was uns wohl noch erwarten könnte. Dieser Quader war zweifelsfrei Teil einer sehr großen Inschrift und der Gedanke, diese vervollständigen zu können, ließ unsere Fantasie wahre Purzelbäume schlagen.

Schnell aber hatte uns die Realität wieder, denn im Stollensystem mussten weitere Abstützarbeiten durchgeführt werden, und mein Bruder Heinz war bereits mit dem Freilegen des nächsten Quaders beschäftigt. Schon nach kurzer Zeit informierte er uns darüber, dass dieser Quader Teil einer Statue sein musste, denn das erkennbare Rillenmuster war dem Faltenwurf der bereits gefundenen Frauenstatue sehr ähnlich.

Als der Quader aus dem Erdreich gelöst und gesäubert war, zeigte sich das in Kniehöhe weggebrochene Unterteil einer wahrscheinlich lebensgroßen Statue mit einem reichen Faltenwurf des Gewandes. Neben dem linken Fuß des Statuen-Unterteils war ein konischer Zylinder zu erkennen, der durch geflochtene Bänder zusammengehalten wurde. Es musste sich um ein fassähnliches Behältnis handeln, aber die Bedeutung dieses Behältnisses konnten wir uns zu diesem Zeitpunkt noch nicht erklären.

An den folgenden Tagen standen statische Berechnungen und das Ausmauern und Sichern der Stollen im Vordergrund – wir bewegten uns mittlerweile in ca. sieben Metern Tiefe unter unserem Haus und unter Straßenniveau. Die notwendigen Absicherungen forderten von uns den Verzicht auf jegliche Freizeit, da sie immer aufwendiger wurden und entsprechend die Baumaterialbeschaffung immer kostenintensiver. Außerdem waren diese kräftezehrenden Arbeiten immer noch nicht beliebt, aber jeder von uns hatte begriffen, dass ohne ausreichende Vorbereitung und Absicherung ein weiteres Graben viel zu gefährlich gewesen wäre. Wir trösteten uns jedes Mal mit der Aussicht, am nächsten Wochenende dann wieder zügig mit der Grabung fortfahren zu können, und der Hoffnung, dass dabei Quader gefunden werden könnten, die eventuell schon vorhandene Fundstücke ergänzten.

Am folgenden Samstag war es wieder Bernhard, der als Erster zum Freilegen eingeteilt war. Schon nach kurzer Zeit informierte uns Günther, der die Grabungsaufsicht hatte, dass der neue Quader auf seiner Längsseite ein bisher nicht bekanntes Muster zeigte. Also stiegen wir anderen wieder einmal in den Stollen hinab, um den Fund zu begutachten. Zu sehen war ein blattähnliches Relief. Das Muster war zwar neu, aber nicht so spektakulär, wie wir es nach Günthers Ankündigung erwartet hatten. Und weil direkt neben dem Muster sich die uns bekannte Rillenkannelur fortsetzte, gingen wir restliche Teammitglieder etwas enttäuscht wieder an die Logistikarbeiten, zu denen wir eingeteilt waren.

Kaum 30 Minuten später wurden wir wieder in den Stollen gerufen, um beim Lösen und Transport des Quaders zu helfen. Bernhard erwähnte jetzt eher beiläufig, dass auf der uns abgewandten Seite des Quaders wohl eine figürliche Darstellung zu sehen sei, was er aus dem ertasteten Faltenwurf eines Gewandes ableitete.

Die uns zugewandte Seite des Quaders, die Bernhard zwischenzeitlich mit einer Länge von 100 Zentimetern und einer Höhe von 56 Zentimetern ganz freigelegt hatte, zeigte neben der hier 38 Zentimeter breiten Rillenkannelur mehrere Blätter, die bogenförmig wie zu einer Girlande gebunden waren. Am oberen Ende verjüngte sich diese Girlande, ein Band umschlang sie dort, das in Wellen nach unten auslief.

Die Darstellung ließ uns einen Moment bewundernd innehalten und wir vergaßen darüber fast, dass auf der uns abgewandten Seite eine weitere Überraschung auf uns wartete. Fast eineinhalb Stunden dauerten das Lösen des Quaders, der Transport durch das Stollensystem und das Hochhieven in den Hofkeller. Unter dem Lehm, der noch auf der Schmalseite haftete, waren die Umrisse der figürlichen Darstellung grob erkennbar. Aber wiederum erst nach vorsichtigem Säubern erschloss sich das gesamte Relief.

Schmalseite des Quaders mit Mänade, Funddokumentation Gens, Nr. 45.

Kopf und Oberkörper einer Frauengestalt wurden sichtbar, die in einer außergewöhnlichen Plastizität aus der Oberfläche des Quaders hervortraten. Das ebenmäßige Gesicht mit den weit geöffneten Augen hatte etwas der Welt Entrücktes. Die im Detail ausgearbeiteten Haare fielen in geschwungenen Locken über die Schultern und wurden auf dem Kopf durch einen Kranz aus Blättern und Blüten bedeckt. Die Figur trug eine ärmellose Tunika. Die Schultern wurden von einem Teil der Palla umhüllt, die unter dem linken Arm hindurchführte und von dort aus nach hinten oben zu wehen schien.

Das Schweigen des sonst eher lautstarken Teams zeigte, dass jeder von uns seinen Gedanken nachhing – da war die Bewunderung für den römischen Steinmetz, der dieses Werk geschaffen hatte, es stellte sich die Frage nach der Symbolik des Reliefs und natürlich war uns klar, welch großes Privileg jedem von uns zuteilwurde, solch wunderschöne Relikte finden und ausgraben zu dürfen.

Der Waffenarchitrav, der danach zur Bergung anstand, war da schon fast ein Routinefund – wäre uns nicht beim Säubern auf dessen nur roh behauener Rückseite ein ca. 7 Zentimeter großes Relief eines springenden Tieres aufgefallen, das recht grob ausgeführt war. Eine solche Darstellung auf einer Quaderrückseite war neu für uns, und deshalb wurde heftig diskutiert, ob es sich hierbei um die Übung eines römischen Steinmetzes oder eventuell um das Emblem oder Punzzeichen der römischen Werkhütte handelte, die das Grabmal einst geschaffen hatte.

Nach der Bergung dieses Quaders ging es darum, die

Übung eines Steinmetzes oder Punzzeichen der Werkhütte.

fast eineinhalb Kubikmeter Lehm, die beim Freilegen angefallen waren, wieder einmal aus dem Stollensystem zu schaffen. Gemeinsam mit Bernhard und Günther hatte ich diese Aufgabe zu erledigen, während Toni, beaufsichtigt durch meinen Bruder Heinz, zum Freilegen des nächsten Quaders eingeteilt war. Wieder wurde eine Kannelur sichtbar, die jedoch am unteren Ende des Quaders rund auslief und durch zwei Querwülste begrenzt wurde. Wie sich beim weiteren Freilegen herausstellte, handelte es sich um das Bruchstück eines Eckquaders, der offensichtlich die Basis der Pilasterkannelur bildete.

Wir glaubten beim Transport helfen zu müssen, als wir kurz nach 23 Uhr von Toni in den Grabungsstollen gerufen wurden, aber der Quader steckte noch fest im Erdreich. Stattdessen streckte uns Toni seine geschlossene Faust entgegen und fragte: »Welche Spiele spielten die Römer?«

Einen Moment lang herrschte Enttäuschung und dann Verblüffung, als er die Frage wiederholte und wir wie gebannt auf seine Faust starrten.

Gladiatoren-Spiele, Theaterspiele entgegnete Günther, aber Toni schüttelte verneinend den Kopf. Nach einem Moment ratlosen Schweigens half mein Bruder mit dem Hinweis: »Denkt mal an Golgatha und was dort mit dem Gewand Christi geschah.«

»Es wurde um Christi Gewand gewürfelt«, entgegneten Bernhard und ich fast gleichzeitig und dann öffnete Toni seine Faust und ein kleiner Elfenbeinwürfel rollte aus der Handfläche auf die Finger.

Römischer Würfel aus Elfenbein.

Jeder von uns wollte jetzt den Würfel einmal in Händen halten und als mein Bruder ihn mir gab, legte sich mir eine Gänsehaut über Arme und Rücken. Der Würfel rollte über meine Handfläche und blieb mit der Drei nach oben liegen, drei eingravierte Kreise mit zentrischem

Punkt. Meine Fantasie bekam Flügel, der römische Alltag war plötzlich greifbar nah. Es war, als sei ich gerade durch einen Zeitkorridor geschritten, in dem fast 2000 Jahre zu Millisekunden zusammengeschrumpft waren.

»Bitte gib mir den Würfel auch mal«, hörte ich Günther sagen und ich wusste damit, dass die Gegenwart mich zurückhatte.

Kurz vor Mitternacht beschlossen wir, das Bruchstück mit der Pilasterkannelur sowie einen weiteren Quader, der daneben zum Vorschein gekommen war, auf jeden Fall an diesem Abend, oder besser gesagt, in dieser Nacht, noch zu bergen. Gegen 0:30 Uhr starteten wir den Motor, um den Quader in den Hofkeller hochzuziehen, und begannen dann mit der Freilegung des für dieses Wochenende letzten Fundstücks.

Schon bald wurde klar, dass es sich dabei um ein größeres Bruchstück eines Quaders handelte. Die an der unbeschädigten Seite vorhandene Kannelur lief rund aus und zog sich von der Vorderseite um die rechte Ecke herum. Die an der Vorderseite neben der Kannelur anschließende Glattfläche wies eine deutliche Bruchkante auf.

Als der Quader gegen 1:45 Uhr gesäubert im Hofkeller stand, konnten wir erkennen, dass die Kannelur zum oberen Abschluss eines Pilasters gehören musste. Aber was mochte sich auf der linken Quaderseite neben der Bruchkante befunden haben? Die Form der Bruchkante kam uns irgendwie bekannt vor. Als wir noch darüber diskutierten, kam Toni mit dem Bruchstück des Pankopfes. Vorsichtig setzte er es am unteren Quaderrand an und zu unserer großen Freude fügte es sich nahtlos an die Bruchkante des Quaders an.

Mit diesem letzten Erfolgserlebnis ging ein einzigartiger Tag zu Ende. Kurz vor 3 Uhr ließen wir bei einer Tasse Kaffee die Ereignisse nochmals Revue passieren, aber dann stieg so langsam die Müdigkeit in uns hoch.

10

EIN HIGHLIGHT NACH MITTERNACHT –
DER UNVERSEHRTE KOPF DES ZWEITEN PAN

Als wir uns nach den sehr strapaziösen Ausgrabungen am Sonntagnachmittag zur Besprechung der weiteren Aktivitäten trafen, war unser Elan zurückgekehrt und wir waren voller Motivation für die weitere Planung. Jeder von uns fünf hatte natürlich Terminverpflichtungen bezogen auf Studium, Arbeitsstelle oder Familie, die es dabei zu berücksichtigen galt, aber jeder bemühte sich darum, seine persönlichen Termine so zu legen, dass die Arbeit des Teams nicht gefährdet wurde.

Als Vorbereitungsarbeit hatten wir im Laufe der Woche vom Haupttunnel aus einen zweiten Seitenstollen in Richtung Vorderhaus vorgetrieben, denn auch in diesem Bereich waren im Erdreich bereits Ecken von Quadern sichtbar geworden, die auf ihre Freilegung warteten.

Die Möglichkeit, wöchentlich zwischen zwei Fundstellen zu wechseln, ermöglichte uns, die Planung flexibler zu gestalten: Während am kommenden Februarwochenende im Vorderhausstollen gegraben werden sollte, konnten im Gartenstollen die notwendigen Sicherungsarbeiten durchgeführt werden und umgekehrt. Die Arbeitsbelastung an den Wochenenden stieg damit an, die Arbeit lief aber entspannter ab, da die Sicherungsaktivitäten jetzt ohne Zeitdruck, unabhängig von den Grabungsaktivitäten, durchgeführt werden konnten.

Im neuen Vorderhausstollen zeigte sich nach dem Freilegen einer Gebälkplatte die grob behauene Rückseite eines fast 120 Zentimeter langen Quaders. Beide Stirnseiten waren Anschlussflächen, wie man an den Außenstegen erkennen konnte. Folglich musste es sich um einen Mittelquader handeln, dessen Muster auf der uns abgewandten Seite zu finden war. Mit einer Höhe von 58,5 Zentimetern, einer Tiefe von 45 Zentimetern und einer exakten Länge 116 Zentimetern war der mächtige Quader nur schwer aus dem Erdreich zu lösen. Deshalb wurden gleich zwei Hebellöcher gegraben, die unter dem Quader entlangführten. Unsere Anspannung stieg, als sich nach Unterschieben der Hebelbalken und mit dem Krafteinsatz des gesamten Teams der Quader vom Erdreich löste. Aber noch war die uns abgewandte Seite nicht zu sehen. Erste Tastversuche deuteten auf einen glatt behauenen Quader hin. Wir wollten es nun genau wissen, mussten aber dazu den Quader umdrehen. Mit gemeinsamer Kraftanstrengung zogen wir den Quader über seine Schwerpunktachse und ließen ihn mit seiner grob behauenen Rückseite auf ein vorbereitetes Erdpolster fallen. Gerade noch hatten wir unter der Anstrengung geächzt, aber jetzt war Totenstille. Was wir sahen, ließ uns ungläubig staunen: Die gesamte Vorderseite war voller Buchstaben – beziehungsweise Wörter.

Die oberste Schriftzeile war bei diesem Quader ebenso wie bei dem ersten Schriftquader größer ausgeführt und das ließ die Vermutung zu, dass er eventuell zu dem ersten Inschrift-Fund den Anschluss bildete.

Wir waren wie elektrisiert. Natürlich wollten wir wissen, ob unsere Vermutung zutraf. Deshalb mussten alle geplanten Arbeiten zurückstehen – für den Transport des Quaders aus dem Stollensystem in den Hofkeller wurde das gesamte Team benötigt. Außerdem hätte sich sowieso keiner von uns bereitgefunden, etwas anderes zu tun, als bei diesem Transport mitzuhelfen.

Als der Quader schließlich gesäubert und beleuchtet im Hofkeller stand, sahen wir, dass unsere Vermutung zutraf: Der Quader bildete den linken Anschluss zum ersten Schriftquader – weshalb wir nicht widerstehen konnten, beide Quader sofort zusammenzufügen, um Wortzusammenhänge erkennen zu können.

Mein Bruder hatte unseren Eltern von dem Neufund berichtet und bald schon saßen sie mit uns staunend vor der Inschrift, die trotz ihrer fast zwei Meter Breite immer noch nicht vollständig war. Die oberste Zeile mit dem Wortteil »LICIO«, den Buchstaben »L«, »F« und dem Wort »TERE« erschloss sich uns noch nicht. Das Wort »ALAUDA« der zweiten Zeile konnten wir zwar mit »Lerche« übersetzen, aber einen Zusammenhang zur Lerchenlegion Caesars konnten wir in diesem Moment nicht herstellen. Die beiden Wörter »EX TESTAMENTO« und

**Die beiden ersten Inschrift-Quader nach dem Zusammenfügen,
Funddokumentation Gens, Nr. 10 und 11.**

die Wörter »ET VIVIS« waren dafür mit »gemäß dem Testament« sowie
»und den Lebenden« eindeutig zu übersetzen.

Immer wieder ging unser Blick über die Buchstaben und Wörter, die
durch kleine Blättchen voneinander getrennt waren. Der spielerische
Schwung, mit dem die Blättchen mal links, mal rechts herum, mal auf-
wärts und mal abwärts gerichtet waren, verlieh der ansonsten strengen
Schrift eine verblüffende Leichtigkeit. Die Plastizität dieser wunderbaren
Darstellung fesselte unsere Blicke und Gedanken.

Unter diesem Schriftquader war im Erdreich ein Quader mit Schuppenmuster zum Vorschein gekommen. Beim Freilegen dieses Fundstücks
stellte Bernhard fest, dass es sich um zwei Quader handelte, die dicht bei-
einanderlagen. Auf einem der Quader zeigten sich sechs bis acht Zenti-

meter große Schuppen. Der größere Quader war ein Eckquader mit schrägen Seitenflächen, auf denen 18 bis 20 Zentimeter hohe Schindeln in Reihen übereinander angeordnet waren. Dieser Quader konnte eindeutig dem Dach des Grabmals zugeordnet werden.

Bei dem zweiten Quader zeigte sich nach und nach eine zylindrische Form. Die kleinen Schuppen darauf schienen, wie bei der Haut einer Echse oder Schlange, ineinanderzugreifen. Als neben dem vermuteten Schlangenkörper dann allerdings eine große gefiederte Schwinge sichtbar wurde, waren wir überrascht. Sollte es sich bei der Darstellung um eine geflügelte Schlange handeln?

Nach eineinhalb Stunden hatten wir beide Quader geborgen und standen rätselnd vor dem Torso eines Wesens, dessen Oberkörper weg-

Quader vom Dach des Grabmals, Funddokumentation Gens, Nr. 46.

gebrochen war, dessen Unterkörper wie ein Vogelkörper aussah, an dem beidseitig große Flügel ansetzten und der dann in einen Schlangenkörper überging.

Als ich sonntags in der Fachliteratur nach einer Erklärung für die Darstellung auf dem Quader suchte, stieß ich auf Tritonen: geflügelte Schlangen mit menschlichem Oberkörper, die in der griechisch-römischen Mythologie den Fluss Okeanus bevölkern, der das Diesseits vom Jenseits trennt.

Unterteil eines Triton, Funddokumentation Gens, Nr. 52.

Für das erste Märzwochenende 1967 waren alle Sicherungsarbeiten im Gartenstollen abgeschlossen, sodass dort weitergegraben werden konnte. Ein kleineres Quaderstück ragte aus der Stollenwand. Wir beneideten meinen Bruder Heinz, der diesmal zum Freilegen, und Toni, der zur Grabungsaufsicht eingeteilt war, denn hier kam ganz offensichtlich wieder ein Teil einer Statue zum Vorschein – und direkt daneben eine Gebälkplatte. Zu gerne hätten wir alle beim Freilegen zugesehen, aber die anderen Arbeiten konnten nicht zurückstehen.

Für den Lehmtransport hatten wir eine Kette gebildet, um die Eimer auf dem schnellsten Weg durch das Loch in der Hofdecke in den Garten zu schaffen. Als ich gerade einen Eimer vom Hofkeller nach oben reichte, öffnete sich die Rückwand unserer Einstiegskommode: Unsere Mutter stieg hindurch, zu meinem großen Erschrecken gefolgt von Tonis jüngerer Schwester Elisabeth, unserer Spielkameradin aus Kindertagen.

Wir hatten im Team und mit unseren Eltern die eindeutige Vereinbarung getroffen, dass keine weiteren Personen in die Grabung eingeweiht werden sollten. Als ich meine Mutter vorwurfsvoll anschaute, entgegnete sie, dass Elisabeth sich nicht habe abweisen lassen. Ihr Bruder Toni müsse dringend in der elterlichen Wirtschaft ein Fass anschlagen.

Erst jetzt bemerkte ich, dass Elisabeth suchend und ungläubig im Keller umherblickte. Das während der Grabungsarbeiten reduzierte Licht ließ nur einen Teil unserer Fundstücke, die an den Wänden verteilt standen, erkennen. Als aus dem Stollensystem Geräusche und ein Lichtschein heraufdrangen, blieb ihr die Frage »Wo ist Toni?« nahezu im Hals stecken. Erschreckt starrte sie in den Graben, der zum Stolleneingang führte, aus dem jetzt Toni über die Leiter heraufstieg.

»Du musst dringend ein Fass anschlagen«, brachte sie nur stammelnd heraus.

Toni warf uns einen wütenden Blick zu. Ehe er durch die Kommode verschwand, schaltete er die volle Beleuchtung ein und rief trotzig:

»Wenn ihr sie schon hereinlasst, dann zeigt ihr auch alles!«

Unsere Funde erstrahlten jetzt im Licht der Parabolleuchten, Elisabeth war überwältigt von diesem Eindruck.

»Wo bleibt Toni?«, kam es aus dem Stollensystem und lenkte Elisabeths Aufmerksamkeit hinab in unsere Grabungsstollen.

»Wo sind die denn?«, fragte sie immer noch sichtlich verwirrt und dann folgte sie meiner Handbewegung, die auf die Leiter wies, die ich vor ihr hinabstieg. Unten angekommen, klappte ich die Leiter zur Seite und führte sie durch den Hauptstollen in den Gartenstollen, in dem mein Bruder das Statuen-Teilstück gerade aus dem Lehm gelöst hatte und Toni zum Transport erwartete.

»Ich glaub das alles nicht«, flüsterte Elisabeth. Die Situation erschien ihr einfach zu unwirklich. Vor ihr kniete mein Bruder in einer Lehmhöhle und seitlich von ihm lag der freigelegte Quader, aus dessen Gewandfaltung am unteren Ende ein Fuß herausschaute. Dahinter waren im Erdreich die ersten Muster einer Gebälkplatte und seitlich die massiven Stützwände des Gartenstollens zu sehen. Aus dem Hauptstollen kam jetzt noch Bernhard mit dem Transportwagen, um das Fundstück zu bergen.

»Alles, was du hier siehst, Elisabeth, unterliegt strengster Geheimhaltung«, war die erste Reaktion meines Bruders, der von Elisabeths Auftauchen genauso wenig begeistert war wie wir alle.

Von Elisabeth kam ein knappes, aber weit entferntes »Ja, ist OK«, und schon im nächsten Moment kniete sie vor der Gebälkplatte im Lehm und starrte auf die schon sichtbaren Blumenmuster. Nachdem ihr Bernhard gezeigt hatte, wie man mit dem Spachtel vorsichtig den Lehm entfernt, war sie kaum mehr ansprechbar. Das Freilegen beanspruchte ihre gesamte Wahrnehmung, das uns bereits bekannte Grabungsfieber hatte sie erfasst, und wir wussten, wie wichtig es jetzt war, sie nicht ohne Aufsicht zu lassen.

Nach über einer Stunde, in der wir das Statuenstück geborgen und gesäubert hatten und Günther Elisabeth beaufsichtigt hatte, löschten wir für ca. eine Minute das Licht im Grabungsstollen, um Elisabeth aus ihrem Grabungseifer in die Realität zurückzuholen. Aus dem Grabungsstollen hörten wir Günther schimpfen, weil er in der Dunkelheit nichts mehr sehen konnte, und etwas zeitverzögert stimmte Elisabeth in das Geschimpfe mit ein. Beide hatten sich in der Dunkelheit bis zur Leiter am Stolleneingang vorgetastet und machten nun ihrer Verärgerung Luft, als sie die Leiter zum Keller heraufstiegen. Wir erklärten Elisabeth unsere mittlerweile bewährte Vorgehensweise, den Grabenden durch kurze Dunkelheit in die Gegenwart zurückzuholen, und auch Günther, der es als verantwortungsvoller Aufseher nicht gewohnt war, im Dunkeln zu stehen, begriff jetzt, was vorgefallen war.

Wir hatten ein neues, vom Geschehen sichtlich überwältigtes Teammitglied, das uns versicherte, kein Sterbenswort über unser Tun zu verlieren. Außerdem hatten wir ihr jetzt eine Menge Fragen zu beantworten, die sie wegen ihres Arbeitseifers noch nicht hatte stellen können.

Das weitere Freilegen der Gebälkplatte hatte Bernhard übernommen. Mit einer Länge von insgesamt 150 Zentimetern war dies wieder einer der extrem großen Quader, dessen Transport uns im engen Stollensystem große Schwierigkeiten bereiten würde.

Bei solch einer Länge mussten wir vor der endgültigen Bergung wieder einmal die Erdhöhlendecke provisorisch abstützen, um einen Lehmabbruch und damit den Einsturz des Vortriebsstollens zu verhindern. Das Einbringen der Verstrebungen, auf die dann die Balkendecke aufgelegt wurde, beanspruchte fast zwei Stunden. Nach dem Transport durch den Stollen war es schon kurz nach 1 Uhr, als wir endlich den Motor starten konnten, um die mächtige Gebälkplatte in den Hofkeller zu befördern.

In der provisorisch abgestützten Erdhöhle zeigten sich jetzt insgesamt die Ecken von vier Quadern, die als Neufunde sofort zum Referenzpunkt vermessen wurden. In einer kurzen Lagebesprechung war sehr schnell geklärt, dass zumindest einer der Quader noch in dieser Nacht geborgen werden musste, weil er eine Verlängerung der Stollenwand behindert hätte, die wir unbedingt zur weiteren Abstützung der Tunneldecke benötigten – eine Arbeit, die wir in der folgenden Woche ausführen wollten.

Ich war diesmal mit dem Freilegen an der Reihe, Toni machte die Grabungsaufsicht. Nachdem ich zehn Minuten gegraben hatte, wurde auf dem schräg im Erdreich liegenden Quader eine Rillenkannelur, die wir bereits von anderen Quadern kannten, sichtbar. Sie hatte diesmal jedoch einen runden Auslauf am oberen Ende. Und wieder mal war es ein Eckquader, denn die Kannelur zog sich von der Schmalseite rechts auf die Längsseite.

Mittlerweile kannten wir die Musteraufteilung der Quader so gut, dass wir vorhersagen konnten, dass auf der Längsseite neben der Kannelur eventuell noch eine figürliche Darstellung zum Vorschein kommen könnte. Und wirklich, die Erwartung bestätigte sich, als 10 Zentimeter neben der Kannelur erste Haarsträhnen aus dem Erdreich schauten. Um nichts zu beschädigen, bedeckte ich die Haarsträhnen wieder mit Lehm und ließ von da an eine 5 Zentimeter dicke Lehmschicht als Schutz über dem zu erwartenden Relief. Danach begann ich, die Erdhöhle über dem Quader zu vergrößern, damit wir ihn durch Hebeln vom Untergrund lösen konnten.

Die Nachricht vom Fund einer weiteren figürlichen Darstellung hatte alle übrigen Teammitglieder in den Stollen gelockt und da zu solch später Stunde sowieso keine Logistikarbeiten mehr durchgeführt werden konnten, halfen jetzt alle mit, den Quader aus dem Erdreich zu lösen und aus der Erdhöhle in den Stollen zu ziehen. Wir alle waren unglaublich gespannt, was unter dem Lehm zum Vorschein kommen würde.

Gegen 3:15 Uhr wurde der Motor erneut gestartet und als wir den Quader schließlich im Hofkeller abstellten, wurde die lehmbehaftete Oberfläche mit Wasser angeweicht. Mein Bruder besorgte eine Kanne Kaffee, assistiert von Elisabeth, die jetzt erst erschreckt bemerkte, wie schmutzig ihre gute Hose und ihr Pullover waren. An Arbeitskleidung hatten weder sie noch wir gedacht.

Der Kaffee überbrückte die Zeit, die das Aufweichen des Lehms in Anspruch nahm, und dann war es so weit. Das Wasser, das Günther jetzt über den Quader goss, spülte den aufgeweichten Lehm weg, und darunter wurde der bärtige, gehörnte Kopf eines Pan sichtbar.

Unsere Begeisterung war grenzenlos, denn der Kopf war vollständig und ohne jede Beschädigung. Die Locken der Haartracht, aus der ein spitzes Ohr hervorschaute, waren bis ins kleinste Detail ausgearbeitet und zogen sich vom Bart bis zum Hinterkopf. Der Blick des Pan starr und gerichtet auf etwas, das wohl erst der rechts anschließende Quader preisgeben würde.

Der Gedanke an mögliche Anschlussquader war wohl nicht nur mir gekommen. Toni lief bereits mit einem Maßband zum Quader des Pankörpers mit der Hirtenflöte und stellte enttäuscht fest, dass der neue Kopf zwar in die gleiche Richtung zeigte, aber wegen der Maßabweichung am Halsansatz nicht zu diesem Pankörper gehören konnte. Sollte es noch eine weitere Pan-Darstellung geben, die in der Erde verborgen war?

Unsere Verblüffung wurde komplett, als Toni eine Maßübereinstimmung mit dem zweiten Pankörper, der ein Tier in der Hand hielt, feststellen glaubte. Der Abstand von der Kannelur zum Halsansatz stimmte bei beiden Quadern exakt überein, aber der zum Körper um 180 Grad verdrehte Kopf ließ uns zweifeln. Mehrfach wurde nachgemessen und obwohl es mittlerweile fast 4:45 Uhr war, entschlossen wir uns, die beiden Quader aufeinanderzusetzen, um endgültige Gewissheit darüber zu erlangen, ob sie wirklich zusammengehörten.

Der Quader mit dem Kopf des Pan wog ca. 1,2 Tonnen und ihn ohne Kettenzug mehr als 60 Zentimeter in die Höhe zu wuchten, war eine ganz neue Herausforderung, der wir uns plötzlich gegenübersahen. Ein Anheben mit vier Personen hätte für jeden fast 300 Kilogramm bedeutet und schied sofort aus. Auch die Idee, unseren Transportwagen durch einen Aufsatz zu erhöhen, den Quader mit dem Kettenzug hochzuheben, um ihn dann auf dem erhöhten Wagen abzusetzen, wurde verworfen. Die Gefahr, dass der Quader beim Schieben vom Transportwagen auf den Quader mit dem Panleib abrutschte, war viel zu groß: Beide Quader hätten beschädigt werden können und außerdem war die Verletzungsgefahr für uns zu groß.

Als einzige Möglichkeit blieb, den Quader über eine schräge Ebene hochzuschieben. Der untere Quader mit dem Leib des Pan wurde in dicke Decken gehüllt, um jegliche Beschädigung zu vermeiden, und dann wurde davor mit mehreren Balken eine Stützkonstruktion errich-tet. Auf diese Stützkonstruktion wurden zwei, drei Meter lange Bau-dielen als Rampe aufgelegt. Die Dielen wurden an mehreren Stellen mit Kalksandsteinstapeln unterbaut, damit sie nicht unter der großen Last durchbrachen.

Die Komplettierung des zweiten Pan, Funddokumentation Gens, Nr. 34 und 36.

Als der Quader mit dem Kopf des Pan am unteren Ende der Rampe aufgesetzt war, beratschlagten wir noch einmal, wie vorzugehen war. Die Verwendung von Eisenrollen hätte das Hochschieben vereinfacht, barg jedoch die Gefahr eines unkontrollierten Abrollens, da der Quader wegen seines großen Gewichts nicht auf der Schräge zu fixieren war. Wir entschieden uns, den Quader ohne Rollen hochzuschieben, weil er auf diese Weise aufgrund des Reibungswiderstands nach jedem Schieben sicher auf der Schräge zum Stehen kommen würde.

Jeder Schiebevorgang brachte den Quader um 10 bis 15 Zentimeter auf der Schräge nach oben, bedeutete aber einen enormen Kraftaufwand. Bernhards Idee, vor dem Quader Sand auf die Baudielen zu streuen, um den Anschiebe-Widerstand zu verringern, brachte die entscheidende Erleichterung, erforderte aber auch das Nachschieben von zwei Bremskeilen hinter dem Quader, um ein Zurückrutschen zu vermeiden.

Um kurz nach 5 Uhr stand der Quader auf seinem Platz. Nachdem die Stützkonstruktion und die Decken weggeräumt waren, bedurfte es nur noch einer winzigen Korrektur in der Ausrichtung und die beiden Quader schienen miteinander verwachsen zu sein. Mein Bruder holte eine Parabollampe und ließ die komplettierten Quader im Licht erstrahlen. Wieder einmal war es totenstill, und es war nicht die Müdigkeit, die uns schweigen ließ, sondern die Ausdruckskraft dieser unglaublich schönen Darstellung.

11

UNSER FINDERGLÜCK REISST NICHT AB

An diesem Sonntagmorgen im März 1967 erschien kurz vor 6 Uhr unsere Mutter im Keller und riss uns mit der Frage »Habt ihr etwa die ganze Nacht durchgearbeitet?« aus der Schweigsamkeit, mit der wir immer noch die komplettierte Pan-Darstellung betrachteten.

»Ihr müsst total verrückt sein, so lange zu ar...«, sagte sie beim Näherkommen und brachte das letzte Wort nicht mehr ganz heraus. Sie setzte sich wortlos zu uns, schaute einmal kurz in die Runde und ihr vorwurfsvoller Blick verschwand. »Das ist wirklich das Schönste, was ich je gesehen habe«, sagte sie und der Stolz, mit dem sie in unsere lehmverschmierten Gesichter schaute, war Lohn genug für eine schlaflose und arbeitsreiche Nacht.

Bereits nachmittags saßen wir alle wieder in unserem Esszimmer zusammen, um die Planung für die kommende Woche und das nächste Wochenende durchzusprechen. Elisabeth, die wir als neues Teammitglied zu Beginn des Planungsgesprächs nochmals auf absolute Geheimhaltung eingeschworen hatten, verfolgte staunend die Diskussion und wunderte sich über die Vielzahl der notwendigen Aktivitäten und auch darüber, in welcher Weise wir sie auf die einzelnen Teammitglieder verteilten.

Da platzte auf einmal Wolfgang Hermann, der jüngere Bruder von Toni und Elisabeth, mitten in die Diskussion. Unsere Mutter hatte ihn hereingelassen, weil er vorgegeben hatte, seine Geschwister zu suchen.

»Ich weiß, dass ihr seit einigen Monaten irgendetwas macht, und ich will ab heute mit dabei sein«, war sein kurzes, aber auch unmissverständliches Statement. Mein strafender Blick ging zu Elisabeth, sie aber schüttelte den Kopf.

»Von Elisabeth weiß ich nichts«, fügte Wolfgang hinzu, »von Toni weiß ich nichts, aber seit Wochen sehe ich Sachen voller Lehm, bis hin zur Unterwäsche, und die sprechen doch wohl eine eindeutige Sprache.«

Er schaute triumphierend in die Runde und ergänzte: »Nun erzählt mir nichts von einem Partykellerbau, denn das viele Baumaterial, das ihr über den Garten herangeschafft habt, und das Auffüllen des Gartens mit Lehm haben ja wohl damit nichts zu tun.«

Wir schauten uns einen Moment lang betreten an. Offensichtlich hatte Wolfgang einige unserer Aktivitäten schon länger beobachtet und war jetzt nicht mit fadenscheinigen Argumenten abzuspeisen. Wir mussten eine Entscheidung treffen und das schnell. Bernhard, der mit dem Rücken zu Wolfgang saß, zog die Augenbrauen hoch und senkte dann den Blick auf seine Brust, um auf die Faust mit dem ausgestreckten Daumen aufmerksam zu machen. Diesen drehte er langsam von unten nach oben. Ein kurzer Blick zu Heinz und Toni, die neben mir saßen, bestätigte mir Bernhards Votum, denn beide hatten, genauso wie ich, unter dem Tisch ihre Daumen nach oben gestreckt.

Günther und Elisabeth hatten von unserer Blitzabstimmung nichts bemerkt. Bernhard drehte sich deshalb zu Günther um und zeigte noch einmal mit dem Daumen nach oben. Als dieser kurz nickte, war die Entscheidung gefallen. »OK, du bist drin, aber nur, wenn du uns absolute Verschwiegenheit zusicherst!«, sagte ich zu Wolfgang.

Während Toni seinen Bruder Wolfgang danach in die Kellerräume führte und in unsere Geheimaktion einweihte, diskutierte der Rest über die Richtigkeit der Entscheidung. Letztendlich waren wir froh, noch einen weiteren Mitstreiter zu haben, denn der Vortrieb in zwei Stollen mit dem wöchentlichen Wechsel von Grabung und Absicherung forderte einen weit höheren Arbeitseinsatz.

Wolfgang schien wie seine Schwester ein wenig verwirrt, als Toni mit ihm nach einiger Zeit zurückkam. Toni schnitt Grimassen hinter Wolfgangs Rücken und schüttelte eine Hand so schnell hin und her, als hätte sich jemand verbrannt. Dabei zeigte er auf Wolfgang und hatte Mühe, sein Lachen zu unterdrücken. Unsere Funde und das Stollensystem hatten Wolfgang offensichtlich beeindruckt – er brauchte noch eine ganze Zeit, um dem weiteren Planungsgespräch richtig folgen zu können.

Unsere Materialliste sah für die kommende Woche 200 Kalksandsteine, vier Sack Zement, einen Sack Kalk, zwei 120er-Breitflanschträger,

acht Tragebalken, einen Eimer Bitumen und zwei Eimerchen Schnell-
binder für die weiteren Absicherungsarbeiten vor.

Für die Erweiterung der Strom- und Lichtversorgung im Stollensystem brauchten wir außerdem: 50 Meter Feuchtraumkabel, sechs Ab-
zweigdosen, drei Kartons Kabelschellen, zwei Aufputz-Steckdosen und
sechs Feuchtraumlampen mit Stahlschutzkorb.

Dazu kamen noch sechs Paar neue Arbeitshandschuhe, zwei Ersatz-
Schaufelstiele und schließlich zwei Arbeitshelme für die neuen Teammitglieder. So schnell diese Liste aufgestellt war, so schnell war auch der
dafür erforderliche Geldbedarf mit ca. 320 DM abgeschätzt und das Geld
an diejenigen verteilt, die für die Beschaffung eingeteilt worden waren.

»Und das geht jetzt jede Woche so?«, fragte Elisabeth besorgt.

»Nein«, sagte Bernhard, »übernächste Woche wird es noch schlim-
mer: Wir brauchen dann zwei Kubikmeter neuen Sand zum Mauern
und drei Kubikmeter Kies zum Gießen der Stollenböden und Streifen-
fundamente.«

»Für den Transport ist das gesamte Team gefragt«, fügte Günther mit
ernster Miene hinzu und man hatte den Eindruck, dass unsere beiden
neuen Teammitglieder zum ersten Mal ahnten, worauf sie sich da ein-
gelassen hatten.

Am Freitagnachmittag begannen wir mit dem Ausheben der Strei-
fenfundamente für die Verlängerung der Stollenwände. Der dabei anfallende Lehm musste immer noch Eimer für Eimer aus dem Stollensystem
nach oben in den Hofkeller und von dort nochmals eine Etage höher in
den Garten geschafft werden. Das Mischen des Betons für die Fundamente ging da schon etwas leichter von der Hand, zumal wir mit der Zeit
sehr genau die Menge abschätzen konnten, die unten im Stollen benötigt
wurde. Der Beton sowie ca. 120 Kalksandsteine gelangten über die Materialrutsche direkt in den Arbeitsstollen. Diese Vorbereitungsarbeiten
waren die Voraussetzung dafür, dass am Samstag die Verlängerung der
Stollenseitenwände mit Positionierung der Breitflanschträger für die Abstützung der Stollendecke in Angriff genommen werden konnte.

Als wir uns am Samstagmittag trafen, um die Arbeiten fortzusetzen, klagten Wolfgang und Elisabeth über Muskelkater in Armen und Beinen. Das Hochreichen der Eimer am Vortag und die meist gebückte Haltung im Stollensystem zeigten ihre Wirkung. Da die beiden aber wussten, dass sie an diesem Tag zum Graben eingeteilt waren, war das schmerzende Handicap schnell vergessen.

Im Vorderhausstollen war mein Bruder beim Freilegen eines Waffenarchitravs auf ein Kompositkapitell und die Ecke einer Gebälkplatte gestoßen. Als der Architrav abtransportiert und die Gebälkplatte bereits in den Hauptstollen gezogen worden war, konnte Wolfgang es kaum noch erwarten, selbst graben zu dürfen. Mein Bruder hatte auch ihn zuvor in die Handhabung von Spachtel und Pinsel eingewiesen und ihn zu einer vorsichtigen und langsamen Arbeitsweise ermahnt. Beim sachgerechten Freilegen ging es nicht nur um die richtige Benutzung des Spachtels, sondern es ging für unsere beiden neuen Teammitglieder als ersten und wichtigsten Lernprozess vor allem um die Selbstbeherrschung, denn wenn für den Transport eines Fundstücks eine Lehmschutzschicht erforderlich war, musste das Freilegen des Musters zurückgestellt werden.

Kapitell mit Theatermaske, Funddokumentation Gens, Nr. 38.

Das Kapitell war ein Eckquader, auf dessen rechts anschließender Längsseite eine Theatermaske, leider allerdings auch ein großflächiger Abbruch sichtbar wurde. Auch die Voluten, die schneckenförmigen Überstände an den Kapitellecken, sowie die unteren und oberen Zierleisten des Kapitells wiesen, wie wir nach dem Säubern feststellten, starke Beschädigungen auf, die wohl vom Einsturz des Grabmals stammten.

Elisabeth legte als Erstes einen kleineren Quader frei. Auf der Freifläche neben der Kannelur kam eine zylindrische Form zum Vorschein, die an einen Baumstumpf erinnerte. Der Eindruck bestätigte sich, als beim weiteren Freilegen des Quaders eine Astgabel und Blätter sichtbar wurden. Im Zuge dessen entdeckte Elisabeth im Erdreich eine Quaderecke mit Schuppenmuster und die glatte Oberfläche eines weiteren Quaders. Wenig später hörten wir einen Freudenschrei von ihr, denn auf der scheinbar glatten Oberfläche waren erste Umrisse eines Buchstabens zu erkennen.

Diese Nachricht ließ für die nächste halbe Stunde wieder alle anderen Arbeiten zum Erliegen kommen. Die Begeisterung wich jedoch abrupt, als wir feststellten, dass Elisabeths Kannelur-Quader mit seiner Rückseite auf der Vorderseite des Inschrift-Quaders auflag. Es stand zu befürchten, dass der Kannelur-Quader die Oberfläche des Inschrift-Quaders beschädigt hatte.

Wir waren froh, dass der Kannelur-Quader mit 53 Zentimetern Höhe, 74 Zentimetern Breite und 49 Zentimetern Tiefe zu den weniger gewichtigen Fundstücken zählte. Ihn abzuheben war damit relativ einfach möglich.

Nachdem wir zum Schutz Decken zwischen die Quader geschoben hatten, konnten wir den oberen über eine Holzdiele aus dem Stollen ziehen, ohne den darunterliegenden Schrift-Quader zu berühren. Nach Bergung und Säuberung konnten wir neben der Kannelur einen Ast mit Blättern sowie einen Schlangenkopf und ein bogenförmiges Gebilde erkennen. Der Schuppen-Quader, der jetzt noch die Freilegung des Inschrift-Quaders hätte behindern können, stellte sich als Quaderbruch-

Quader mit Baum und Schlange, Funddokumentation Gens, Nr. 37.

stück heraus, das mit einer Höhe von nur 18 Zentimetern und einer Tiefe von 24 mal 20 Zentimetern schnell hätte geborgen werden können, wären nicht direkt daneben Knochen im Erdreich aufgetaucht.

Es waren Wirbelknochen und ihre Aneinanderreihung machte deutlich, dass hier eine Wirbelsäule im Erdreich lag. Doch zu welchem Individuum mochte diese Wirbelsäule gehören, die nach ca. 1,40 Metern in einem mächtigen Schädelknochen endete? Wir legten diesen Schädel vorsichtig frei und dabei kamen am Stirnansatz ca. zehn Zentimeter lange Hörner zum Vorschein. Wir hatten ganz offensichtlich die Überreste einer Kuh oder eines Stieres gefunden. Wie sich später herausstellte, lag hier sogar das komplette Skelett des Tieres im Erdreich.

Im Team gab dieser Knochenfund Anlass zu erneuten Diskussionen über das Fundareal und seine Entstehung. Da weiterhin keinerlei Erdschichten erkennbar waren, war die einzige logische Erklärung für den

Tierfund zwischen römischen Quadern und Scherben ein stehendes Gewässer, in das alle aufgefundenen Relikte zu römischer Zeit gefallen waren und das über die Jahrhunderte verlandet war.

Gegen halb zwölf übernahm Günther das Freilegen. Elisabeths Enttäuschung über die Ablösung, jetzt wo es mit dem Inschrift-Quader wirklich spannend wurde, war nicht zu übersehen. Gottlob waren alle sonstigen Arbeiten zu dieser späten Stunde schon erledigt, sodass das restliche Team Günther zusehen konnte. Der Quader zog sich längs zur Stollenrichtung unter einem Winkel von ca. 20 Grad schräg abfallend ins Erdreich. Bei einer Breite von 60 Zentimetern schaute er jetzt bereits 110 Zentimeter aus dem Erdreich und schien kein Ende nehmen zu wollen. Die Oberfläche hatten wir mit einer weichen Matte abgedeckt, um das Muster bzw. die Buchstaben später mit Wasser abzuspülen.

»Ihr mit eurer verdammten Disziplin«, maulte Günther jetzt, der sich mit den Seitenflächen abmühen musste und viel lieber die Buchstaben freigelegt hätte. Gegen 0:30 Uhr waren die Seiten des Quaders so weit freigelegt, dass mit dem Loshebeln begonnen werden konnte, das sich als sehr schwierig erwies. Der Transport durch den Hauptstollen zum Flaschenzug und das Hochhieven waren da fast schon Routine.

Die Komplettierung der Inschrift, Funddokumentation Gens, Nr. 9, 10 und 11.

Schon beim ersten Anweichen der Oberfläche konnten wir unter dem anhaftenden Lehm weitere Buchstaben erahnen, aber erst 20 Minuten später erlaubten wir Günther und Elisabeth, ihrer aufgestauten Anspannung beim Säubern des Quaders Luft zu machen.

Als die Oberfläche mit den drei Schriftreihen sichtbar wurde, war uns auf Anhieb klar, dass wir den Anschlussquader zu den beiden schon geborgenen Inschrift-Quadern gefunden hatten. Keiner dachte jetzt ans Aufhören, obwohl der eine oder andere von uns schon heimlich gegähnt hatte. Wir wollten – nein, wir mussten – sehen, ob die Inschrift komplett war.

Um 2:45 Uhr standen die drei Quader endlich nebeneinander.

Mit über drei Metern Breite hatten wir eine enorm große Inschrift vor uns, die größte vollständige römische Inschrift nördlich der Alpen, wie sich später herausstellte – aber das wussten wir zu dem damaligen Zeitpunkt noch nicht. Wir konnten nun auch erkennen, wem dieses Grabmal einst gesetzt worden war: einem Römer namens »LUCIUS POBLICIUS« der, wie die Inschrift weiter besagte, ein »VETERAN DER FÜNFTEN LEGION« gewesen war.

12

DER KOPF DES LUCIUS POBLICIUS

Unsere Eltern waren überwältigt, als wir sie am späten Sonntagvormittag in den Keller führten, um ihnen die neusten Funde zu zeigen. Natürlich zog die komplettierte Inschrift das meiste Interesse auf sich, aber auch die anderen Fundstücke sowie der Vortrieb im Stollensystem und die Sicherungsmaßnahmen wurden von ihnen sehr genau begutachtet. Keine Konzessionen bei der Sicherheit war weiterhin eine der obersten Devisen und diese Devise wurde von unserem Vater regelmäßig mit Aufstockung unseres Baukontos unterstützt.

Die Grabung begann am nächsten Wochenende im März 1967 im Gartenstollen mit der Freilegung einer Gebälkplatte – neben der allerdings schon bald ein Faltenmuster auf den Fund einer weiteren Statue, oder zumindest eines Statuen-Teilstücks, schließen ließ. Und wirklich, nach Bergung der Gebälkplatte kam der 113 Zentimeter lange Körper einer lebensgroßen männlichen Statue zum Vorschein.

Toni Hermann, Wolfgang Hermann und Bernhard Strässer (v. l. n. r.) im Stollen.

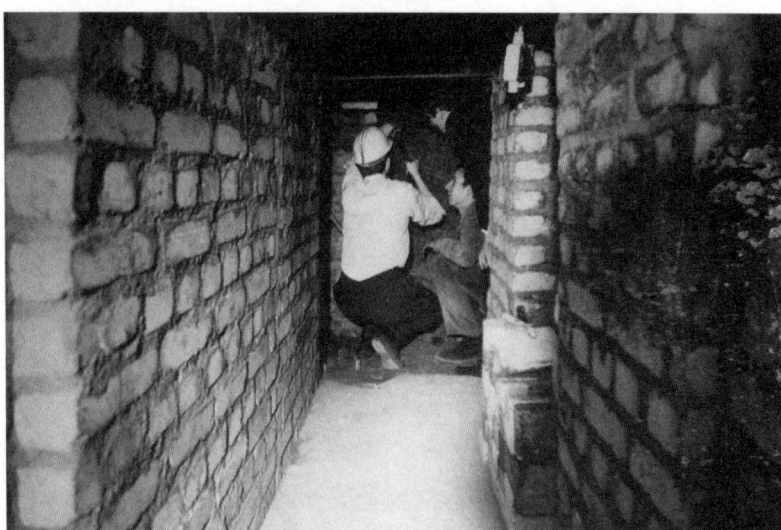

Zwar konnte man im Erdreich schon weitere Fundstücke erkennen, aber bevor diese geborgen werden konnten, musste erst die Tunneldecke weiter abgestützt werden: Die beiden bereits geborgenen Quader hatten bei ihrer Freilegung so weit ins Erdreich gereicht, dass ein Graben ohne weitere Sicherungsmaßnahmen zu gefährlich gewesen wäre.

Der Statuenfund dämpfte ein wenig die Enttäuschung darüber, nur zwei Quader an diesem Wochenende bergen zu können. Es war wirklich nicht einfach, unsere Planung immer wieder den Gegebenheiten des Vortriebs in den Stollen anzupassen: Dies bedeutete, sowohl die Vorgehensweise ändern als auch die Arbeit anders einteilen zu müssen. Eigentlich zum Freilegen der Quader eingeteilt zu sein, aber erst am Wochenende darauf graben zu können, war immer eine Enttäuschung.

Parallel zu den sowieso vorgesehenen Sicherungsarbeiten im Vorderhausstollen lief nun die Absicherung des Gartenstollens an. Anhand der Stollenpläne und der Quaderfundsituation legten wir fest, wie und wo die Stollenwände und die erforderlichen Abstützungspunkte zu platzieren waren. Während Bernhard und ich noch mit der Änderung der Planung beschäftigt waren, wurde ein Teil des Reservebaumaterials, das wir für solche Sonderfälle vorhielten, schon in den Stollen geschafft, um direkt mit den Ausbauarbeiten beginnen zu können. Bereits gegen 0:30 Uhr endete ein arbeitsreicher, aber fundarmer Samstagabend, den wir mit der Aussicht, eventuell bereits am folgenden Dienstagabend weiterarbeiten zu können, abschlossen.

Obwohl für Dienstagabend noch weitere Absicherungsarbeiten anstanden und wir die Teilnahme nicht zur Pflicht gemacht hatten, war das Team schon vor 19 Uhr vollzählig. In beiden Stollen stand, nach den Fundamentierungs- und Maurerarbeiten vom Samstag, die schwierige Montage der Stollendecken an. Das Vorschieben und die Platzierung der Tragebalken waren kräfteraubend und erforderten nicht selten ein weiteres Freistechen der Tunneldecke. Der dabei anfallende Abraum musste sofort fortgeschafft werden, um die Tunnel begehbar zu halten. Weil alle mit anfassten, war gegen 21 Uhr bereits die Decke im

Vorderhausstollen fertiggestellt. Im Gartenstollen waren nur noch zwei der insgesamt zehn Tragebalken zu montieren. Beim Freistechen der Stollendecke dort stieß Toni auf ein ca. 25 Zentimeter hohes, aus Decke und Seitenwand herausragendes Quaderstück mit grob behauener Oberfläche.

»Scheint ein Quaderbruchstück zu sein«, mutmaßte Toni und begann, das mittlerweile freihängende Quaderstück auf der Oberseite von der Stollendecke zu lösen. Bernhard hatte das Quaderstück von unten mit einem Arm gestützt, aber als es sich im nächsten Moment von der Decke löste, war es mit zwei Armen kaum zu halten. Bernhard presste das Stück gegen die Lehmwand und ließ es langsam auf seine Oberschenkel abrutschen. Einen Moment war Stille, für eine Schrecksekunde viel zu lang.

Bernhard drehte sich um und hielt uns wortlos das Quaderstück entgegen, auf dem sich unter dem Lehm die Konturen eines Kopfes abzeichneten. Er gab das Stück allerdings nicht aus der Hand, sondern marschierte damit durch den Stollen, stieg die Leiter zum Hofkeller hoch, kletterte durch die Kommode in den Hauskeller und eilte, gefolgt vom gesamten Team, geradewegs ins Bad im Erdgeschoss. Vorsichtig stellte er das Stück in der Badewanne ab und löste mit dem Duschkopf eine erste grobe Lehmschicht ab. Eine unbeschädigte Nase und ein Stück Stirn wurden sichtbar, aber dann galt es zu warten, bis der restliche Lehm so weit angeweicht war, dass er sich vollständig abspülen ließ.

Wir alle hatten uns ins Bad gedrängt, weil keiner diesen Moment verpassen wollte. Erst jetzt bemerkten wir, dass wir vergessen hatten, unsere Arbeitsschuhe auszuziehen – wie gut, dass die Eltern ihren Theaterabend hatten. Es würde also noch genug Zeit bleiben, das Bad wieder sauber zu machen.

Noch einmal drehte Bernhard das Wasser auf und schon bald wurden unter dem ablaufenden Lehm die Kopfform und das Gesicht erkennbar. Bernhard hob den Kopf behutsam aus der Wanne und trocknete ihn vorsichtig mit einem alten Handtuch ab. Dann stellten wir den Kopf im Esszimmer auf den Tisch, damit jeder ihn bewundern konnte.

Eine ganze Zeit saßen wir dort um den Tisch herum und betrachteten den Kopf von allen Seiten. Toni war zwischendurch in den Keller entschwunden, um herauszufinden, dass die Hals-Bruchstelle der Männerstatue nicht zu der Hals-Bruchstelle des Kopfes passte, und Elisabeth hatte dankenswerterweise in der Zwischenzeit das Bad sauber gemacht. Dann gingen wir alle zurück in den Keller, um die letzten Sicherungsarbeiten zu erledigen.

Wir waren gerade wieder bei der Arbeit, als wir durch die Materialrutsche einen markerschütternden Schrei hörten. Es war die Stimme unserer Mutter. Während mein Bruder und ich nach oben in die Wohnung hasteten, war auch unser Vater aus dem Wohnzimmer in der ersten Etage herbeigeeilt.

Unsere Mutter stand kreidebleich im Esszimmer und zeigte, nach Fassung ringend, auf den Esszimmertisch und den Kopf, der aus der Tischplatte herauszuwachsen schien.

Als wir in den Keller zurückgegangen waren, hatten wir das Licht im Esszimmer gelöscht. Wir hatten einfach nicht darüber nachgedacht, dass jemand, der das Licht

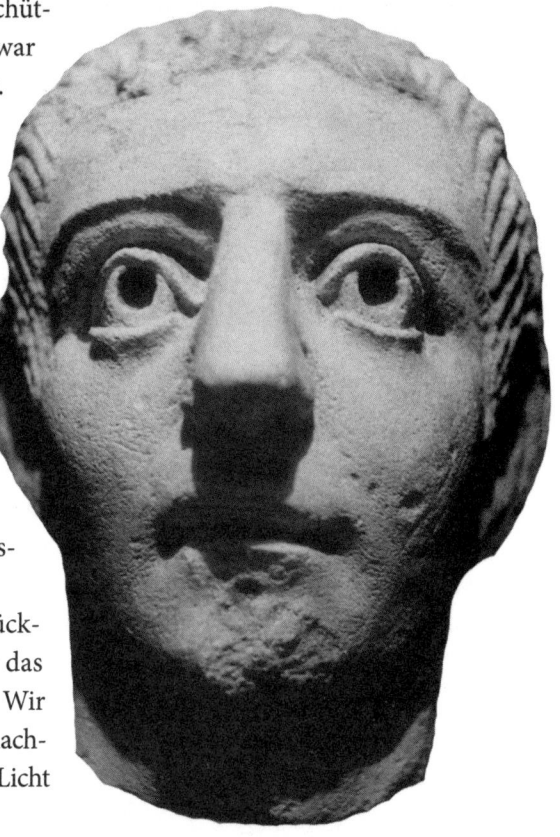

Der Kopf des Lucius Poblicius, Funddokumentation Gens, Nr. 57.

im Esszimmer einschaltete, sich beim Anblick des Kopfes furchtbar erschrecken konnte. Der Schreck, den wir unserer Mutter eingejagt hatten, sollte noch Monate nachwirken.

Die Grabungen am folgenden Wochenende starteten mit einer weiteren Überraschung, denn die Annahme, dass die Inschrift mit den drei Quadern komplett sei, musste korrigiert werden. Wolfgang hatte schon kurz nach Grabungsbeginn im Erdreich einen Quader angeschnitten, auf dem die Buchstaben »O« und »M« zu erkennen waren. Die Bergung dieses Quaders wurde jedoch durch eine Gebälkplatte behindert, die auf der rechten hinteren Ecke des neuen Schrift-Quaders auflag. Also zügelten wir wie immer unsere Neugier, legten zuerst die Gebälkplatte frei und schafften sie aus dem Stollensystem.

Erst jetzt konnten wir uns dem Quader mit der Inschrift zuwenden – er gab uns Rätsel auf. Im oberen Bereich war zunächst eine Schriftzeile zu sehen, darunter wurde eine zweigeteilte Leiste sichtbar, die wohl eine Begrenzung darstellte. Nachdem der Quader geborgen und gesäubert war, kam unter der Leiste noch eine weitere Schriftzeile mit den Buchstaben »M« und «H« zum Vorschein, die wiederum durch kleine Blättchen voneinander getrennt waren. Da eine Zuordnung zur restlichen Inschrift nicht sofort erkennbar war, machten wir uns wieder an die Arbeit.

Im Vorderhausstollen war Elisabeth mit einen Quader beschäftigt, der mit wirklich enormen Abmaßen aufwartete. Mit 107 Zentimetern Länge, 73 Zentimetern Höhe und 42 Zentimetern Tiefe war das ein mächtiger Block, dessen Gewicht wir auf 1,5 Tonnen schätzten. Auf der Fläche neben der Kannelur wurde eine Art Podest sichtbar, und auf dem Podest konnte man die behaarte Beine und die Klauen eines Huftieres erkennen – waren das etwa die Beine eines unserer Pane?

Diese Aussicht steigerte unseren Arbeitseinsatz enorm. Aber nun war auch erhöhte Vorsicht geboten, denn beim Freilegen dieses großen Quaders war wieder einmal eine Erdhöhle entstanden, deren Überhang noch vor der Bergung des Fundstücks abgestützt werden musste. Eine weitere Schwierigkeit ergab sich dadurch, dass der gemauerte Teil des Seitenstollens nur eine Breite von 60 Zentimetern hatte. Der Quader musste vor dem Transport in der engen Erdhöhle also aufgerichtet werden, denn nur so passte er mit seinen 73 Zentimetern Höhe und 42 Zentimetern Dicke durch den Stollen.

Die ersten Versuche, ihn mit Seil und Umlenkrolle in die Senkrechte zu ziehen, scheiterten kläglich. Der Balken mit der Umlenkrolle, den wir über dem Quader in der Lehmhöhle verkeilt hatten, löste sich, das Seil sprang aus der Umlenkrolle und der Quader rutschte zurück in die Waagerechte. Toni und mein Bruder hatten bisher direkt am Quader gearbeitet, forderten aber jetzt total nassgeschwitzt Ablösung. Die Temperatur im engen Seitenstollen war durch unsere Körpertemperatur und die Parabolleuchten auf nahezu 28 Grad angestiegen, weil sich fast das gesamte Team in den Stollen gedrängt hatte, um beim Ziehen zu helfen.

Wolfgang und Günther versuchten jetzt den Quader mit Balken und Hebelwirkung aufzurichten, aber auch diese Versuche scheiterten. Erst der Entschluss, den Höhlenboden vor dem Quader tiefer zu legen, damit der Stein auf seine Stellfläche rutschen konnte, brachte Erfolg. Nun war es auch möglich, Seile hinter den Quader zu legen, um ihn mit vereinten Kräften auf den betonierten Stollenboden ziehen zu können.

Der Transport bis unter den Kettenzug gelang danach problemlos. Aber dann stellten wir fest, dass selbst unsere längsten Tragseile für diesen großen Quader zu kurz waren und über dem Quader nicht geschlossen werden konnten. Dank unserer Reserveseile und Seilklemmen konnten die Tragseile verlängert werden, aber das alles brauchte natürlich Zeit.

Ob die verlängerten Tragseile allerdings der Last dieses Quaders standhalten würden, war unklar. Ein Reißen der Seile an den Übergängen der Verlängerungen würde zum Absturz und zur Zerstörung des Quaders führen und das musste auf jeden Fall verhindert werden – außerdem war diese Situation auch für uns höchst gefährlich. Deshalb entschieden wir nach kurzer Lagebesprechung, die Tragfähigkeit der Seile vor dem Hochziehen, knapp über dem Stollenboden, zu testen.

Bernhard startete den Motor, gab Gas und spannte unter langsamem Lösen der Kupplung die Tragseile – aber plötzlich gab es einen gewaltigen Ruck in der Zugkette und der Motor stand still.

»Abgewürgt«, schrie Bernhard von oben: Der Quader hatte mit seinem Gewicht die Motordrehzahl in die Knie gedrückt und schließlich ganz ersterben lassen. Die straff gespannten Tragseile vermittelten den Eindruck, als zöge der Quader den Motor aus seiner Verankerung, obwohl der Koloss sich noch keinen Zentimeter vom Boden bewegt hatte.

Bernhard startete den Motor noch einmal. Dieser heulte unter dem Gaspedal auf und als Bernhard die Kupplung langsam kommen ließ, merkte man, wie die Drehzahl des Motors erneut deutlich zurückging.

»Gas, Gas«, schrie ich von unten gegen den Lärm an. Bernhard gab Vollgas, der Quader hob sich um einige Zentimeter – und wieder erstarb der Motor mit einem gewaltigen Ruck in den Zugseilen des Kettenzugs. Der Quader hing jetzt ca. 10 Zentimeter über dem Boden und pendelte leicht hin und her.

»Wir testen jetzt erst mal die Festigkeit an der Verlängerung der Tragseile«, bestimmte mein Bruder Heinz und stoppte damit Bernhard, der den Motor gerade erneut starten wollte. Als Erstes wurden zwei alte Matratzen unter den Quader geschoben und dann kletterten mein Bruder und Toni auf den Quader, um die Belastung der Tragseile mit ihrem Körpergewicht nochmals zu erhöhen. Mit der Taschenlampe untersuchte ich die Seilklemmen an den Verbindungsstellen der Tragseile und gab Entwarnung. Die Seile zeigten trotz des zusätzlichen Gewichts keinerlei Veränderung.

Bernhard erhielt das Okay zum erneuten Start des Motors. Das intervallmäßig durchgetretene Gaspedal ließ den Motor in Stufen auf Vollastdrehzahl hochschnurren. Als er nun die Kupplung langsam kommen ließ, ging ein schweres Ächzen durch die Zugkette und die Motordrehzahl drohte erneut einzubrechen.

Bernhard steuerte sofort mit einem Gasschub gegen und der Quader begann sich langsam und majestätisch in die Höhe zu bewegen. Die Kommunikation musste jetzt per Handzeichen erfolgen, da das Rasseln des Kettenzugs und der Lärm des Motors alles übertönten. Kaum hatte der Quader seine obere Position erreicht, wurde sofort die Rollplattform untergeschoben.

»Geschafft!« – Das galt nicht nur für den Quader, sondern auch für uns. Als der Motor aus war, fiel von uns allen ein großer Teil Anspannung ab, wir mussten erst einmal einen Moment verschnaufen – und konnten so auch das Gefühl auskosten, diesen mächtigen Quader sicher in den Hofkeller geschafft zu haben.

Auf Rollen wurde der Quader an einen freien Platz gefahren und Elisabeth begann, die Oberfläche mit Wasser von den letzten Lehmresten zu befreien.

Quader mit den Füßen des Pan, Funddokumentation Gens, Nr. 29.

Unter dem Licht von zwei Reflektorlampen wurden Beine und Klauen sichtbar. Verständlich, dass wir jetzt wissen wollten, ob sie zu einem unserer Pane gehörten. Ein detaillierter Vergleich der Anschlussflächen der Quader brachte Gewissheit: Diese Beine gehörten zu dem Pan mit der Hirtenflöte.

Zu gerne hätten wir die beiden Quader noch zusammengefügt, aber der Transport des riesigen Quaders hatte uns wirklich erschöpft und so entschlossen wir uns, an diesem Tag nur noch ein Quaderbruchstück zu bergen, das schon ziemlich weit freigelegt war.

Als wir es gegen 0:15 Uhr gesäubert hatten, erkannten wir, dass dieses Bruchstück mit den Beinen des zweiten Pan zu einem ähnlich aussehenden Quader gehört haben musste wie der gerade geborgene Quader. Aber offensichtlich war er bereits in der Römerzeit zerbrochen.

13

DAS GEPLANTE GRABUNGSENDE

Nach den vielen Monaten, die wir gegraben hatten, war die Arbeit im April 1967 schon fast zur Routine geworden. Die monatelange, schwere körperliche Arbeit hatte aber auch an unseren Kräften gezehrt: Vor allem beim Transport der Quader kam es immer häufiger zu kleineren Verletzungen wie Hautabschürfungen und Quetschungen. Dies machte uns deutlich, dass wir die Grabung sehr bald unterbrechen oder vielleicht sogar beenden sollten. Außerdem hatten wir natürlich auch den Wunsch, mit unseren Funden an die Öffentlichkeit zu gehen. Die Ausstellung »Römer am Rhein« sollte im Mai 1967 in Köln beginnen und dazu hatten sich Facharchäologen aus ganz Europa angesagt. Ein idealer Termin also, um auch unsere Funde öffentlich zu präsentieren. Wir hatten von dieser Ausstellung bereits im Januar 1967 erfahren, als Professor Doppelfeld uns gebeten hatte, unseren Quader mit dem Leib des Pan mit der Hirtenflöte sowie ein Kapitell als Leihgabe für diese Ausstellung zur Verfügung zu stellen.

Doch noch vor Eröffnung dieser Ausstellung standen in unseren Stollen weitere Quader zur Bergung an. Ein ca. 15 Zentimeter großes behauenes Bruchstück, das Bernhard an diesem Samstag freilegte, schien zunächst kein besonderes Muster zu haben, doch als er es aus der Stollenwand herausgelöst hatte, war auf der Vorderseite unter der Lehmschicht schemenhaft ein Gesicht zu erkennen. Nach dem Säubern staunten wir über das kleine Gesicht, das zum Vorschein kam: Das vermeintliche Bruchstück entpuppte sich als halbplastisches Köpfchen einer Frauengestalt. Die wunderschön gelegten Haare, die das Gesicht rahmten, gingen auf der Kopfrückseite in eine grobe Bearbeitung über. Leider war die Nasespitze weggebrochen, aber ansonsten war das Köpfchen unbeschädigt.

Wieder einmal zeigte sich, dass sich beim Freilegen jedes noch so kleinen Bruchstücks äußerste Sorgfalt auszahlte, denn oft wurde erst nach dem kompletten Ablösen der Lehmschicht die Bedeutung des

**Kopf einer Frauenstatue,
Funddokumentation Gens, Nr. 58.**

Fundstücks erkennbar. Noch am selben Abend bestätigte sich dies ein weiteres Mal, als Günther ein Bruchstück freilegte, auf dem eine kleine Hand sichtbar wurde, die offensichtlich eine Harfe umfasste.

Gegen 23 Uhr Samstagabend schnitt mein Bruder einen größeren Quader im Erdreich an. Nach kurzer Zeit zeigten sich Akanthus-Blätter, die übereinander in Reihen angeordnet waren. Wir waren ein wenig ratlos, weil dieser Quader vom Muster her überhaupt nicht in die Typologie der bis dahin gefundenen Stücke passte. Akanthus-Blätter waren bisher nur auf den Ranken-Architraven als Rankenwinde und auf den Kompositkapitellen als einreihige, offene Blattreihe aufgetreten. Auf diesem Quader sahen wir jetzt bereits vier Reihen von ca. 20 Zentimeter großen Akanthus-Blättern, die wundervoll geschwungen und ineinander verflochten waren.

Sehr langsam wurde auch die konische Form des Quaders erkennbar, auf dem sich die Blattreihen wie bei einem Kelch nach oben hin fächerartig öffneten. An der Schmalseite des Quaders war eine geflochtene Leiste zu erkennen und direkt darunter ca. 14 Zentimeter hohe Schindeln, wie wir sie von den Quadern kannten, die dem Dach des Grabmals zuzuordnen waren. Mit einer Gesamthöhe von 78 Zentimetern und einer Breite von 80 mal 65 Zentimetern an der Oberseite war dies wieder ein sehr großer Quader, dessen Bergung noch einige Stunden in Anspruch nehmen sollte.

Am Sonntag, frühmorgens um halb vier, hatten wir ihn durch das Stollensystem bis zum Kettenzug transportiert und konnten danach den Motor starten, um ihn auf Kellerbodenniveau zu hieven. Als wir ihn schließlich gesäubert hatten, stand vor uns ein mächtiges korinthisches Kapitell. Dies war ohne Zweifel das Bekrönungskapitell des Grabmals – wir waren zwar müde, weil wir die ganze Nacht durchgearbeitet hatten, aber der Anblick dieses herrlichen Fundstücks hielt uns noch eine ganze Zeit gefangen.

Die Vorstellung, dass dieses Bekrönungskapitell einst das Schuppendach des Grabmals nach oben hin abgeschlossen hatte, ließ uns wieder einmal über das Aussehen des kompletten Grabmals nachdenken. Mit diesem Bekrönungskapitell war, so schien uns, ein guter Abschluss für unsere Grabung erreicht.

Bis zur Eröffnung der Ausstellung »Römer am Rhein« fünf Wochen später nutzten wir die Zeit, um unsere eigene Ausstellung unter dem Titel «Römer am Chlodwigplatz» in den Kellerräumen vorzubereiten.

Bekrönungskapitell des Grabmals,
Funddokumentation Gens, Nr. 53.

Schnell hatten wir unsere Eltern davon überzeugt, dass wir den Hauskeller hinter dem Partykeller dafür dringend zusätzlich benötigten. Die geborgenen Quader standen im Hofkeller einfach zu dicht gedrängt – der Platz im Hauskeller würde uns die Möglichkeit geben, die Fundstücke besser präsentieren zu können. Zudem war der Hofkeller, als wichtigster Teil unserer Ausstellung, sowieso nur über den Partykeller und den Hauskeller zugänglich. Das ganze Team war wieder einmal gefragt, denn Planung und Realisierung unserer eigenen Ausstellung waren nur dann terminlich einzuhalten, wenn alle nicht nur die Wochenenden, sondern auch weiterhin jede Minute Freizeit opferten.

Als Erstes musste der Eingang zum Hofkeller wieder geöffnet werden, den wir bei Beginn der Grabung verschlossen hatten. Die Kommode, die uns als Geheimeinstieg gedient hatte, wurde zerlegt und das darüber befindliche Blendmauerwerk entfernt. Alte Schubladen einer anderen Kommode wurden mit Glasplatten und Beleuchtung in Schaukästen verwandelt, um unsere Scherben und Knochenfunde präsentieren zu können. Die Schaukästen wurden über einigen Gebälkplatten, die wir zwischenzeitlich in den Hauskeller geschafft hatten, befestigt.

Schade nur, dass wir den Quader mit dem Leib des Pan mit der Hirtenflöte – unser erstes Fundstück – an das Römisch-Germanische Museum ausgeliehen hatten. Da wir zwischenzeitlich die wichtigsten Anschlussquader, also den Quader mit dem Kopf und den Quader mit den Füßen des Pan, gefunden hatten, fehlte uns jetzt das Mittelteil mit dem Leib für eine komplettierte Pan-Wand.

Trotzdem beschlossen wir, die Pan-Darstellung aufzubauen. Dazu füllten wir die Lücke im Mittelteil zwischen Füßen und Kopf mit Kalksandsteinen, die wir mit einer maßstabsgerechten Zeichnung des Panleibes verkleideten. Jetzt zahlte sich aus, dass wir vom Leib des Pan mit der Hirtenflöte vor dem Verleihen eine detaillierte Fundaufnahmezeichnung gemacht hatten.

Dieses komplettierte Wandstück war nun das Glanzstück des ersten Ausstellungskellers und sollte auf die weiteren Funde im Hofkeller einstimmen.

Der dahinterliegende Hofkeller war durch die Umlagerung der Pan-Anschlussquader so weit leer geräumt, dass nun auch die dort verbliebenen Quader zusammengefügt und aufgebaut werden konnten. Hierzu gehörte die Darstellung des zweiten Pan, bestehend aus Leib und Kopf, die um den anschließenden Quader mit Baum und Schlange ergänzt werden konnte. Darüber hinaus gelang es uns, durch genaue Vermessung und Einbeziehung der Versatzmarken auf der Oberseite der Quader zwei Kapitelle hinzuzufügen, die nun einen wundervollen Abschluss dieser Reliefdarstellung bildeten.

Wir waren beeindruckt, als schließlich die komplettierte Darstellung im Licht der Parabollampen erstrahlte. Wir mussten uns regelrecht losreißen, denn auch die restlichen Quader mussten noch zugeordnet, aufgebaut und beleuchtet werden.

Sehr schnell erkannten wir, dass am Boden stehende Quader durch eine Absperrung geschützt werden mussten. Um Beschädigungen durch zu nahes Herantreten sicher auszuschließen, brachten wir in 50 Zentimetern Abstand zu den Fundstücken einen umlaufenden Sockel aus Kalksandsteinen ein und legten den gesamten Kellerboden mit einer Sandschicht vor und hinter der Absperrung aus. Der helle Sand reflektierte das Licht und ließ die Fundstücke noch plastischer und unwirklicher erscheinen.

Nachdem auch die Grabungsstollen nochmals überprüft und an einigen Stellen zusätzlich gesichert worden waren, fehlten nur noch zwei wesentliche Punkte, die zu erledigen waren:

Das betraf zum einen die Planung einer Pressekonferenz zur Eröffnung unserer Ausstellung und zum anderen das Hinzuziehen eines Rechtsbeistands, der unsere Interessen gegenüber der Stadt und dem Römisch-Germanischen Museum in Bezug auf das noch immer existierende Grabungsverbot vertreten sollte.

»Römer am Chlodwigplatz« – Prospekt und Pressemitteilung.

Unsere Pressekonferenz terminierten wir auf den 16. Mai 1967. Als Pressemitteilung ließen wir einen viersprachigen Prospekt drucken, der eine Kurzinformation zu den »Neusten Ausgrabungen aus der Römerzeit in Köln« bot. Wegen eines Rechtsbeistands nahmen Bernhard und Günther Kontakt zu ihren ehemaligen Klassenlehrern am Friedrich-Wilhelm-Gymnasium auf. Die Studienräte Carl-Josef Beyenburg und Georg Fafinski halfen, den Leiter des FWG-Fördervereins, Rechtsanwalt Dr. Heinz Koll II, für unsere Rechtsvertretung zu gewinnen.

Wir führten die drei Herren dann, noch vor der eigentlichen Eröffnung und noch bevor wir ganz fertig waren, als erste Besucher durch unsere Ausstellung – mit der Auflage, erst nach unserer Pressekonferenz über den Fund zu sprechen. Die Begeisterung der drei war groß und Dr. Koll bot sofort an, unsere Rechtsvertretung für den Fall zu übernehmen, dass sich aufgrund der Missachtung des Grabungsverbots Schwierigkeiten ergeben würden.

Die Ausstellung »Römer am Rhein« war schon über eine Woche geöffnet, als wir endlich auch die Zeit fanden, sie zu besuchen. Unser spezielles Interesse galt natürlich der Präsentation unseres Pan-Quaders und unseres Kompositkapitells. Wir waren ein wenig enttäuscht, weil sich unsere beiden Quader in dieser großen Ausstellung in der Vielzahl der beeindruckenden Ausstellungsstücke verloren.

Es waren jetzt noch fünf Tage bis zu unserer Pressekonferenz, zu der wir 20 regionale und überregionale Tageszeitungen eingeladen hatten. In Absprache mit Dr. Koll beschlossen wir, noch vor dem Pressetermin das Römisch-Germanische Museum telefonisch über unsere neuen Funde in Kenntnis zu setzen.

Zwei Tage vor dem Pressetermin gab es vom Römisch-Germanischen Museum aber immer noch keine Reaktion dazu, obwohl wir mittlerweile bereits dreimal dort angerufen und um einen Besuch gebeten hatten. Jetzt drängte die Zeit und Dr. Koll empfahl uns, am nächsten Tag persönlich dort vorstellig zu werden und über die Funde zu berichten.

Aber wie so oft im Leben gibt es Zufälle, die dann alles ganz anders kommen lassen. Zwei Tage vor dem Pressetermin betrat gegen 14 Uhr Oberbürgermeister Theo Burauen unser Textilgeschäft, in dem er sich als Stammkunde in regelmäßigen Abständen mit neuen Hemden und Krawatten eindeckte. Immer wenn im Laden Hilfe benötigt wurde und meine Mutter wusste, dass Heinz oder ich in der Wohnung hinter dem Laden waren, betätigte sie eine Klingel – und jetzt läutete sie Sturm. Das tat sie nur, wenn etwas sehr wichtig war, und darum eilten wir nun sofort nach vorne, um zu sehen, was die Ursache für ihr Klingeln war.

»Ich habe Herrn Burauen von eurer Ausgrabung und Ausstellung berichtet und er möchte sie gerne sehen. Könnt ihr ihn bitte nach unten führen?«, sagte unsere Mutter.

Wir waren viel zu überrascht, um etwas einwenden zu können, und führten Herrn Burauen in die Kellerräume. Er war hellauf begeistert von dem, was ihm präsentiert wurde, und seine detaillierten Fragen ließen die Zeit schnell verstreichen. Fast schon 45 Minuten dauerte unsere Führung, als der Fahrer des Oberbürgermeisters in die Kellerräume kam und Herrn Burauen an seine Termine erinnerte.

»Eine Viertelstunde habe ich noch«, erwiderte der OB.

Seine Frage, ob denn das Römisch-Germanische Museum über unsere Funde unterrichtet sei, bejahten wir, erzählten aber auch von den drei vergeblichen Anrufen und dem Warten auf Reaktion.

»Die Herren vom Museum sind mit der Ausstellung ›Römer am Rhein‹ sehr beschäftigt, aber das hier ist so wichtig, das müssen sie sehen«, entschied der OB.

Als er schließlich die Kellertreppe wieder nach oben stieg, bat er darum, unser Telefon kurz benutzen zu dürfen. Sein Anruf führte dazu, dass eine Stunde später der Direktor des Römisch-Germanischen Museums, Professor Doppelfeld, mit einem Team von fünf Kollegen in unsere Kellerräume hinabstieg.

»Ist denn das, was Sie gefunden haben, wirklich so wichtig, dass Sie den OB einschalten und uns aus der Betreuung unserer ausländischen

Gäste herausholen müssen?«, fragte Professor Doppelfeld, als wir die Kellertreppe hinunterstiegen.

»Ich denke, dass sich Ihre Frage beantwortet, wenn Sie die neuen Fundstücke gesehen haben«, erwiderte ich und führte die Herren nach unten – unser gesamtes Grabungsteam folgte.

Als wir die Tür vom Partykeller zum ersten Ausstellungskeller öffneten und die Fundstücke sichtbar wurden, konnte man eine Stecknadel fallen hören. Fasziniert standen die Herren vor den Gebälkplatten, Vitrinen und der teilkomplettierten Pan-Darstellung, die trotz des fehlenden Pan-Leibs alle Blicke auf sich zog. Ein junger Archäologe, der sich als Jörgen Bracker vorgestellt hatte, brach schließlich das Schweigen.

»Das ist ja unfassbar«, sagte er zu Professor Doppelfeld gewandt und der pflichtete ihm bei. Nach einer Weile sah Professor Doppelfeld fragend zu uns herüber, so als hätte er geahnt, dass das noch nicht alles sein konnte. Ich deutete auf den Türdurchgang zum Hofkeller, in dem mein Bruder Heinz jetzt das Licht einschaltete.

»Bitte kommen Sie auch hier herüber«, sagte mein Bruder, »und achten Sie bitte darauf, dass Sie sich nicht den Kopf stoßen.«

Er ging etwas gebückt voran, um dem niedrigen Türsturz auszuweichen. Die Herren und das Grabungsteam folgten ihm.

Die Fundstücke erstrahlten im Licht der Scheinwerfer: der zweite Pan, Architrave, Kapitelle, Statuen und nicht zu vergessen die oberste Reihe der Inschrift des Grabmals, bestehend aus drei Quadern, die wir in voller Breite am Kopfende des Hofkellers aufgebaut hatten. Ein fast ehrfürchtiges Schweigen breitete sich hier im Hofkeller angesichts all der Fundstücke aus. Während die Herren jedes Detail in Augenschein nahmen und ihre Eindrücke leise diskutierten, hielten wir uns im Hintergrund.

Nach und nach wurden uns dann Fragen gestellt und Professor Doppelfeld ließ sich alle Details der Grabung erklären. Er sah sich unsere Pläne an, die die Fundlage der Quader dokumentierten, und stieg da-

Der erste Aufbau der Ausstellung »Römer am Chlodwigplatz«.

nach in die Grabungsstollen hinab, um die noch im Erdreich verbliebenen Quader zu besichtigen.

Wieder diskutierten die Herren untereinander und dann geschah etwas, das wir überhaupt nicht erwartet hatten. Professor Doppelfeld wandte sich zu uns um mit den Worten: »Das ist wirklich ein großartiger Fund und eine respektable Leistung, die Sie erbracht haben.«

Jetzt waren wir sprachlos, denn eine solch positive Reaktion hatten wir nicht erwartet. Dass wir einen großen Fund gemacht hatten, war uns klar, dass aber nicht nur der Fund, sondern auch unsere Arbeit so viel Anerkennung erfuhr, damit hatten wir nicht gerechnet. Rückblickend weiß ich heute, dass dieser Satz Professor Doppelfeld sicher nicht leicht über die Lippen gekommen ist. Dieses unerwartete Lob zeigt die menschliche Größe eines großen Archäologen, der für Köln und die antike Vergangenheit der Stadt Unschätzbares geleistet hat.

Nach über zwei Stunden verließen die Archäologen unser Haus mit der Bitte, am nächsten Tag mit einigen Gästen nochmals kommen zu dürfen.

Unsere Eltern brannten darauf, zu erfahren, wie der Besuch verlaufen war. Jeder von uns gab seine Eindrücke wieder und auch interessante Stellungnahmen, die er gehört hatte – wobei uns die Äußerung von Herrn Professor Doppelfeld am meisten gefreut hatte.

»Und kein Wort vom Grabungsverbot?«, fragte unsere Mutter ungläubig.

»Nein, kein einziges Wort«, versicherten wir.

Die Sorge, dass unser Verstoß gegen das Grabungsverbot eventuell ein juristisches Nachspiel haben könnte, war, wie es schien, unbegründet. Rechtsanwalt Dr. Koll, dem wir kurz darauf vom dem Besuch berichteten, zeigte sich erfreut über diese positive Entwicklung, dämpfte unseren Optimismus jedoch mit dem Rat, den Gang der Dinge besser erst einmal abzuwarten.

14

EINE PRESSEKONFERENZ IM PARTYKELLER

Die Pressekonferenz am 16. Mai 1967 war der nächste Meilenstein in unserer Ausgrabungsgeschichte. Schon früh am Morgen erreichten uns viele Anrufe von Redakteuren mit der Bitte um genaue Wegbeschreibung und detaillierte Informationen zu unseren Funden. Als wir die Pressekonferenz eröffneten, waren 19 von 20 angeschriebenen Journalisten, unter anderem des *Kölner Stadt-Anzeigers*, der *Kölnischen Rundschau*, der *WAZ*, der *NRZ*, unserer Einladung gefolgt und warteten jetzt in unserem Partykeller. Nachdem wir von dem Ablauf der Grabung berichtet und einen Film gezeigt hatten, den Toni während der Grabung gedreht hatte, öffneten wir die Tür zu den Ausstellungskellern.

Schnell war von einem Sensationsfund die Rede – eine Formulierung, die uns nicht gefiel, aber sie war den Presseleuten nicht auszureden. Ein Blitzlichtgewitter ergoss sich über uns und unsere Funde. Wir wurden mit Fragen überhäuft und viele der Journalisten forderten in ihren Stammhäusern Verstärkung an, da sie nicht mit einem solch großen und bedeutenden Fund gerechnet hatten. Die Pressekonferenz, die auf maximal zwei Stunden angesetzt gewesen war, dauerte über fünf Stunden.

Einer der Journalisten, die bis zum Schluss geblieben waren, wollte nach dem Termin noch in die Ausstellung »Römer am Rhein«, um den dorthin ausgeliehenen Pan-Quader zu fotografieren. Im Interview hatte er gefragt, ob nicht gerade der Fund dieses ersten Quaders ein Schlüsselerlebnis gewesen sei. Ich gab ihm recht – und konnte zu diesem Zeitpunkt nicht ahnen, dass noch am selben Abend ein weiteres Schlüsselerlebnis folgen sollte.

Nach der erfolgreich beendeten Pressekonferenz waren wir gespannt auf den ersten Zeitungsartikel, der spätabends noch bei der *Kölnischen Rundschau* erscheinen sollte. Diesen Artikel wollten wir natürlich druckfrisch haben und so starteten wir gegen 22 Uhr vom Chlodwigplatz aus zu einem Fußmarsch in die Stadt.

Auf dem Weg zum *Rundschau*-Verlagshaus in der Stolkgasse kamen
wir an Dom und Verkehrsamt, der heutigen Touristeninformation, vorbei. Das Verkehrsamt warb in seinen Schaufenstern mit zahlreichen
römischen Exponaten für die Ausstellung »Römer am Rhein«. Der
Hinweis, dass alle gezeigten Funde aus dem Depot des Römisch-Germanischen Museums stammten und bisher noch nie gezeigt worden
waren, machte uns neugierig.

Wir sahen uns die Exponate in den Schaufenstern sehr genau an
und als Toni schon zum Weitergehen drängte, fiel mir eine ca. 80 Zentimeter hohe Statue auf, bei der Kopf und Füße fehlten. Auch mein
Bruder Heinz war auf die Figur aufmerksam geworden – sie hatte
Ähnlichkeit mit der von uns gefundenen Frauenstatue. Allerdings war
das Steinmaterial wesentlich dunkler als das unserer Quader aus gelb-
lichem Kalkstein. Die Oberfläche dieser Statue war dunkelgrau bis an-
thrazit, und dennoch: Der Faltenwurf der Tunika und das rechte, leicht
angewinkelte Bein sahen exakt so aus wie bei unserer Frauenstatue,
sodass man eine Zugehörigkeit zu unserem Grabmal durchaus in Be-
tracht ziehen konnte.

Während wir das Für und Wider diskutierten, fiel mir ein kleines
Schild neben der Statue auf. »Fundort Chlodwigplatz 1884« stand dort –
die Figur konnte also vielleicht wirklich zu unserem Grabmal gehören.
Bernhard stellte noch eine ganz andere Überlegung an: Er fragte in die
Runde, ob nicht vielleicht sogar der kleine Kopf, den wir gefunden hat-
ten, zu der Statue gehören könne. Toni ermahnte uns jetzt, mit dem
»Spinnen« aufzuhören und den Weg zum Verlagshaus fortzusetzen, ihm
erschienen unsere Vermutungen wenig realistisch.

Kurze Zeit später hielten wir die neuste *Rundschau*-Ausgabe in der
Hand. »Im Bann des antiken Faun – Sieben junge Amateurarchäologen
sorgen für Ausgrabungssensation am Chlodwigplatz im Vringsveedel«
hieß es bei Helmut Signon. Bei aller Freude über die Überschwänglich-
keit des Zeitungsartikels ließ mich der Gedanke an die Statue im Schaufenster des Verkehrsamts einfach nicht los. Ich konnte deswegen die

ganze Nacht nicht zur Ruhe kommen. Ich musste einfach wissen, ob unsere Vermutungen zutrafen.

Am nächsten Morgen, kurz vor 9 Uhr, saß ich im Bus Richtung Hauptbahnhof, auf dem Schoß, sorgsam in einem Stoffbeutel verpackt, der kleine, 15 Zentimeter hohe Kopf, den wir während der Grabung gefunden hatten. Würde dieser Kopf auf die Statue passen, so wäre der Beweis geführt, dass die Statue zum Grabmal gehörte. Würde er nicht passen, so stände ich wohl im Verkehrsamt und gegenüber dem Grabungsteam ganz schön dumm da. Aber das war mir einerlei.

Die drei Mitarbeiterinnen hinter der Theke des Verkehrsamts schauten ziemlich verwundert, als ich mich mit Bezug auf den *Rundschau*-Artikel als einer der Ausgräber vorstellte. Als ich dann noch den kleinen Kopf auspackte und darum bat, prüfen zu dürfen, ob er auf die Statue im Schaufenster passte, herrschte Ratlosigkeit. Mich ins Schaufenster steigen zu lassen, überstieg die Entscheidungskompetenz der Mitarbeiterinnen und auch die der beiden Abteilungsleiter, die telefonisch herbeigerufen worden waren. Nach langem Hin und Her gestattete mir schließlich der Leiter des Verkehrsamts, in das Schaufenster zu steigen.

Beobachtet von mindestens 15 Mitarbeitern des Hauses und zwischenzeitlich auch von zahlreichen Schaulustigen vor dem Schaufenster, näherte ich mich mit klopfendem Herzen der Statue. Hinter ihr kniend, setzte ich den Kopf auf die rückwärtige Bruchkante auf, sodass das Gesicht waagerecht nach vorne schaute. Der Kopf schien aber nicht zu passen, denn zwischen Rumpf und Kopf blieb ein keilförmiger Spalt von ca. 2,5 Zentimetern offen.

Enttäuscht wollte ich den Kopf schon wieder herunternehmen – dabei neigte ich ihn unbeabsichtigt etwas nach vorne. Und siehe da: Die Bruchstelle schloss sich plötzlich millimetergenau, der Kopf passte. Ein tiefes Glücksgefühl erfasste mich in diesem Moment. Erst, als ich langsam aus dem Schaufenster stieg, holte mich das laute Beifallklatschen der Umstehenden in die Wirklichkeit zurück. Der Leiter des Verkehrsamts hielt eine kurze Rede und sprach von einem einzigartigen und großartigen Zufall.

Über eine halbe Stunde lang musste ich die Fragen der Umstehenden beantworten. Sie hatten den *Rundschau*-Artikel über unsere Ausgrabung natürlich gelesen und waren jetzt Zeugen der Zusammenführung zweier Fundstücke geworden, deren Fundzeitpunkt über 83 Jahre auseinanderlag.

Auf dem Rückweg zum Bus in Richtung Chlodwigplatz wirkten die Ereignisse dieses Morgens nach. Ich hatte immer noch das Gefühl, gleich unsanft aus einem Traum geweckt zu werden. Die Entdeckung der Statue im Schaufenster des Verkehrsamts war zweifelsohne ein Zufall und ein glücklicher obendrein. Aber was wäre, wenn das gar kein Zufall wäre, fragte ich mich plötzlich: Was wäre, wenn man 1884 noch weitere Quader geborgen hätte, die zu unserem Grabmal gehörten und die eventuell

Die komplettierte kleine Frauenstatue – der Torso aus dem Verkehrsamt (Fundort Chlodwigplatz, 1884) mit dem von uns gefundenen Kopf (Fundort Chlodwigplatz, 1967, Funddokumentation Gens, Nr. 58).

auch noch im Museumsdepot lagerten? Warum hatte ich mir diese Frage nicht schon früher gestellt? Ich musste darüber Klarheit haben. Ich drehte mich also auf dem Absatz um, der Bus war mir egal, und ging ins Römisch-Germanische Museum zu Professor Doppelfeld.

Ich überfiel den Direktor des Römisch-Germanischen Museums in seinem Büro regelrecht, aber er nahm sich die Zeit, sich alles, was im Verkehrsamt passiert war, im Detail erzählen zu lassen. Er berichtete dann, dass es in der Ausstellung »Römer am Rhein« neben unseren beiden Leihgaben noch drei weitere Quader gäbe, die auch 1884 am Chlodwigplatz gefunden worden seien. Ich hatte diese Quader in der Ausstellung gesehen, aber nicht bemerkt, dass ihr Funddatum 1884 war. Aufgrund dieser neuen Erkenntnis fragte ich Professor Doppelfeld, ob es möglich sei, dass sich im Depot des Museums weitere Quader befänden, die zu unserem Grabmal gehören könnten.

Eine Viertelstunde später schloss er das Museumsdepot im Dombunker auf, diese Frage interessierte auch ihn. Noch mehr interessierte ihn wohl, ob es mir gelingen würde, so wie ich behauptet hatte, Quader alleine aufgrund ihrer Abmessungen und der Stilistik der Reliefs dem Poblicius-Grabmal zuzuordnen, ohne dabei eine gesicherte Erkenntnis über den Fundort zu haben.

»Das, was wir jetzt machen«, sagte er zu Beginn des Rundgangs, »ist ein interessantes Experiment – nachdem Sie schon die Statue im Schaufenster des Verkehrsamts gefunden haben.«

Bei der teils spärlichen Beleuchtung in den Depoträumen gestaltete sich das Suchen nicht gerade einfach, aber nach einer halben Stunde hatte ich vier Quader entdeckt, die meiner Meinung nach zu unserem Grabmal gehören konnten: ein Waffenarchitrav, ein Rankenarchitrav und zwei Gebälkplatten.

Die Überprüfung über das Inventarverzeichnis des Museums ergab, dass bei drei der Quader wirklich als Fundort »Chlodwigplatz« verzeichnet war. Damit bestand an der Zuordnung zu unserem Grabmal kein Zweifel mehr. Als ich endlich im Bus zurück nach Hause saß, war ich froh, einige Minuten Ruhe zu haben, um das Geschehene zu verarbeiten.

Am Chlodwigplatz angekommen, sah ich eine Menschentraube vor unserem Haus stehen. Ich wunderte mich nur einen kurzen Moment, dann fragte ich mich, warum Bernhard die Haustür blockierte. Ich hatte Mühe, mir einen Weg durch all die Leute zu bahnen.

»Gut, dass du kommst«, begrüßte mich Bernhard ziemlich genervt. »Hier ist der Teufel los. Die Leute haben alle den *Rundschau*-Artikel gelesen und wollen jetzt in die Ausstellung.«

Auf meine Frage, warum er die Leute dann nicht ins Haus lasse, schickte er mich in die Kellerräume, die nach seiner Aussage schon restlos überfüllt waren. Ich glaubte erst, Bernhard hätte übertrieben, aber im Keller war wirklich kein Durchkommen mehr. Zu gerne hätte ich den Freunden von meinen Erlebnissen im Verkehrsamt und im Museumsdepot im Dombunker berichtet, aber daran war jetzt nicht zu denken. Mein Bruder Heinz, Toni, Elisabeth, Wolfgang und Günther waren regelrecht umlagert und wurden mit Fragen bestürmt. In dem Menschen- und Stimmengewirr hatten sie mein Kommen überhaupt nicht bemerkt. Ich schob mich zwischen den Menschentrauben hindurch, bis ich hinter Tonis Gruppe angekommen war.

»Herr Hermann, wie haben Sie die schweren Quader denn überhaupt transportiert?«, wollte einer der Besucher wissen. »Hat es denn beim Transport keine Verletzungen gegeben?«, fragte ein anderer. Toni antwortete und seine Stimme klang schon etwas lädiert, als ich ihm von hinten mit einer Frage ins Wort fiel: »Herr Hermann, was halten Sie davon, dass eine Statue aus dem Schaufenster des Verkehrsamts, die bereits 1884 gefunden wurde, zum Poblicius-Grabmal gehört?«

Die Gruppe teilte sich, um den Blick auf den Fragesteller freizugeben. Toni sah mich fassungslos an und begriff sofort.

»Der Kopf passt auf die Statue?«, fragte er immer noch zweifelnd.

»Ja, der Kopf passt auf die Statue«, gab ich zurück, »und jetzt solltest du deinen Zuhörern erst einmal erklären, worüber wir gerade gesprochen haben.«

Ich entschuldigte mich für die Störung und hörte im Weggehen noch, wie Toni mich als einen der Ausgräber vorstellte und begann, das Erlebnis des Vorabends zu schildern.

Bernhard hielt oben am Hauseingang immer noch die Stellung. Die Menschenschlange vor der Haustür war noch länger geworden und ich bat die Wartenden um Geduld, weil in den Kellerräumen wirklich kein Platz mehr war.

»Wo bist du denn heute Morgen gewesen?«, fragte Bernhard vorwurfsvoll, »wir hätten dich hier dringend gebraucht.«

Ich antwortete nicht, legte die Stofftasche auf den Bürotisch, der immer bei uns im Hausflur stand, packte zu Bernhards großem Erstaunen den kleinen Kopf aus und stellte ihn wortlos auf den Tisch.

Bernhard begriff sofort: »Du bist damit im Verkehrsamt gewesen?«

Ich nickte, ohne jedoch eine Regung zu zeigen, und spürte, wie seine Neugier ins Unermessliche stieg.

»Nun sag schon, passt der Kopf auf die Statue?«, fragte er ungeduldig.

Ich schwieg, streckte Arm und Faust mit waagerechtem Daumen in seine Richtung aus und sah ihn prüfend an. Noch einen kurzen Moment hielt ich inne und dann drehte ich die Faust mit dem Daumen nach oben.

»Ich glaub das nicht«, jubelte Bernhard. »Das ist ja total verrückt, jetzt erzähl schon.«

Meine Eltern waren dazugekommen und ich musste nun ganz genau berichten, was vorgefallen war.

»Hat das alles denn über drei Stunden gedauert?«, wollte meine Mutter wissen und sie ahnte wohl schon, dass ich noch nicht fertig war. Ich erzählte von meiner Vermutung, dass es weitere Quader des Poblicius-Grabmals geben könnte, von meinem Besuch bei Professor Doppelfeld und von dem Besuch des Museumsdepots im Dombunker. Mein Vater entschied, dass eine solch glückliche Fügung am Abend mit einem Glas Sekt für alle Teammitglieder gefeiert werden sollte.

Noch hielt uns jedoch der Besucherandrang in Atem, der erst am frühen Nachmittag etwas abebbte. Die Reaktionen auf unsere Ausstellung und die Ausgrabungstücke waren einhellig geradezu überschwänglich und wir waren sehr zufrieden mit so viel positiver Resonanz. Gegen 15:30 Uhr kam dann Professor Doppelfeld mit Kollegen und Gästen, die zur Ausstellung »Römer am Rhein« nach Köln gekommen waren. Erfreut stellten wir fest, dass die externen Facharchäologen nicht nur verhalten wissenschaftlich reagierten wie ihre Kölner Kollegen, sondern voller Bewunderung die einzelnen Fundstücke nahezu in jedem Detail begutachteten.

Der Besucherandrang ließ auch an den folgenden Tagen kaum nach. Dies war auf die Presseartikel von *Kölner Stadt-Anzeiger, NRZ, WAZ* und anderen kleineren Zeitungen zurückzuführen, die nach dem *Rundschau*-Artikel erschienen waren. Hinzu kamen unzählige telefonische Anfragen – von Journalisten, Vereinen und Privatpersonen, die unsere Öffnungszeiten erfragten oder um eine Führung durch die Ausstellungskeller baten.

Elisabeth und Heinrich Gens im eigenen Geschäft.

So erfreulich das große Interesse auch war, nach vier Tagen waren das ganze Grabungsteam und auch unsere Eltern ziemlich geschafft. Es wurde klar, dass wir unbedingt Öffnungszeiten finden mussten, um den Besucherstrom kontrollierbar zu machen. Donnerstagnachmittag und Sonntagvormittag wurden festgelegt, für Gruppen sollte die Besichtigung nach telefonischer Vereinbarung möglich sein. Das hielt jedoch einige interessierte Zeitgenossen nicht davon ab, selbst spätabends noch an unserer Haustür zu schellen und um Einlass zu bitten. Ein großes Schild mit den Öffnungszeiten, das wir direkt neben dem Hauseingang platzierten, ließ dann langsam wieder etwas Ruhe einkehren.

Für den Montag der folgenden Woche hatte meine Mutter mir in unserem Terminbuch, das wir jetzt führten, für 11 Uhr morgens zwei Besucher des Archäologischen Instituts der Universität Köln eingetragen. Die beiden älteren Herren, die dann auch pünktlich um 11 Uhr erschienen, stellten sich mit Kähler und Oehler vor. Sie gaben sich eher wortkarg, als ich sie die Kellertreppe herunter zu den Ausstellungsräumen führte.

Die Gebälkplatten und die Pan-Darstellung im ersten Ausstellungskeller verfehlten ihre Wirkung nicht. Die beiden Herren gingen eine ganze Zeit lang zwar stumm, aber wie man bald merken konnte, auch tief beeindruckt von Quader zu Quader. Schließlich schien die Pan-Darstellung mit ihrer tiefplastischen Ausarbeitung das gesamte Interesse der beiden auf sich zu ziehen – und sie begannen angeregt zu diskutieren. Als wieder einige Zeit vergangen war, drehte sich der ältere der beiden Herren zu mir um und entschuldigte sich dafür, mich nicht in das Gespräch einbezogen zu haben. Er bat mich, über die Grabung zu berichten.

»Bevor ich das tue, sollten Sie sich die restlichen Fundstücke ansehen«, entgegnete ich und schaltete das Licht im zweiten Ausstellungskeller ein. Es war immer wieder interessant, zu sehen, wie magisch die Funde auf die Besucher wirkten und dass es immer eine geraume Zeit dauerte, bis sie sich dem Anblick wieder entziehen konnten: Mit dieser

Vielzahl von Fundstücken, und überhaupt mit der Inschrift und einer zweiten Pan-Darstellung hatten die beiden Herren wohl nicht gerechnet.

Der ältere der beiden kniete bewundernd vor der Inschrift und fing an, sie zu übersetzen. So erfuhr ich, dass das Wort »Tere« in der obersten Schriftzeile eine Abkürzung für »Trentina Tribu« war. Das war der Tribus, in dem die Familie des Lucius Poblicius einst gelebt hatte. Als ich dann auf den vierten Inschrift-Quader aufmerksam machte, erklärte der Übersetzer mir, dass die beiden Buchstaben »M« und »H« zu einer Inschriftformel aus fünf Buchstaben gehören, die besagt, dass das Grabmal nicht an die Erben des Poblicius überging.

Nachdem ich dann über die Grabung berichtet und durch das Stollensystem geführt hatte, verabschiedeten sich die beiden Herren mit der Bitte, einen weiteren Besuchstermin festlegen zu dürfen. Sie wollten die Fundstücke nochmals mit einer größeren Gruppe besichtigen. Auf meine Frage, auf welchen Namen ich diese Führung eintragen solle, stellte sich der ältere der beiden als Professor Dr. Heinz Kähler, Ordinarius für Altertumsforschung und Leiter des Archäologischen Institutes der Universität Köln, vor. Herr Dr. Oehler war sein Mitarbeiter.

Professor Kähler konnten wir später als Diskussionspartner für die Rekonstruktion und auch als Gutachter für die Taxierung des Grabmals gewinnen.

15

WIE MAN IN EINEM 2,5 METER HOHEN KELLER
EINE FAST VIER METER HOHE WAND ERRICHTET

Mit Beginn der Sommerferien 1967 ließ der Ansturm auf unsere Ausstellung nach und es gab nur noch vereinzelt Anfragen wegen Führungen. Wir waren froh, endlich mal wieder etwas Zeit für uns selbst zu haben – auszuspannen und abzuschalten.

Ein paar Tage lang ging das gut. Ein paar Tage lang gelang es auch, das Thema Ausgrabung aus unseren Gesprächen auszuklammern, wenn wir uns nachmittags zum Kaffeetrinken trafen. Aber sehr bald schon diskutierten wir bei unseren Treffen wieder über die Ausgrabungsstücke, darüber, wie sie zusammengehörten, was sie wohl bedeuteten, über den zukünftigen Ablauf der Führungen und darüber, wie bei der Bergung weiterer Quader vorzugehen sei: Lucius Poblicius und sein Grabmal ließen uns einfach nicht los.

Im Vordergrund standen dabei immer wieder die beiden Pan-Darstellungen, die nicht nur uns, sondern all unsere Besucher in den Bann gezogen hatten. Und das, obwohl sie bisher nicht einmal komplett zu sehen gewesen waren. Immer wieder dachte ich darüber nach, wie eine komplettierte Darstellung der beiden Pane wohl aussehen würde – umso mehr, als wir nach Ende der Ausstellung »Römer am Rhein« unseren ersten Quader mit dem Leib des Pan mit der Hirtenflöte und das Pilasterkapitell zurückbekamen.

Ich beschloss, die beiden Pane samt Kapitellen, Architraven und Gebälkplatten zeichnerisch darzustellen. Beim nächsten Treffen des Grabungsteams stellte ich das Ergebnis vor: Ich hatte den teilweise fehlenden Kopf des Pan mit der Hirtenflöte aufgrund des unversehrten Kopfes des Pan mit dem Hasen vervollständigen können. Die teilweise fehlenden Füße des Pan mit dem Hasen konnte ich aufgrund der komplett erhaltenen Füße des Pan mit der Hirtenflöte rekonstruieren. Die wunderbare Symmetrie der beiden Darstellungen begeisterte uns alle.

»Eine tolle Zeichnung«, meinte Toni, »schade, dass man das nicht im Original so sehen kann.«

Ich stand auf, um mir etwas zu trinken zu holen, aber auch, um Bernhards prüfendem Blick auszuweichen.

»Ist das jetzt eine Komplettierungszeichnung oder ist das ein Plan, um die Pan-Darstellungen im Keller im Original aufzubauen?«, fragte er schließlich, der mich wohl besser kannte als alle anderen.

»Du bist total verrückt«, war die erste Reaktion meines Bruders Heinz. »Die Wand würde vier Meter hoch, wo soll die denn stehen und wie willst du die fehlenden Quader ersetzen?«

Bernhard unterbrach ihn. »Los, jetzt zeig uns schon deine Detailplanung«, sagte er zu mir gewandt.

»Ich hab keine. Ehrlich gesagt, ich hatte nach der vielen Arbeit der letzten Monate nicht den Mut, euch mit weiterer Arbeit zu konfrontieren«, erwiderte ich.

Ich hatte wirklich noch keine Detailplanung, aber ich hatte mir natürlich schon Gedanken darüber gemacht, wie ein solches Projekt zu realisieren sei, vorausgesetzt, das Team würde mitziehen – und das tat es offenbar. Die Kernfragen, die es zu klären galt, lauteten: »Wie kann man in einem nur 2,5 Meter hohen Keller eine fast vier Meter hohe Wand aus römischen Quadern errichten?« Und: »Wie muss das Fundament dimensioniert sein, um das Gewicht dieser mindestens 40 Tonnen schweren Wand zu tragen?«

Vergessen waren die Strapazen der letzten Grabungsmonate, die Ideen sprudelten nur so, und nach zwei Stunden Diskussion stand fest: Wir werden die Pan-Darstellungen aufbauen. Wir würden unsere Ausstellung umbauen und wir würden unseren Besuchern etwas präsentieren, was sie in Köln und seinen Museen bisher so noch nicht gesehen hatten.

Uns war klar, dass dies wieder einmal nur mit einem großen Arbeitsaufwand zu bewältigen war, aber die Entscheidung war gefallen. Nun ging es an die Umsetzung.

Die Fragen nach dem Aufstellort im Keller und nach der Beschaffenheit des Fundaments hatten wir bereits beantworten können. Als Aufstellort hatten wir die Rückwand des Hofkellers ausgewählt. Ein Durch-

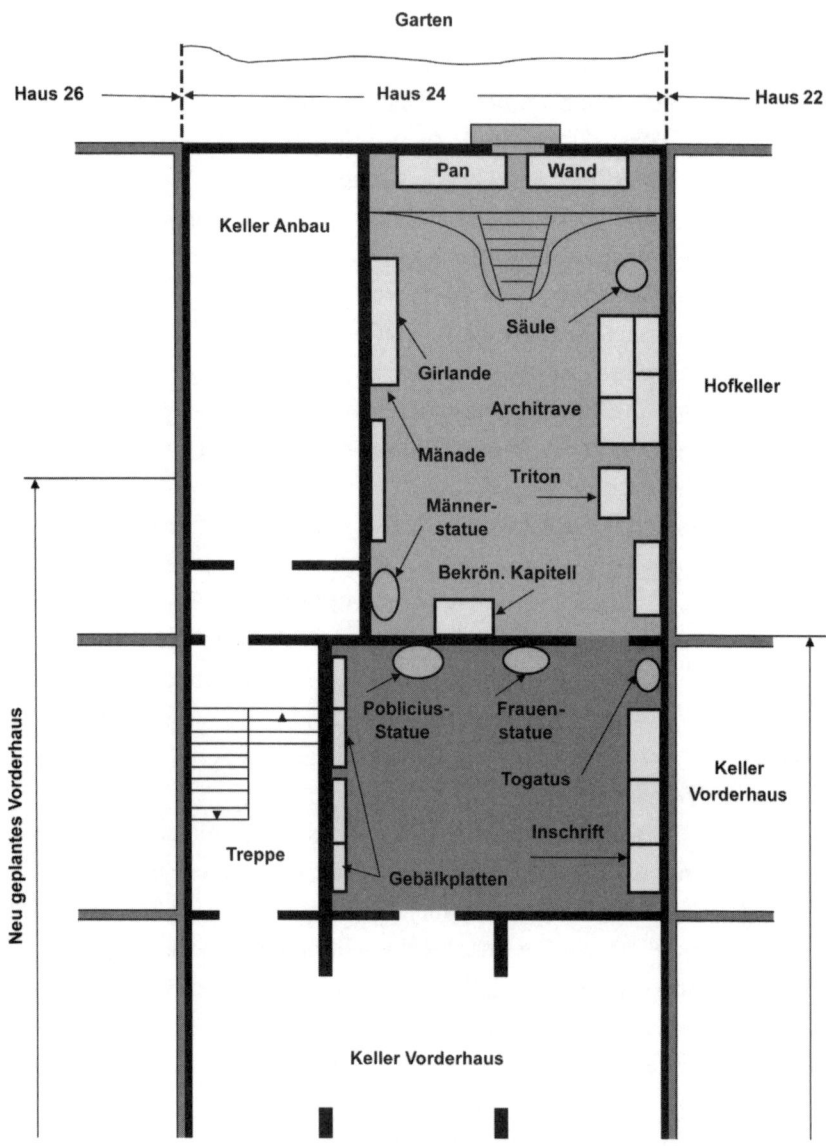

Grundriss Keller mit Pan-Wand und den
neu geordneten restlichen Exponaten.

brechen der Kellerdecke, um die nahezu vier Meter hohe Wand mit den Pan-Darstellungen nach oben hin aufzubauen, schied aus statischen Gründen aus: Die Kellerdecke bestand aus Tonnengewölben, die sich gegenseitig stützten. Das Herausnehmen eines Gewölbesegments hätte den anderen Segmenten die Stütze genommen und zum Einsturz der gesamten Decke führen können.

Einzige Möglichkeit blieb also, den Kellerboden in dem Bereich, wo die Pan-Wand aufgestellt werden sollte, tiefer zu legen. Die statischen Berechnungen, die Bernhard dazu durchgeführt hatte, hatten ergeben, dass wir für die ca. 40 Tonnen Last ein ca. 50 Zentimeter starkes und 80 Zentimeter breites Streifenfundament mit Bewehrung benötigten.

Nachdem alle Ausstellungsquader aus dem hinteren Kellerbereich weggeschafft waren, begannen wir also, den Kellerboden auf einer Fläche von 6 mal 3 Metern um 2,20 Meter tiefer zu legen. Das anfallende Erdreich wurde teilweise im Keller gelagert, um es später beim Aufbau der Pan-Wand erneut nutzen zu können.

Die Ergänzung der fehlenden Quader und die Vervollständigung der Bruchstücke zählten zu den wesentlichen weiteren Vorarbeiten. Für die Quader mit den Füßen des rechten Pan und dem Kopf des linken Pan wurden zunächst, nachdem wir die exakten Quadermaße genommen hatten, Schalungen angefertigt. In diesen Schalungen wurden dann die Bruchstücke, die mit einer Plastikabdeckung gegen den Beton geschützt wurden, »richtig« platziert, anschließend wurden die Schalungen mit Beton ausgegossen. Die fehlenden Muster sollten später mit Gips rekonstruiert werden.

Drei Tage, nachdem wir das 50 Zentimeter starke Streifenfundament eingezogen hatten, konnten wir mit dem Aufbau der Pan-Wand beginnen. Wichtigste Prämisse dabei war wie immer, die Quader weder durch Transport noch durch Aufbau zu beschädigen. Deshalb entschieden wir, den Bereich vor den bereits platzierten Quadern für die Zeit des Aufbaus mit Erdreich zu verfüllen, um auf diese Weise die Frontseiten mit den Mustern zu schützen – auch wenn das einen enormen zusätzlichen Arbeitsaufwand bedeutete. Gleichzeitig sollte das schützende Erdreich als Rampe dienen, um die nächste Quaderreihe aufsetzen zu können.

Die beiden in der untersten Reihe fehlenden Quader der linken Pan-Darstellung wurden durch glatte, in der Höhe passende Quader ersetzt, und nachdem die erste Quaderreihe fertig war, wurde davor Lehm aufgefüllt. Quaderreihe um Quaderreihe wurde an den nächsten Abenden aufgesetzt und dabei fast 40 Kubikmeter Lehm vor der Pan-Wand aufgehäuft. Nach über einer Woche Arbeit konnten die Gebälkplatten mit Seilzügen über die mittlerweile fast bis zur Kellerdecke reichende Erdrampe auf die Wand gezogen und dort verankert werden.

Im Keller zu sehen war nun ein riesiger Erdreichhügel, auf dem oben die Gebälkplatten lagen – aber keine Pan-Wand. Diese wurde erst langsam sichtbar, als wir die 40 Kubikmeter Erdreich nunmehr ein drittes Mal bewegten und diesmal aus dem Keller in den Garten schafften.

Nach Säubern der Quaderoberflächen und der Installation von Reflektorleuchten erstrahlte die Pan-Wand in dem gleißenden Licht. Wir waren hellauf begeistert, aber irgendetwas störte auch – die fehlenden Elemente an den Füßen des rechten Pan und am Kopf des linken Pan. Also betätigten Toni und ich uns zum ersten Mal als Stuckateure: Wir begannen, in Anlehnung an die vollständig erhaltenen Füße des linken Pan, die fehlende Pilasterkannelur, die fehlenden Unterschenkel und Füße des rechten Pan mit Alabastergips zu modellieren. Nur die weiße Farbe des Gipses ließ die rekonstruierten Teile der Reliefs erkennen. Mit einer Leimfarbe, die gelblich abgetönt und der Sand beigemischt wurde, schufen wir nun auf diesen neuen Reliefs eine Sandsteinoberfläche, die von der auf den Originalquadern kaum mehr zu unterscheiden war.

Die Erfahrungen mit der Rekonstruktion der Füße des rechten Pan ermutigte uns auch, die Rekonstruktion des linken Pan anzugehen. Hier fehlten oberhalb des Gesichts die Stirn, die Hörner und die Kopfbehaarung sowie darüber die Äste und Blätter des Lebensbaums. Da der Kopf des rechten Pan vollständig erhalten war, wurde das Relief entsprechend

Pan-Wand im Keller des Hauses Chlodwigplatz 24.

von dort übertragen. Bei der Rekonstruktion ging es uns natürlich darum, den bestmöglichen Gesamteindruck herzustellen, und nicht um eine Verfälschung von originalen und rekonstruierten Quadern.

Der Anblick, der sich uns nun bot, entschädigte für all die Mühen der letzten Tage. Da saßen wir nun vor dieser fast vier Meter hohen Wand, ein wenig stolz zwar auf unsere Leistung, aber vor allem überwältigt von den künstlerischen und bautechnischen Leistungen der römischen Bauleute und Steinmetze. Wie tief sich diese Momente in unsere Erinnerung eingegraben haben, können wir erst heute richtig ermessen.

Tage später, Anfang September 1967, nicht zuletzt, weil bereits wieder verstärkt Anfragen für Besichtigungen vorlagen, fingen wir an, die Neueröffnung des Ausstellungskellers in Angriff zu nehmen. Als wir im Zuge dessen die Quader innerhalb der Ausstellungskeller neu ordneten, entstand die Idee, auch die vier Inschrift-Quader komplettiert aufzustellen. Dafür mussten wir links und rechts neben den »Modesto«-Quader je einen Quader aufstellen, damit diese die drei Inschrift-Quader darüber tragen konnten. Wichtig war dabei, die Stoßfuge zwischen erstem und zweitem oberen Inschrift-Quader millimetergenau über die Versatzmarke auf der Oberseite des »Modesto«-Quaders zu bringen.

Tonnenschwere Quader millimetergenau zu verschieben, ist keine leichte Aufgabe und wir mussten dabei zwangsläufig an die römischen Baumeister denken, die in der Antike wohl mit ähnlichen Schwierigkeiten zu kämpfen gehabt hatten wie wir. Nach einigen Stunden Schwerstarbeit stand die Inschrift an ihrem Platz und wir konnten mit

der Installation einer verdeckten Lichtleiste beginnen. Das Licht und der dabei entstehende Schattenwurf ließen die Buchstaben der Inschrift noch plastischer hervortreten – wir waren gespannt, wie unsere Besucher darauf reagieren würden.

Als letzten Akt vor der Wiedereröffnung beschlossen wir, vor der Pan-Wand eine Treppe einzubauen und daneben einen Zugang zu unserem Bergwerk und dessen Stollensystem anzulegen. Dafür mussten weitere 15 Kubikmeter Erdreich bewegt, Betonteile gegossen und ein Unterbau gemauert werden.

Am 27.09.1967 öffneten wir unsere Ausstellungskeller erneut für die Öffentlichkeit – die *Kölnische Rundschau* titulierte am folgenden Tag: »Das Grabmal des Poblicius steht im Scheinwerferlicht«.

Ein neuerlicher Besucheransturm, der kaum zu bewältigen war, folgte. Die Begeisterung der Besucher dokumentierte sich in unserem Gästebuch u. a. mit folgendem Eintrag:

»Nie habe ich etwas Vergleichbares gesehen, nie habe ich die römische Vergangenheit Kölns so hautnah erlebt!«

Die aus vier Quadern komplettierte Inschrift.

16

DIE STERNSTUNDEN DER GRABUNG:
DIE KOMPLETTIERUNG VON MÄNADE UND POBLICIUS-STATUE

Anfang Oktober 1967 hatte das Römisch-Germanische Museum erneut um eine Führung durch unsere Ausstellung gebeten. Professor Doppelfeld war mit einem Begleiter erschienen, der sich als Alfonso de Franciscis vorstellte. Dieser ging von Quader zu Quader, tastete vorsichtig die Oberfläche der Muster ab, so als könne er das, was er sah, nur glauben, wenn er es auch spürte. Er brachte nur ein einziges Wort hervor, das er auch ständig wiederholte: »Impossibile«.

Nach einiger Zeit stellte er so detaillierte Fragen wie kaum ein Besucher vor ihm. Mit jeder Antwort, die ich gab, schien seine Begeisterung noch größer zu werden, und als er sich nach über zwei Stunden verabschiedete, erhielt ich seine Visitenkarte, ein sehr herzliches Danke und eine Einladung nach Herkulaneum, durch das er mich persönlich führen wollte. Welche Ehre mir zuteilwurde, begriff ich erst, als Professor Doppelfeld mir anhand der Visitenkarte leise erklärte, dass Professor Dr. Alfonso de Franciscis der Chef-Ausgräber von Herkulaneum, der Schwesterstadt von Pompeii, und damit einer der weltweit bekanntesten Archäologen sei.

Als Professor Doppelfeld nach einigen Tagen wieder mit Gästen unsere Ausgrabung besuchte, stellte er mir und meinem Vater den Leiter des Bonner Landesmuseums Professor Harald Petrokovits vor. Die Stadt Köln hatte ihn beauftragt, ein Gutachten zum Poblicius-Grabmal zu erstellen: Auf diese Weise erfuhren wir also, dass die Stadt Köln beabsichtigte, unsere Fundstücke käuflich zu erwerben. Wir waren überrascht, aber auch gespannt, zu welchem Ergebnis Professor Petrokovits kommen würde – es konnte ja schließlich kaum im Interesse der Stadt Köln sein, einen hohen Wert für die Fundstücke zu ermitteln.

Am 02.11.1967 lag das Wertgutachten von Professor Petrokovits vor, es umfasste nur eine DIN-A4-Seite und attestierte unseren Fundstücken einen Wert von 320.000 DM. Damit war klar, dass wir einen eigenen Gutachter beauftragen mussten, um ein Gegengutachten zu erstellen: Der ermittelte Betrag erschien uns eindeutig zu gering.

In den folgenden Wochen hatten wir allerdings keine Zeit, uns darum zu kümmern, da mal wieder das gesamte Team gefragt war, um alle Wünsche nach Führungen durch unsere Ausstellung erfüllen zu können. Zudem war einige Wochen zuvor beim Umbau unserer Ausstellung noch ein wichtiger Punkt offengeblieben. Im Zuge des Aufbaus der Pan-Wand hatten wir ja auch einen Zugang zu unserem Stollensystem geschaffen, für den wir einen ca. drei Meter langen neuen Stollen hatten vortreiben müssen. Beim Vortrieb hatten wir wieder im Erdreich zwei Quaderecken angeschnitten – wir hatten uns jedoch nicht gleich um sie kümmern können, da eine Bergung den Wiedereröffnungstermin unserer Ausstellung verzögert hätte.

Als Anfang Dezember 1967 der Besucherandrang spürbar nachließ, überraschte uns unser Freund Toni mit dem Vorschlag, diese beiden Quader noch vor Weihnachten zu bergen. Der Vorschlag stieß bei mir und meinem Bruder erst einmal auf Ablehnung, da wir beide in der Vorweihnachtszeit im Textilgeschäft unserer Eltern aushelfen mussten. Aber Toni ließ nicht locker: Zwei Quader zu bergen sei doch ein überschaubarer Aufwand, zur Not käme das Team auch ohne uns beide aus. Heinz und ich waren zwar immer noch nicht von der Idee angetan, aber gegen Tonis Argumentation gab es nichts einzuwenden. Während sich also das Team mit Arbeitskleidung und Helmen in den Grabungsstollen begab, standen mein Bruder und ich im Anzug hinter der Ladentheke und bedienten die Kunden – in Gedanken waren wir jedoch bereits acht Meter tiefer. Kaum war der heiß ersehnte Geschäftsschluss da, waren wir auch schon umgezogen und unten im Grabungsstollen. Bernhard und Toni waren gerade damit beschäftigt, den ersten Quader freizulegen, während Wolfgang, Günther und Elisabeth das anfallende Erdreich wegschafften.

Der erste Quader zählte mit einer Höhe von 73 Zentimetern und einer Breite von 83 Zentimetern zu den größten Quadern, die wir gefunden hatten. Das Muster schien eher enttäuschend: Zu erkennen waren eine Pilasterkannelur und rechts daneben eine glatt behauene Fläche mit einem kleinen Reliefrest am oberen Rand. Als Toni dann begann, die linke Seitenfläche des Quaders freizulegen, stellte er fest, dass es sich um einen Eckquader handelte, weil sich auf dieser Seite ein Muster fortsetzte. Zu unserem großen Erstaunen aber nicht mit der erwarteten Pilasterkannelur, sondern offensichtlich mit einem figürlichen Motiv. Das konnte Toni allerdings nur ertasten. Ein Spiegel musste her – der erste Gewandfalten offenbarte. Sollte dieser Quader ein weiteres Highlight unserer Fundserie sein?

Gegen 22:30 Uhr fing Elisabeth an, den zweiten Quader weiter freizulegen, und auch dort zeigten sich jetzt Gewandfalten. Was für ein Tag, oder besser, was für eine Nacht! Mit so viel Finderglück hatten wir nicht gerechnet. Uns allen war klar, dass das eine lange Nacht werden würde, denn wir wollten nicht eher aufhören zu arbeiten, bis beide Quader geborgen waren. Der erste, größere der beiden Quader, den Wolfgang und Günther jetzt mit einem Wagenheber aus dem Erdreich zu lösen versuchten, bewegte sich keinen Millimeter und auch der zweite Quader, um den Elisabeth sich kümmerte, schien tief ins Erdreich hinabzureichen.

Kurz nach 23:00 Uhr konnten wir den ersten Quader endlich aufrichten. Auf der breiten Frontseite waren die Pilasterkannelur und eine glatt behauene Fläche, auf der linken Schmalseite das Unterteil einer Frauengestalt zu erkennen, die mit ihrer linken Hand ein geteiltes Reh hielt. Nur kurz ließen wir diese wundervolle Darstellung auf uns wirken, dann transportierten wir den riesigen Quader durch das Stollensystem. Gegen 00:15 Uhr hatten wir ihn drei Meter höher auf Kellerbodenniveau gehievt und Bernhard und ich machten uns daran, ihn zu säubern.

Derweil stiegen mein Bruder und Günther wieder in den Grabungsstollen hinab, um den zweiten Quader weiter freizulegen. Elisabeth hatte einen starken Kaffee gekocht, der uns den Rest der Nacht wach halten sollte.

Nachdem Bernhard und ich »unseren« Quader vollends gesäubert hatten, vermuteten wir, dass wir einen Anschlussquader vor uns hatten: Einige Wochen zuvor hatten wir einen Quader mit Kopf und Brustbereich einer Mänade gefunden. Wir maßen an beiden Quadern die Musterübergänge – und sahen unsere Vermutung bestätigt. Schnell war der Entschluss gefasst, beide Quader noch in dieser Nacht zusammenzufügen.

Wir entschieden uns, die Mänade an der linken Seitenwand im Hofkeller aufzustellen, damit sie beim Betreten des Raumes gut zu sehen war. Wir räumten die Standfläche frei – dazu mussten wir drei Quader umlagern – und schoben den mächtigen Stein mit dem Unterteil der Mänade mit Hilfe von Eisenrollen dorthin. Wir richteten ihn lotrecht aus und fixierten ihn mit Holzkeilen.

Um den oberen Quader mit Kopf und Brust der Mänade auf den unteren aufzusetzen, waren dann mal wieder alle gefragt: Wir bauten, wie wir das bei der Pan-Wand erprobt hatten, eine Rampe und schoben die 1,2 Tonnen unter Aufbringung all unserer Kräfte auf den Balken nach oben.

Die vollständige Mänade wirkte nahezu lebensecht, es schien, als drehte sie sich im Tanze und als würde das Gewand dieser Bewegung folgen. Am Ende unserer Kräfte, aber unendlich zufrieden saßen wir vor dieser herrlichen Darstellung.

Bernhard holte uns mit seiner Idee, nunmehr auch noch die Girlande auf der Seitenfläche, die wir schon Monate zuvor gefunden hatten, zu komplettieren, zurück in die Welt der Eisenrollen, Stützbalken und Lehmberge. Es war schon nach 2 Uhr nachts, als wir auch dieses Relief zusammengefügt hatten.

Kurz darauf wurden wir von meinem Bruder Heinz in den Grabungsstollen gerufen. Wir waren überrascht, aber auch ein wenig sauer, denn er und Günther hatten begonnen, während wir oben noch mit dem Feinausrichten von Mänade und Girlande beschäftigt waren, den Leib einer Statue freizulegen – ohne uns von der Wichtigkeit ihres Fundes in Kenntnis zu setzen. Es war klar: Sie wollten bei dieser Arbeit nicht abgelöst werden.

Die komplettierte Mänade, Funddokumentation Gens, Nr. 45 und 64.

Die Statue war 99 Zentimeter lang, 71 Zentimeter breit, hatte eine Dicke von 35 Zentimetern und lag mit der linken Körperseite schräg zum Stollenboden im Erdreich. Mein Bruder und Günther hatten schon so weit vorgearbeitet, dass wir es gemeinsam schafften, den Quader ganz aus dem Lehm zu lösen und in den Stollen zu ziehen. Mit äußerster Vorsicht wurde das Fundstück durch das Stollensystem transportiert, gegen 4:30 Uhr morgens mit Flaschenzug und Motor auf Kellerbodenniveau hochgehievt und im Hauskeller mit seiner roh behauenen Rückseite auf dem Boden abgelegt.

Nachdem wir den Lehm eingeweicht und abgespült hatten, lag vor uns der Torso einer lebensgroßen Männerstatue. Er hatte eine Bruchstelle im Halsbereich und eine weitere, fast waagerecht verlaufende oberhalb der Knie. Die Hand des rechten, nach unten gerichteten Armes umfasste in Höhe der Oberschenkel den Togasaum. Die linke, mit drei Ringen geschmückte Hand hielt eine Schriftrolle. Die Tunika, die in üppigen Falten über Schultern und Arme fiel, wurde überdeckt von der Toga, die im Hüftbereich quer gebunden war.

Der Anblick nahm mich so gefangen, dass ich gar nicht bemerkte, dass Toni, Günther und Bernhard im Hofkeller verschwanden. Gemeinsam trugen sie den unteren Teil einer Statue heran, den wir als Quader Nr. 26 gefunden hatten, und legten ihn vor dem Statuentorso ab. Vorsichtig schoben sie ihn an den Körper heran – und die beiden Bruchstellen schlossen sich.

Die Situation war so fantastisch, so unwirklich, dass wir erst bei Bernhards Freudenschrei aufzuwachen glaubten, und da kam auch schon mein Bruder mit dem Kopf, der als Nr. 51 gefunden worden war. Wir schauten ihn fragend an: Keiner von uns erwartete nach all dem, was sich in dieser Nacht sowieso schon ergeben hatte, dass der Kopf zu dieser Statue passen würde. Mein Bruder kniete sich vor das Kopfende der Statue und senkte den Kopf langsam ab. Das leise Geräusch des Ineinanderschiebens der Bruchstellen schien der Statue nach fast 2000 Jahren Leben einzuhauchen.

Vor uns lag der vollständige Römer Lucius Poblicius.

Es war 5:30 Uhr, als wir unsere Mutter die Kellertreppe herunterkommen hörten.

»Habt ihr etwa wieder die ganze Nacht durchgearbeitet?«, fragte sie mal wieder und verstummte dann beim Anblick des kompletten Poblicius sofort. Nachdem sie die Figur eine Weile schweigend betrachtet hatte, führte ich sie in den Hofkeller, um ihr dort die komplettierte Mänade zu zeigen. Als meine Mutter sich wieder einigermaßen gefangen hatte – meine Erklärungen schien sie überhaupt nicht wahrgenommen zu haben –, sagte sie energisch: »Jetzt mache ich erst einmal Frühstück und ihr macht jetzt bitte mit der Arbeit Schluss.«

Am Frühstückstisch holte uns dann die Müdigkeit ein, und wir alle waren froh, am frühen Sonntagmorgen für einige Stunden die Augen schließen zu können.

Als ich gegen Mittag wieder unter den Lebenden weilte und ins Wohnzimmer kam, ließ sich mein Vater genauestens über die letzte Nacht berichten, und obwohl er mit unserer Mutter schon frühmorgens die neuen Fundstücke besichtigt hatte, wollte er sie sich noch einmal mit uns gemeinsam ansehen.

Am Nachmittag saß dann wieder das gesamte Team zusammen, denn beim Freilegen des Torsos waren erneut zwei Quader im Erdreich sichtbar geworden. Obwohl weitere Arbeiten eigentlich nicht geplant waren, beschlossen wir, auch diese beiden Quader noch zu bergen. Wir überlegten wieder einmal, welche Abstütz- und Sicherungsarbeiten in der Woche durchzuführen waren, um am folgenden Wochenende graben zu können. Außerdem beschlossen wir, Professor Doppelfeld umgehend von der Komplettierung der Poblicius-Statue zu unterrichten und ihn um einen geeigneten Spezialkleber zu bitten, um die Statuenteile fachgerecht kleben und dann aufstellen zu können. Der Erfolg der letzten Nacht, aber auch die Entscheidung, mit dem Aufstellen der Poblicius-Statue und der Bergung der beiden letzten Quader ein definitives Grabungsende zu finden, motivierte uns zu einer letzten Kraftanstrengung.

Professor Doppelfeld kam im Laufe des
Dienstags mit zwei Restauratoren, die den
Kopf und den Leib der Poblicius-Statue
zusammenfügten. Die Füße der Statue
wurden nicht mit dem Leib verbunden, um die einzelnen Teile
später besser transportieren
zu können. Nachdem am
nächsten Tag der Kleber
zwischen Leib und Kopf
ausgehärtet war, wurde
die lebensgroße Statue im
Hauskeller gegenüber
dem Eingang aufgestellt
und mit zwei Reflektor-
lampen angestrahlt. Auf
Augenhöhe konnte kein
Betrachter sich dem Blick
des fast 2000 Jahre alten
römischen Veteranen ent-
ziehen, dessen Gesicht mit
den dunklen Augenhöhlen
nahezu lebensecht erschien.

Bis Donnerstagabend
hatten wir erneut Bauma-
terial beschafft und den
Stollen ausgemauert. Am
Samstag stießen mein Bru-

Statue des Lucius Poblicius,
Funddokumentation Gens,
Nr. 55, 57 und 66.

der und ich erst wieder nach Geschäftsschluss zum Grabungsteam. Zu unserem Erstaunen hatten die fünf schon einen der beiden letzten Quader geborgen und in den Hofkeller hochgehievt – ihn aber abgedeckt, um uns mit dem Anblick zu überraschen.

Toni machte es jetzt richtig spannend, denn er ließ uns raten, zu welchem der bereits gefundenen Quader dies der Anschlussquader sei. Als er die Abdeckplane schließlich wegnahm, kam ein Kompositkapitell zum Vorschein, auf dessen linker Anschlussseite der Körper eines kleinen Eroten zu sehen war. Sofort war klar, dass dieses Kapitell zur Pan-Wand gehörte – und es war auch klar, dass wir dieses Kapitell auf jeden Fall in die Pan-Wand einfügen mussten. Unser Vorsatz, die Grabung mit der Bergung der beiden letzten Quader zu beenden, war damit hinfällig.

Uns war natürlich bewusst, dass das Einfügen des Kapitells in die Pan-Wand in einer Höhe von über drei Metern wieder einmal nur mit Hilfe einer stabilen Rampe möglich war. Außerdem mussten die Architrave und Gebälkplatten, die sich über der Stelle befanden, an der das Kapitell eingefügt werden sollte, abgestützt werden. Dies alles bedurfte wie üblich einer detaillierten Berechnung, Planung und Materialbeschaffung, weshalb wir als Termin für den Arbeitsbeginn die erste Januarwoche des Folgejahres 1968 festlegten.

Noch stand an diesem Abend aber der letzte Quader zur Bergung an. Da im Vorfeld nichts mehr zu erledigen war, schauten wir alle zunächst Toni zu, wie er ihn freilegte. Sichtlich genervt von unseren fortwährenden Ratschlägen schlug Toni uns bald vor, wir sollten doch bitte Kaffee trinken gehen, damit er in Ruhe weiterarbeiten könne.

Da lediglich der Beginn einer Pilasterkannelur und keine figürliche Darstellung auf dem Quader zu erkennen war, folgten wir seinem Ratschlag und ließen uns von unserer Mutter mit Kaffee und Spekulatius verwöhnen. Endlich hatten wir einmal die Zeit, uns ausführlich über die Ereignisse der letzten Wochen – und vor allem des letzten Wochenendes – zu unterhalten.

Das gesamte Grabungsteam im Stollen.

Nach einiger Zeit stand Toni wutschnaubend und völlig verschmutzt in der Tür.

»Hilft mir denn noch irgendjemand aus dieser Klön-Runde?«, bekamen wir zu hören. Dann drehte Toni sich schimpfend um und verschwand wieder im Keller. Er war sauer und er hatte recht, denn wir hatten ihn und den letzten Quader inzwischen total vergessen.

Als wir im Grabungsstollen ankamen, stand der Quader, offensichtlich ein Eckquader, schon vor dem Transportwagen. Er zeigte eine Pilaster-Basis mit rund auslaufender Kannelur und glatter Seitenfläche.

»Nun macht mal«, schnaubte Toni, immer noch wütend. Gemeinsam schoben wir den Quader auf den Transportwagen und 15 Minuten später stand er bereits im Hauskeller.

»Frohe Weihnachten«, sagte Bernhard, als wir das Licht im Keller ausschalteten, und damit hatte er uns aus der Seele gesprochen. Wir alle, inklusive Toni, waren froh, nun endgültig einen Schlussstrich unter das Thema Ausgrabung gezogen zu haben.

Die Weihnachtsfeiertage 1967 waren auch wirklich geruhsam und alle Teammitglieder genossen sie in ihren Familien – aber zwischen Weihnachten und Neujahr saßen wir schon wieder zusammen und planten den Einbau des Pilasterkapitells in die Pan-Wand.

Erneut eine Rampe aus Lehm aufzuschütten, um den Quader einzufügen, schied wegen des großen Aufwands aus. Anfang Januar 1968 beschafften wir deshalb zwei 6 Meter lange, 15 Zentimeter starke Tragebalken, die, von unten mit vorhandenen Balken abgestützt, als Rampe dienen sollten, um den 1,1 Tonnen schweren Quader auf den richtigen Platz in der Pan-Wand zu schieben.

Zwischen den beiden Wandsegmenten wurde eine stabile Stützkonstruktion eingebaut, die uns half, den darüberliegenden Architrav mitsamt Gebälkplatte so weit anzuheben, dass wir die beim Aufbau der Wand provisorisch eingefügten Kalksandsteine entfernen konnten und ein problemloses Einschieben des Pilasterkapitells möglich wurde. Als

Komplettierung des Erot.

nach über fünf Stunden mühseligster Arbeit das Kapitell in die Pan-Wand eingefügt und die Stützkonstruktionen entfernt waren, zeigte sich die Pan-Wand schließlich in ihrer ganzen Schönheit.

Der kleine Erot zwischen den Kapitellen oberhalb des linken Pan war jetzt vollständig. Er schwebte über der Figur des Pan und hielt in den nach links und rechts ausgestreckten Armen eine Stoffschärpe, die hinter ihm her zu flattern schien. Die Darstellung erinnerte an einen Weihnachtsengel, aber in der römischen Mythologie und im Dionysos-Kult schwebt Gott Amor hoch über dem Hirtengott Pan und symbolisierte damit die Trennung zwischen Himmel und Erde.

Welch herrlicher Anblick – und welch perfekter Abschluss unserer Grabungstätigkeiten Mitte Januar 1968.

17

DIE EXTERNE WÜRDIGUNG
VON FUND UND GRABUNG

In der zweiten Januarwoche 1968 machten wir unsere Ausstellung wieder Besuchern zugänglich. Donnerstagnachmittags und sonntagvormittags öffneten wir offiziell je zwei Stunden, trotzdem wurden wir mit Anfragen für Sonder- und Gruppenführungen regelrecht überrollt und waren ständig alle im Einsatz. In den vergangenen Monaten hatte lediglich die regionale Presse über unsere Funde geschrieben und dies hatte schon zu einem großen Besucherinteresse geführt. Nachdem nun das *Time Magazin* und die *New York Times* über das Poblicius-Grabmal und dessen Entdeckung berichtet hatten, baten die Redakteure fast aller namhaften deutschen und europäischen Zeitschriften um Interviews und Fototermine. Kaum war einer der Artikel erschienen, stiegen die Besucherzahlen aus der entsprechenden Region sprunghaft an.

Unser besonderes Interesse galt den Führungen, die das Römisch-Germanische Museum und das Landesmuseum Bonn buchten, denn dann kamen meist Archäologen befreundeter Museen aus dem In- und Ausland. Wenn sich die Begeisterung über die »Größe des Fundes« und die »einzigartigen Reliefdarstellungen« nach einiger Zeit gelegt hatte, wurde immer die »Unversehrtheit der Quader« gelobt. Gemeint war damit zum einen die sehr gute und verwitterungsfreie Erhaltung der Muster – was dafür sprach, dass das Grabmal schon bald nach seiner Erbauung zerstört worden war. Andererseits ging es dabei aber auch immer darum, wie es dem Grabungsteam hatte gelingen können, solch schwere Quader ohne jegliche Beschädigung zu transportieren und auf welche Art und Weise wir die Muster freigelegt hatten. An einigen Quadern waren je nach Trocknungszustand sogar noch Farbreste der ursprünglichen Bemalung erkennbar.

Wir beantworteten ausführlich alle Fragen unserer fachkundigen Gäste zur Entdeckung und Bergung des Grabmals, aber auch zum Grabmaltypus, zur Stilistik der Reliefdarstellungen, zu den Besonderheiten einzelner Quader, zur Entstehungszeit und zu einer möglichen Zerstö-

Das Plakat zur Ausstellung »Römer am Chlodwigplatz« über dem Geschäft »Heinrich Gens«.

rung des Grabbaus. Das konnten wir aufgrund der Grabungstätigkeit selbst, aber natürlich auch, weil wir uns intensiv mit der entsprechenden wissenschaftlichen Literatur beschäftigt hatten. Unsere Gespräche mit den fachkundigen Gästen wurden von Professor Doppelfeld unterstützt und begleitet.

Einige der Mitarbeiter von Professor Doppelfeld sahen dies aber offensichtlich weiterhin nicht so gerne. Professor Doppelfeld hatte uns anfangs zum Graben ermutigt. Unseren Alleingang hatte er kritisiert, was letztendlich zur Verhängung des Grabungsverbots geführt hatte. Aber schon nachdem wir ihm die ersten Grabungsergebnisse vorgestellt hatten, schien er uns unsere Eigenmächtigkeit verziehen zu haben: Das äußerte sich zum Beispiel darin, dass er uns wegen des Verstoßes gegen das Grabungsverbot nicht juristisch belangt hatte. Er war stets ein toleranter Gesprächspartner, der unsere Arbeit anerkannte und respektierte.

Einige seiner Untergebenen konnten aber offensichtlich nicht verwinden, dass das Poblicius-Grabmal von Amateur-Archäologen gefunden worden war: Sie zeichneten ein Bild von sieben unvorsichtigen jungen Leuten, die halsbrecherisch gegraben, einen Zufallsfund gemacht hatten und diesem Fund ahnungslos gegenüberstanden. Dies ließ sich allerdings immer nur so lange aufrechterhalten, bis die Besucher die Fundstücke, unsere Ausstellung und den professionell gesicherten Fundort gesehen und mit uns Ausgräbern gesprochen hatten.

Einer der Fachbesucher unserer Ausstellung war der bereits erwähnte Archäologe Professor Heinz Kähler, der einige Male mit Gästen und Mitarbeitern des Archäologischen Instituts der Universität zu Köln kam. Professor Kähler erzählte bei einem unserer immer interessanten und auch lehrreichen Gespräche, dass er bereits im Jahr 1934 eine Rekonstruktion des Poblicius-Grabmals erstellt hatte – auf Basis von Quadern des Grabmals, die im Jahr 1884 gefunden worden waren. Bei einem seiner folgenden Besuche brachte er Bonner Jahrbücher von 1902 und 1906 mit, in denen die Archäologen Joseph Klinckenberg und Hans Lehner Funde vom Kölner Chlodwigplatz aus der Zeit zwischen 1884 und 1888 beschrieben hatten. Die Fotos in diesen Jahrbüchern zeigten weitere römische Quader, die aufgrund der Muster und Abmessungen ohne Zweifel zu unserem Grabmal gehörten. Zwei der dort abgebildeten Quader hatten wir bei der Errichtung der Pan-Wand aufwendig rekonstruiert, ohne zu ahnen, dass diese bereits 1884 gefunden worden waren.

Komplettierung aus Lehner-Quader Nr. 882 (links), gefunden 1884,
und Quader der Funddokumentation Gens, Nr. 32 (rechts), gefunden 1967.

Komplettierung aus Klinkenberg-Quader MWR 336 (links), gefunden 1884,
und Quader der Funddokumentation Gens, Nr. 31 (rechts), gefunden 1967.

Der bei Lehner unter Nummer 882 beschriebene und abgebildete Quader zeigte die Füße des zweiten Pan, zu dem wir, unter Nummer 32, das passende Bruchstück mit Knien und Oberschenkel gefunden hatten. Bei Klinckenberg fanden wir die Abbildung vom oberen Kopfteil des ersten Pan, der unseren Quader Nr. 31 perfekt ergänzte.

Also hatte ich mit meiner Vermutung richtig gelegen, dass bereits 1884 und in den folgenden Jahren eine Vielzahl von Quadern des Poblicius-Grabmals gefunden worden war. Ich erzählte Professor Kähler daraufhin von meinem Statuenfund im Verkehrsamt und den Quadern im Depot des Römisch-Germanischen Museums und so entstanden angeregte Diskussionen über das Aussehen des Grabmals.

Diese Gespräche und überhaupt die gute Kommunikation zwischen uns waren dann sicher auch der Grund dafür, dass Professor Kähler bereit war, für uns als Gutachter gegenüber der Stadt Köln aufzutreten. Das war für uns ein absoluter Glücksfall, denn Professor Kähler war als Leiter des Archäologischen Instituts der Universität Köln und als Autor zahlreicher Veröffentlichungen ein bekannter, hoch geachteter Archäologe, dessen fachliche Kompetenz und menschliche Integrität weltweit geschätzt wurden. Somit war auch nicht zu erwarten, dass jemand ihn oder sein Gutachten in Frage stellen würde.

Mitte Februar 1968 hatte sich das Bauaufsichtsamt der Stadt Köln angekündigt, um die während der Grabung durchgeführten Baumaßnahmen zu überprüfen. Man erklärte uns bei dem Termin, dass das vorrangige Ziel nicht eine nachträgliche Baugenehmigung, sondern die Überprüfung der statischen Sicherheit unseres und des Nachbarhauses sei. Sollte die statische Sicherheit nicht gegeben sein, das machten die beiden Herren Gutachter unmissverständlich klar, müssten beide Häuser unverzüglich geräumt werden.

Natürlich waren wir ob dieser Ankündigung zunächst zutiefst beunruhigt. Bernhard und ich wären verantwortlich gewesen, denn wir beide hatten die Pläne gezeichnet und die Berechnungen angestellt. War unser Stollensystem wirklich statisch sicher? Hatte es sich ausgezahlt, dass wir

alle Tragepfeiler und Tunneldecken so überdimensioniert hatten, dass
sie gegenüber der berechneten Last nicht nur eine zweifache, sondern
eine dreifache Sicherheit aufwiesen und dass wir aus Sicherheitsgründen
den Zementanteil von Mörtel und Beton erhöht hatten? Bereitwillig
führten wir die Gutachter herum, erklärten unsere Baumaßnahmen und
übergaben zwei Ordner mit Bauplänen und statischen Berechnungen.

Drei Wochen später kamen die Herren zu einem weiteren Termin,
um Materialproben der Tunnelwände zu entnehmen und einen Abgleich
zwischen Plan- und Ist-Situation der Baumaßnahmen durchzuführen.
Sie waren offensichtlich mit allem zufrieden, denn das Bauaufsichtsamt
bestätigte die statische Sicherheit des Hauses und gab es einschließlich
der Kellerräume offiziell für unsere Besucher frei.

Bernhard und ich waren ebenfalls hochzufrieden, denn endlich würden nun all diejenigen verstummen, die immer wieder versucht hatten,
die Leistung unserer Grabung dadurch zu schmälern, indem sie behaupteten, dass wir unvorsichtig und waghalsig vorgegangen seien. Erst nachdem wir dann weitere 19 Jahre in diesem Haus gewohnt hatten, wurde
der Altbau im Jahr 1987 abgerissen und durch einen Neubau ersetzt.

Als Professor Kähler am 20. Mai 1968 sein Gutachten zum Poblicius-
Grabmal vorlegte, sorgte das beim Römisch-Germanischen Museum,
beim Landesmuseum Bonn, aber auch bei der Stadt Köln für erhebliches
Aufsehen. Professor Kähler begnügte sich nicht wie sein Fachkollege Petrokovits mit einer einfachen Wertschätzung, sondern Kähler beschrieb
detailliert die Bedeutung des Poblicius-Grabmals im Hinblick auf die Geschichte des Imperium Romanum. Der Reliefschmuck des Grabmals ver-
weise auf die Anfänge der monumentalen Bauplastik im Rheingebiet, das
Grabmal als solches sei aufgrund seiner Entstehung im frühen ersten
Jahrhundert Vorbild für alle späteren derartigen Grabbauten. Das Gutachten schloss mit einer Schätzung des Wertes der Fundstücke, die fast
doppelt so hoch lag wie die von Professor Petrokovits, und einem Appell
an die Stadt Köln, den jungen Ausgräbern ein faires Angebot für ihren
Fund zu unterbreiten (s. Anhang).

Der von Kähler anvisierte Wert des Poblicius-Grabmals sorgte bei der Stadt Köln und seinen Professoren-Kollegen in Köln und Bonn für Unverständnis, aber niemand wagte, ihn öffentlich dafür zu kritisieren. Außerdem führte das Gutachten bei einigen seiner Fachkollegen zu Verärgerung, weil durch die Aufwertung der Bedeutung des Grabmals auch die Leistung der »enthusiasmierten jugendlichen Ausgräber«, wie Kähler uns nannte, eine positive Würdigung erfuhr.

Diese Wertschätzung, mit der Professor Kähler uns und unserer Arbeit gegenüberstand, erfuhren wir auch bei allen Diskussionen, die wir in den nächsten Monaten mit ihm über die Funde von 1884 und eine mögliche Rekonstruktion führten.

18

DIE ERSTELLUNG DER FUNDDOKUMENTATION

In den Sommerferien 1967 beschlossen Bernhard und ich, die besucher-arme Zeit dazu zu nutzen, die einzelnen Quader zu fotografieren, ihr Aussehen und ihre Reliefs zeichnerisch im Maßstab 1:1 zu dokumen-tieren und ihre Eigenschaften exakt zu beschreiben. Zielsetzung war, den Facharchäologen neben den Plänen von Fundlage und Stollensys-tem auch eine Funddokumentation zur Verfügung zu stellen, die Grundlage für weitere Forschungen sein konnte. Dies alles erfolgte ohne konkreten Auftrag.

Für die fotografische Erfassung mussten wir die einzelnen Quader zunächst mit einem einheitlichen Hintergrund versehen und sie mög-lichst perfekt mit den Reflektorlampen ausleuchten – ein Unterfangen, das extrem aufwendig war. Noch aufwendiger war dann aber die zeich-nerische Dokumentation der einzelnen Quader, denn hier ging es

Der Lageplan der Grabungsfunde.

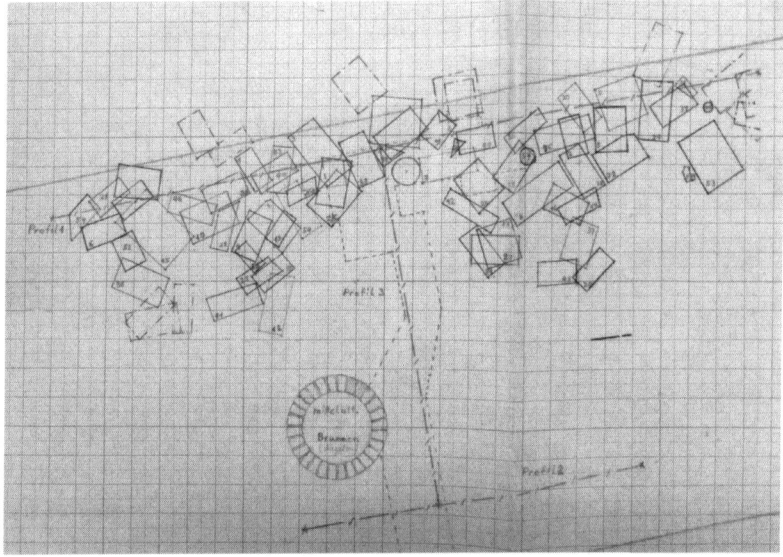

Kapitell unter dem Rasterrahmen.

darum, die Reliefmuster auf den Oberflächen in jedem Detail zu erfassen. Schnell wurde klar, dass wir dazu eine Hilfseinrichtung in Form eines Rasters benötigten. Wir bauten also einen 125 mal 95 Zentimeter großen Holzrahmen und versahen diesen horizontal und vertikal mit einer Maßeinteilung in Abständen von 3 Zentimetern. Die darüber in Längs- und Querrichtung gespannten Nylonschnüre bildeten ein Raster aus insgesamt 1200 exakt 3 mal 3 Zentimeter großen Quadraten.

Über den jeweiligen Quader gelegt ermöglichte uns der Rasterrahmen, die in den kleinen Quadraten sichtbaren Musterlinien in das entsprechende Quadrat auf der Zeichnung zu übertragen. Nachdem wir auf diese Weise unsere ersten Fundstücke, den Leib des Pans mit der Hirtenflöte und einen Waffenarchitrav, im Maßstab 1:1 dokumentiert hatten, machten wir damit wegen des hohen Zeitaufwands erst einmal nicht weiter, sondern starteten mit der Beschreibung der Fundstücke: Sie umfasste alle wesentlichen Eigenschaften wie Abmessungen, Typ des Quaders, Musterdarstellung, Beschädigungen, Zugehörigkeit zu anderen Quadern und, falls vorhanden, auch die Beschreibung von Farbresten.

Bevor wir mit der Funddokumentation anfingen, hatten wir lange diskutiert, ob wir die Quader nach Fundreihenfolge oder systematisch nach Quadertypus ordnen sollten. Als Team mit überwiegend technischer Orientierung entschieden wir uns für die Systematik, also für die gebündelte Auflistung und Erfassung von Quadern gleichen Muster- oder Bauteiltypus. An erster Stelle in der Auflistung befanden sich die Architrave, dann folgten Inschrift-Quader, Gebälkplatten, Pilaster und Pan-Darstellungen, schließlich die Statuen. Die gewählte Systematik ermöglichte nicht nur Vergleiche hinsichtlich der Abmessungen und Unterschiede der Reliefmuster. Sie half auch dabei, durch Erfassung und Vergleich der Versatzmarken und Schwalbenschwanzverbindungen auf den Oberseiten die Zusammengehörigkeit von Quadern zu erkennen.

Die Detailbetrachtung der Muster offenbarte jetzt auch gravierende Ausführungs- und Qualitätsunterschiede bei gleichem Mustertypus. Dies war zwar schon bei den Gebälkplatten aufgefallen, jetzt aber wurden auch bedeutende Unterschiede bei Waffen- und Ranken-Architraven, bei Kapitellen und selbst bei den Pan-Darstellungen erkennbar. Die ursprüngliche Vermutung, dass die Qualitätsunterschiede durch Meister und Lehrling zustande gekommen sein könnten, ließ sich so nicht mehr halten. Wohl eher war es so, dass in der römischen Werkhütte, die das Grabmal einst erstellt hatte, nicht nur zwei, sondern eine Vielzahl von Steinmetzen unterschiedlicher Qualifikation gearbeitet haben musste.

An einigen Eckquadern und deren Seiten zeigte sich darüber hinaus ein Wechsel der Musterausführung. Die Gebälkplatte Funddokumentation Gens Nr. 15 ist hierfür ein Beispiel.

Hier ist nicht nur das Blumenmuster zwischen den Gebälkenden sehr unterschiedlich ausgeführt, sondern auch auf der Zierleiste wechselt das Muster. Die Zierleiste, Sima genannt, ist an der längeren Seite der Gebälkplatte mit einem Blattstab mit sechsfach gefiederten Blättern ausgeführt, während auf der kürzeren Seite der Gebälkplatte nur ein Blattstab mit doppelten, aber ungeteilten Blättern zu sehen ist. Es finden

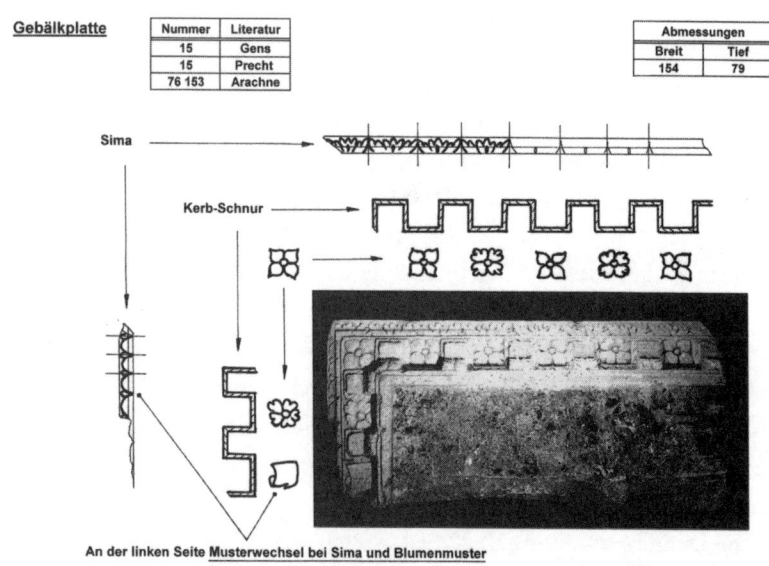

An der linken Seite Musterwechsel bei Sima und Blumenmuster

Detaillierte Dokumentation des Musterwechsels auf Quader Nr. 15, Funddokumentation Gens.

sich aber auch Gebälkplatten mit einem Blattstab, der nur einzelne ungeteilte Blätter zeigt.

Aufgrund dieser Beobachtungen konnten wir festhalten, dass bei den Gebälkplatten grundsätzlich drei verschiedene Musterausführungen vorhanden sind. Daraus war unschwer abzuleiten, dass aufwendige Muster der Grabmalfront, weniger aufwendige Muster den Seiten des Grabmals und eher einfache Muster der Rückseite des Grabmals zuzuordnen sind. Qualitätsunterschiede und Musterwechsel fanden sich auch bei den Architraven.

Die Gegenüberstellung der Quader Nr. 7 und 8 etwa macht die Zuordnung zu unterschiedlichen Seiten des Grabmals deutlich. Quader Nr. 7 zeigt einen Architrav, dessen Rankenfries tiefplastisch und in jedem Detail erkennbar ausgearbeitet ist und der damit eindeutig der Grabmalfront zugeordnet werden kann.

Architrav mit Rankenfries, Funddokumentation Gens, Nr. 7.

Architrav mit Rankenfries, Funddokumentation Gens, Nr. 8.

Quader Nr. 8 dagegen ist im Hinblick auf die Blattausführung der Akanthusranke eher oberflächig und unpräzise gearbeitet. Zudem weist die Trennleiste zwischen Fries und Architrav-Balken eine zusätzliche Kehlleiste auf. Dieser Musterwechsel und die mindere Qualität des Frieses sprechen dafür, dass der Quader eher den Grabmalseiten oder der Rückseite des Grabmals zuzuordnen ist. Nicht auszuschließen ist darüber hinaus, dass der Quader Nr. 8 aufgrund der zusätzlichen Kehlleiste zwischen Fries und Architrav-Balken eventuell zu einem anderen Grabmal gehört.

Detail-Fundaufnahme Rundkapitell.

Als wir im August 1967 die Funddokumentation und die erste Zeichnung mit der Detail-Fundaufnahme des Pan-Quaders beim Römisch-Germanischen Museum ablieferten, war Professor Doppelfeld hocherfreut – und überrascht: Er hatte nicht damit gerechnet, eine solch detaillierte Dokumentation zu erhalten.

Die Fundaufnahme mit der maßstabsgerechten Zeichnung des Pan-Quaders, die wir mit Hilfe des Rasterrahmens gemacht hatten, fand er so hervorragend, dass er fragte, ob wir solche Zeichnungen nicht auch für die restlichen Quader erstellen könnten – für ein entsprechendes Honorar würde er sich bei Museums- und Stadtverwaltung einsetzen.

19

ERSTE REKONSTRUKTIONEN DES POBLICIUS-GRABMALS

Schon sehr früh hatte sich während unserer Grabung die Frage nach dem Aussehen des Grabmals gestellt, beziehungsweise danach, wo die gefundenen Quader am Grabmal positioniert gewesen waren. In der Literatur hatte ich über das Grabmal des Königs Mausolos gelesen, das als eines der sieben antiken Weltwunder architektonisch und konzeptionell richtungweisend für alle späteren Grabbauten im griechischen und römischen Kulturkreis gewesen war. Unter den Facharchäologen war über das ursprüngliche Aussehen des Mausolos-Grabmals heftig gestritten worden, was sich in zahlreichen, sehr unterschiedlichen Rekonstruktionszeichnungen dokumentierte.

Erst dem Archäologen Friedrich Krischen gelang es, eine Rekonstruktion zu erstellen, die von der Fachwelt akzeptiert wurde. Sie zeigt ein dreigeschossiges Grabmal, bei dem sich über einem massiven Sockelgeschoss eine Ebene mit umlaufender Säulenhalle befindet. Die Zwischenräume der Säulen, so genannte Interkolumnen, waren mit Figuren bestückt. Den Abschluss, das dritte Geschoss also, bildete, in Anlehnung an die imposanten ägyptischen Grabpyramiden der Pharaonen, eine Dachpyramide, die mit einer zum

Das Grabmal des Königs Mausolos nach Friedrich Krischen.

Himmel strebenden Quadriga bekrönt war. Es ist anzunehmen, dass hier König Mausolos als Wagenlenker und oberster Kriegsherr darge-stellt war, der die vier Pferde mit Streitwagen im Zaum hielt.

Interessant schienen mir im Hinblick auf das Poblicius-Grabmal auch die rheinischen Pfeilergrabmäler wie die Krufter Grabmäler und die Igeler Säule. Sie sind beide einer Denkmäler-Gruppe zuzuordnen, die – und hier schließt sich der Kreis zum Mausolos-Grabmal – vom Osten des römischen Reiches über den gesamten Mittelmeerraum über Nordafrika, Spanien bis nach Gallien und Germanien hinein ver-breitet ist.

Aufgrund der Vielzahl der gefundenen Quader und der nicht abneh-menden Funddichte in unseren Grabungsstollen gingen wir anfangs davon aus, dass es noch eine weit größere Anzahl von Quadern gäbe, die noch nicht geborgen worden waren. Deshalb vermuteten wir zu-nächst, dass es sich bei dem Poblicius-Grabmal nicht um ein Pfeiler-grabmal wie die Igeler Säule oder beispielsweise auch das Julier-Grabmal in St. Remy handelte, sondern um ein voluminöses Grabmal wie das des Königs Mausolos, und dass die geborgenen 66 Quader ausschließlich zur Frontseite gehören mussten. An dieser Vorstellung orientierte sich unser erster Rekonstruktionsversuch 1967.

Der erste Rekonstruktionsversuch im August 1967

Dem Sockelgeschoss ordneten wir die mächtige Inschrift zu, wobei zwei wesentliche Erkenntnisse über die geborgenen Inschrift-Quader in der Rekonstruktionszeichnung bereits berücksichtigt wurden:

Bei der Fundaufnahme der Inschrift-Quader war mir erstens aufge-fallen, dass der römische Steinmetz am Ende der zweiten Inschriftzeile offensichtlich mit Platzproblemen zu kämpfen gehabt hatte. Die Buch-staben TE, ME und NT waren miteinander verbunden worden, um das Wort »TESTAMENTO« noch in dieser Zeile unterbringen zu können. Dies sprach für eine seitliche Begrenzung der Inschrift, die auf römi-schen Grabsteinen und Grabbauten sehr oft durch einen Rahmen erfolgte. Aus diesem Grund erhielt auch unsere Inschrift in der Rekonstruktionszeichnung einen begrenzenden Rahmen.

Zweitens konnte der »MODESTO«-Inschrift-Quader exakt unter der oberen Quaderreihe platziert werden. Auf der Oberseite dieses Quaders hatten wir eine Kerbe entdeckt, die die Stoßfuge der beiden darüberliegenden Quader anzeigte. Diese Kerben waren uns schon auf den Quadern der Pan-Darstellungen aufgefallen: Es waren offensichtlich Versatzmarken, die den römischen Bauleuten anzeigten, wo genau die Quader der nächsten Reihe aufzusetzen waren.

Für diese und alle folgenden Rekonstruktionsversuche war die Erkenntnis über diese Versatzmarken von entscheidender Bedeutung, denn für die darüberliegende Quaderlage konnte so nicht nur auf den Aufsatzpunkt weiterer Quader, sondern auch auf deren Länge geschlossen werden, ohne diese Quader gefunden zu haben.

Dem ersten Obergeschoss des Grabmals wurden rechts und links die beiden Pan-Darstellungen zugeordnet. Dazwischen nahmen wir zwei kannelierte Säulen an, sodass sich drei Interkolumnen ergaben, die Platz für die drei gefundenen Statuen boten. Mit den Komposit-Kapitellen, Architraven und Gebälkplatten über den Pan-Darstellungen ergab sich für das erste Obergeschoss eine Höhe von exakt 3,75 Metern.

Für das zweite Obergeschoss gingen wir von der gleichen Höhe aus – dies schien uns aufgrund der Proportionen solcher Grabmale überzeugend. Dieser Ebene wurden die Girlanden-Quader und die kleine Statue zugeordnet, deren Torso wir im Verkehrsamt entdeckt hatten.

Eine der Kernfragen dieses ersten Rekonstruktionsversuchs war, welchem der beiden oberen Geschosse die unterschiedlichen Architrav-Typen mit Rankenfries und Waffenfries zuzuordnen seien. Da die Architrave mit Rankenfries eindeutig filigraner und hochwertiger gearbeitet waren, ordneten wir diese dem ersten Obergeschoss zu, wo sie für den Betrachter in dieser hohen Qualität und Plastizität auch erkennbar waren. Die Architrave mit den teils grobflächigen und weniger erhabenen Waffendarstellungen ergaben für uns im zweiten Obergeschoss Sinn: Ihre

**Erster Rekonstruktionsversuch
von Josef Gens, 1967.**

Wirkung stellte sich vor allem aus einer gewissen Distanz ein.

Nach oben hin abgeschlossen wurde der Grabbau durch das Pyramidendach. Da wir nur wenige Dachquader und deren Fragmente gefunden hatten, konnten wir im Hinblick auf die ursprüngliche Form nur spekulieren. Den oberen Abschluss bildete das Bekrönungskapitell, auf dem wahrscheinlich, wie für viele römischen Grabbauten belegt, ein Pinienzapfen stand.

Zu dieser ersten Rekonstruktionszeichnung fertigte ich eine detaillierte Beschreibung an, ich stellte darin den Bezug zu vergleichbaren Bauten her, deutete und datierte Stilistik und Ornamentik, übersetzte die Inschrift, erläuterte die Bearbeitungsgüte und die diesbezügliche Anordnung der Quader am Grabmal sowie die Fundsituation und zog Rückschlüsse auf die Zerstörung des Grabmals. Die Rekonstruktionszeichnung und diese Beschreibung übergaben wir zusammen mit detaillierten Lageplänen der Fundsituation Anfang August 1967 an das Römisch-Germanische Museum (s. Anhang 2).

Uns war klar, dass dieser erste Rekonstruktionsversuch noch viele Fragen offenließ: Zum Beispiel war die Zuordnung der Mänade oder des geflügelten Schlangenwesens, von dem wir einige Fragmente gefunden hatten, ungeklärt. Natürlich stellte sich auch die Frage, ob wirklich alle gefundenen Quader nur zur Grabmalfront gehörten. Mit jedem Quader, den wir zu finden hofften, würden sich neue Aspekte im Hinblick auf die Rekonstruktion ergeben – und auch die genauere Untersuchung der Pfeilergrabmäler würde sicher dazu beitragen.

Im Juli 1968 stand für mich ein Urlaub im Tessin an, eine gute Möglichkeit, das Pfeilergrabmal der Familie der Julier in St. Remy in der Provence zu besuchen. In St. Remy einem 2000 Jahre alten, vollständig erhaltenen römischen Grabmal gegenüberzustehen, war ein ganz besonderes Erlebnis. Das grelle Sonnenlicht, das Zirren der Zikaden und der harzige Geruch der Pinien ließen diesen Ort unwirklich erscheinen und die Vorstellung, dass es hier schon vor 2000 Jahren nicht anders ausgesehen haben konnte, erlaubten eine gedankliche Zeitreise. Die vielen Fotos, die ich von diesem Grabmal und seinen Reliefs machte, sollten mir später zu Hause helfen, Rückschlüsse auf eine neue Rekonstruktion des Poblicius-Grabmals zu ziehen.

Das Grabmal der Julier ist, wie das Poblicius-Grabmal, im frühen ersten Jahrhundert entstanden. Die turmartige Form des 18 Meter hohen Bauwerks beweist zweifelsfrei die Zu-

Das Grabmal der Julier in St. Remy in der Provence.

ordnung zu den Pfeilergrabmälern. Über dem quadratischen 4,33 Meter breiten Sockel, der mit Kampfszenen geschmückt ist, erhebt sich ein ebenfalls quadratisches Mittelgeschoss mit vier halbrunden Arkaden. Die Rotunde des Obergeschosses aus zehn kannelierten Säulen, zwischen denen die Statuen der Verstorbenen standen, wird nach oben hin durch ein mit Schuppen gedecktes Kegeldach abgeschlossen.

Das Grabmal hatte also vier Geschosse: Sockel-, Arkaden-, Säulen- und Schuppendachgeschoss. Sollte es sich bei dem Poblicius-Grabmal nicht, wie bisher angenommen, um einen dreigeschossigen, sondern etwa auch um einen viergeschossigen Bau mit einem zusätzlichen Ar- kadengeschoss handeln?

Bei der Betrachtung der Reliefdarstellungen des Julier-Grabmals fie- len Ähnlichkeiten zwischen beiden Grabmälern auf. Die figürlichen Friese auf dem Sockel des Grabmals erinnerten mich an unseren Qua- der mit der Darstellung der Mänade, auf dessen Seitenfläche Trauer- girlanden ansetzen. Beim Grabmal in St. Remy fanden sich ebensolche Trauergirlanden. Diese, gehalten von kleinen Eroten, bilden dort den oberen Abschluss des Sockelgeschosses. Mänade und Trauergirlanden konnten also auch beim Poblicius-Grabmal möglicherweise dem So- ckelgeschoss zugeordnet werden.

Die Besichtigung des Julier-Grabmals hatte bei mir viele neue Fragen zur Rekonstruktion des Poblicius-Grabmals aufgeworfen und in mir den Wunsch geweckt, weitere Grabbauten zu sehen, um noch mehr über den Aufbau und den Reliefschmuck der Pfeilergrabmäler zu erfahren.

Wir planten bald schon die Besichtigung der Igeler Säule in der Nähe von Trier, die Professor Kähler auch in seinem Gutachten zum Poblicius-Denkmal erwähnt hatte. Vielleicht würde auch dieses Pfei- lergrabmal uns zu neuen Erkenntnissen im Hinblick auf die Rekon- struktion des Poblicius-Grabmals verhelfen, auch wenn es erst Mitte des zweiten Jahrhunderts errichtet worden war. Dieser Grabbau war, wie ich in dem Heft 6/7 der *Rheinischen Kunststätten*, »Die Igeler Säule bei Trier«, gelesen hatte, von den beiden Tuchhändlern Lucius Secundi-

nius Securus und Lu-
cius Secundinius Ave-
tinus zu Lebzeiten er-
richtet worden. Die
Hauptszene der Reliefs,
so wird seit dem frühen
Mittelalter erzählt, soll
die Vermählung des
Constantius Chlorus mit
der Kaiserin Helena,
der Mutter Konstantin
des Großen, darstellen.
Weil man das Grabmal
also für ein christliches
Monument hielt, fiel es
nicht dem Steinraub
zum Opfer und wurde
über die Jahrhunderte
vor der Zerstörung be-
wahrt.

Ende August 1968
machten mein Bruder
Heinz, unser Freund
Günther mit Frau und

Günther und Annemarie Goldenberg im August 1968
vor der Igeler Säule im Ort Igel bei Trier.

ich also einen Tagesausflug nach Trier. Bereits im Landesmuseum Trier
waren wir auf dieses Grabmal eingestimmt worden – dort befand sich
ein ausgesprochen guter Abguss aus dem Jahr 1908, der die Reliefs sehr
plastisch zeigte. Als wir am frühen Nachmittag dann vor dem Original
des Grabmals standen, waren wir erst einmal sehr enttäuscht: Die Ver-
witterung war seit 1908 so weit fortgeschritten, dass man einige der dargestellten Reliefszenen und die Ornamente an Säulen und Friesen kaum
noch erkennen konnte.

Trotzdem konnten wir, als wir dieses Grabmal eingebettet in das Dörfchen Igel am Moselufer sahen, nachvollziehen, was Johann Wolfgang von Goethe 1792 nach der Besichtigung der Igeler Säule geschrieben hatte:

Soll man den allgemeinen Eindruck aussprechen, so ist hier
Leben dem Tod, Gegenwart der Zukunft entgegengestellt und
beide untereinander im ästhetischen Sinne aufgehoben.

Zurück in Köln begann ich mit der Analyse der Reliefs dieses Grabmals, die sich glücklicherweise in einem zeichnerisch rekonstruierten Zustand wie auch als Foto im verwitterten Originalzustand in dem vorgenannten Heft der *Rheinischen Kunststätten* fanden. Abgesehen von der Darstellung der Familie im Hauptgeschoss und der Grabinschrift ließen sich die Reliefs in zwei Kategorien einteilen:

Die Reliefs des täglichen Lebens stellen eine Treidelfahrt auf der Mosel, Tuchladen und Tuchwerkstatt, Lastwagen, Tuchballenverschnürung, Familienmahl, Küche, Pachtzins erbringende Pächter, Transport von Waren auf Pferden, Tuchprobe, Kontor-Szene und Reisewagen dar. Die mythologischen Darstellungen zeigen Seewesen, Achilles, Perseus, die Himmelfahrt des Herkules, Eros und zwei Greifen, Hylas und die Nymphen, Mars und Rhea Silvia, Mondgöttin, Sonnengott, Pinienzapfen, gefesselte Giganten und die Entführung des Ganymed durch den Adler des Jupiter.

Die Igeler Säule mit einer Höhe von ursprünglich 23 Metern schien in vier Geschosse aufgeteilt zu sein:

Sockelgeschoss: Über einer glatten und drei verzierten Stufen folgt das eigentliche Sockelgeschoss mit der Reliefdarstellung eines Tuchladens. Nach oben hin abgeschlossen wird dieses Geschoss durch einen reich verzierten Fries, der den Übergang zum Hauptgeschoss bildet.

Hauptgeschoss: Auf der Frontseite des Hauptgeschosses sind als Flachrelief die Tuchhändlerfamilie der Secundinier und die Grabinschrift platziert, eingefasst von Eckpilastern, die mit reich verzierten Kapitellen bekrönt werden. Hier wird erkennbar, dass im zweiten Jahrhundert die Öffnungen der Interkolumnen zu einem massiven Vollgeschoss verändert wurden. Die Architrave zeigen in ihrem Fries das Familienmahl der Secundinier. Abgeschlossen wird das Hauptgeschoss durch ein weit ausladendes, überaus reich verziertes Gesims.

Attikageschoss: Als drittes Geschoss schließt sich eine Attika mit weiteren Darstellungen aus dem Tuchgeschäft der Secundinier an. Die Attika wird wiederum durch ein Gesims abgeschlossen.

Dachgeschoss: Das Dachgeschoss mit seiner geschwungenen Dachpyramide beginnt über vier Giebelfeldern und endet in einem Kapitell, bekrönt mit einem Pinienzapfen, auf dem ein Adler sitzt, der seine Schwingen schützend ausbreitet.

Sockelgeschoss und Attikageschoss sind bei der Igeler Säule von der Höhe nur Halbgeschosse, die die Aufmerksamkeit des Betrachters auf das Hauptgeschoss lenken sollen. Das Dachgeschoss kann als weiteres Vollgeschoss gesehen werden, das sowohl aufgrund seiner Höhe als auch aufgrund des reichen Reliefschmucks ähnlich wie das Hauptgeschoss sofort ins Auge fällt.

Die Igeler Säule, das war unser Fazit, bestand also nicht wie anfangs vermutet aus vier, sondern nur aus drei Geschossen, nämlich aus zwei Vollgeschossen und zwei Halbgeschossen, die sich von der Höhe her zum dritten Geschoss ergänzten.

Professor Kähler hatte uns einige Monate vorher seine Grabmal-Rekonstruktion von 1934 gezeigt, die dem Typus der Pfeilergrabmäler gemäß ein turmartiges dreigeschossiges Gebäude darstellte. Wir fanden seine Annahme durch die gewonnenen Erkenntnisse aus dem Mausolos-Grabmal, dem Julier-Grabmal und der Igeler Säule bestätigt.

Wir erkannten aber auch, dass es bei dem Typus dieser Grabbauten durchaus Abwandlungen in der Ausführung und Anzahl der Geschosse geben konnte. Der betuchte römische Bauherr, der sein Grabmal meist noch zu Lebzeiten in Auftrag gab, konnte entscheiden, wie sein Grabmal aussehen sollte. Dabei ging es sowohl um die grundsätzliche Konzeption bezüglich Anzahl und Ausbildung der Geschosse als auch um die Auswahl mythologischer und alltäglicher Reliefdarstellungen. Die Höhe des Sockelgeschosses z.b. orientierte sich am Wunsch des Bauherrn, ob eine Grabkammer darin vorhanden sein sollte. Waren dagegen Erdbestattungen in einem heiligen Bereich um das Grabmal vorgesehen, konnte das Sockelgeschoss sehr viel niedriger gestaltet werden, wodurch das darüberliegende Säulengeschoss mit den Statuen der Verstorbenen näher an den Betrachter heranrückte.

Quader-Recherche

Professor Kähler hatte uns bereits 1967 einige Bonner Jahrbücher gezeigt und ich hatte aufgrund der Bilddarstellungen auf Anhieb den bei Lehner aufgeführten Quader Nr. 882 mit den Füßen des zweiten Pan und den bei Klinckenberg aufgeführten Quader mit Kopf und Hörnern des ersten Pan dem Grabmal zuordnen können.

Professor Kähler brachte uns Anfang 1968 weitere Fachliteratur mit: von Joseph Klinckenberg *Die Römischen Grabdenkmäler Kölns* von 1902 und von Hans Lehner *Die antiken Steindenkmäler des Provinzialmuseums in Bonn* aus dem Jahr 1919 – beides Werke, die eine umfangreiche Beschreibung der Funde von 1884 boten und auf die Kähler sich in seiner Rekonstruktion von 1934 bezogen hatte.

Motiviert durch weitere Quader-Abbildungen, begannen wir uns nunmehr im Detail in die Texte einzuarbeiten in der Hoffnung, noch weitere Quader dem Poblicius-Grabmal zuordnen zu können. Wir stellten fest, dass dort eine Vielzahl von Quadern mit Fundort Chlodwigplatz vor dem Severinstor oder dem Bauplatz 41 beschrieben war. Leider waren nur einige der dort beschriebenen Quader in Bildtafeln abgebildet.

Wir stellten ebenfalls fest, dass Klinckenberg und Lehner zu den Lagerorten unterschiedliche Angaben machten. Alle in Köln eingelagerten Quader wurden mit einer Inventarnummer des Museums Wallraf-Richartz (Vorgänger des Römisch-Germanischen Museums), z.B.

MWR 336, bezeichnet. Eine Nachfrage im Römisch-Germanischen Museum über den Verbleib der Quader mit der Bezeichnung MWR führte lange nicht weiter.

Alle in Bonn eingelagerten Quader wurden mit einer fortlaufenden Nummerierung und zusätzlich mit einer Inventarnummer des **B**onner **P**rovinzial**m**useums (Vorgänger des Landesmuseums Bonn), z.B. **BPM** 3317, bezeichnet. Meine Nachfrage nach dem Verbleib der Quader mit der Bezeichnung BPM beantwortete das Bonner Landesmuseum mit einem Schreiben vom 16.07.1968. Ich erhielt Fotos einiger der genannten Quader und die Antwort, dass die Fotoplatten der restlichen Quader im Krieg zerstört worden seien. Außerdem informierte man mich, dass alle bei Lehner und Klinckenberg aufgeführten Quader schon vor dem Krieg im Rahmen eines Austauschs an das Römisch-Germanische Museum in Köln überstellt worden seien und in dessen Depot zu finden sein müssten. Einzige Ausnahme bildete der bei Lehner unter Nummer 879 aufgeführte Triton, der sich noch im Besitz des Landesmuseums befand.

Professor Kähler, dem ich vom Ergebnis meiner Recherche berichtete, zeigte sich begeistert über die auch für ihn teilweise neuen Fotos und Abbildungen aus den Inventarbüchern, die das Landesmuseum Bonn geschickt hatte. Zusätzlich zu den zwölf Quadern, die er bereits 1934 in seiner Rekonstruktion verwendet hatte, konnten nun weitere vier Quader dem Grabmal eindeutig zugeordnet werden. Die Diskussion über die Zugehörigkeit der mittlerweile 88 bekannten Quader zu den einzelnen Geschossen des Grabmals führte im August 1968 zwangsläufig zur erneuten Frage nach dem Aussehen des Grabmals und zu einer neuen Rekonstruktion.

Der zweite Rekonstruktionsversuch 1968
Bei unserer neuen Rekonstruktion folgten wir entsprechend den gewonnenen Erkenntnissen also dem Typus der dreigeschossigen Pfeilergrabmäler. Wichtigste Aufgabe war dabei, die mythologischen und

alltäglichen Reliefdarstellungen unserer Fundstücke den Geschossen des Grabmals zuzuordnen.

Sockelgeschoss: Die Rankenarchitrave konnten wegen ihrer im Vergleich zu den Waffenarchitraven präziseren Bearbeitung zweifelsfrei dem Sockelgeschoss zugeordnet werden. Mit den Inschrift-Quadern, einer Pilasterbasis, zwei Sockelgesimsen, zwei reich verzierten Gebälkplatten und der Mänade gehörten damit 15 von unseren 70 Fundquadern zum Sockelgeschoss.

Obergeschoss: Die Pan-Darstellungen konnten wir aufgrund der rechtwinklig anschließenden Wandflächen der rechten und linken Seite des Obergeschosses zuordnen. Der rechten Seite des Grabmal-Obergeschosses ordneten wir die Pan-Darstellung mit dem Hasen zu.

Der linken Seite des Obergeschosses konnten wir die Pan-Darstellung mit der Hirtenflöte zuweisen. Die beiden Säulentrommeln, Funddokumentation Gens Nr. 40 und 41, sowie das Rundkapitell, Funddokumentation Gens Nr. 61, konnten der Frontseite des Obergeschosses zugeordnet werden. Wir diskutierten sehr lange darüber, ob die Waffenarchitrave wirklich dem Obergeschoss zuzuordnen seien, aber letztendlich folgten wir hier der Argumentation der ersten Rekonstruktion: Solche aus der Nähe grobflächig wirkenden Reliefs ergaben nur in größerer Entfernung zum Betrachter ein klares Gesamtbild und dies sprach eindeutig für eine Zuordnung zum Obergeschoss.

Mit Pan-Darstellungen, Säulen, Kapitellen, Statuen und Waffenarchitraven konnten folglich insgesamt 35 Quader dem Obergeschoss zugeordnet werden.

Dachgeschoss: Weitere acht Quader, davon vier mit Schuppen verzierte Quader, das Bekrönungskapitell und die drei Bruchstücke und der im Bonner Landesmuseum befindliche Leib des Tritons wiesen wir dem Dachgeschoss zu.

Von unseren 70 Fundquadern konnten in den drei Geschossen 58 Quader zweifelsfrei zugeordnet werden. Die restlichen Quader, u. a. acht Gebälkplatten, waren von Muster und Qualität so unterschiedlich, dass eine Zuordnung vorerst zurückgestellt wurde. Nun versuchten wir in einem nächsten Schritt, die 16 vom Landesmuseum Bonn benannten 1884/85 am Chlodwigplatz gefundenen Quader in unsere neue Rekonstruktion einzuordnen.

Diejenigen Quader von 1884/85, von denen ein Foto existierte, ließen sich auf Anhieb in die neue Rekonstruktion einfügen, da die Stilistik der Musterdarstellungen mit den von uns gefundenen Quadern übereinstimmte: Dem Sockelgeschoss konnten die Lehner-Quader Nr. 881, 883, 885 und 886, dem Obergeschoss die Klinkenberg-Quader Nr. MWR 336 (Pankopf) und Lehner-Quader Nr. 882 (Panfüße) sowie Lehner-Quader Nr. 884 (Säulenkapitell) und dem Dachgeschoss die Lehner-Quader Nr. 888 bis 892 und 879 zugeordnet werden.

Ein absoluter Glücksfall war dabei der Lehner-Quader Nr. 879 mit dem Oberkörper eines Triton, der zusammen mit unseren Funden Nr. 50,

**Triton vom Dach
des Poblicius-Grabmals,
Lehner-Quader Nr. 879.**

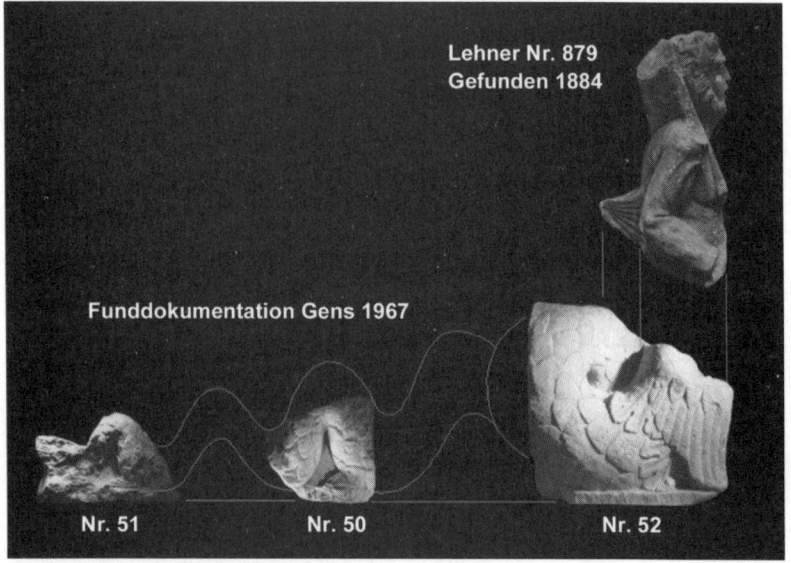

Rekonstruktion des Triton von der linken Grabmalseite.

51 und 52 das ursprüngliche Aussehen dieses rechts und links neben der Dachpyramide anzuordnenden Fabelwesens erkennen ließ.

Mit dem Lehner-Quader Nr. 888, einem Block vom Pyramidendach, konnte auch eine neue Erkenntnis über die Geometrie der Dachpyramide gewonnen werden, wobei bezogen auf die Höhe der Dachpyramide und die Steigungswinkel der Dachschrägen eine große Unsicherheit blieb.

Bei der Zuordnung der Quader über Muster und Abmessungen überprüften wir natürlich auch die entsprechenden Versatzmarken und die Passgenauigkeit der Schwalbenschwanz-Verbindungsnuten auf den Quaderoberseiten.

Bei der Frage nach den baulichen Abmessungen des Poblicius-Grabmals gab die Grabmalinschrift die entscheidenden Hinweise. Die Inschrift mit einer Breite von 3,06 Metern, die wir aufgrund der Besonderheit in der zweiten Schriftzeile in der vorangegangenen Rekonstruktion mit einem Rahmen versehen hatten, begrenzten wir nun, in

Anlehnung an die Igeler Säule, durch zwei flankierende Eckpilaster mit je 0,42 Metern Breite. Für den Grabmalsockel ergab sich damit nun eine Frontbreite von ca. 13 römischen Fuß, also 3,90 Metern.

Über die Höhe des Sockelgeschosses gab es kontroverse Diskussionen: Vorstellbar war, ausgehend von einer optimalen Proportionierung des Bauwerks, ein Vollgeschoss. Aber auch ein Halbgeschoss, ähnlich wie bei der Igeler Säule, schien denkbar: Damit würden die detailliert gearbeiteten Pan-Darstellungen näher an den Betrachter rücken.

Letztendlich entschieden wir uns aber für ein Vollgeschoss, weil nur so alle Quader, die wir dem Sockelgeschoss zugeordnet hatten, dort auch Platz fanden. Da wir von jeder möglichen Quaderschicht des Sockelgeschosses zumindest einen Quader gefunden hatten, kamen wir für dieses Geschoss auf eine Gesamthöhe von 16 römischen Fuß, 4,73 Metern. Nun galt es, die Tiefe des Sockelgeschosses festzustellen.

Da von den Seiten des Sockelgeschosses nur wenige Quader vorhanden waren, versuchten wir die Tiefe des Grabmals über die Seitenwände des Obergeschosses zu ermitteln.

Der rückwärtige, massive Teil des Obergeschosses wurde von den Pan-Darstellungen flankiert, die Säulenhalle im vorderen Teil des Obergeschosses wurde durch vier freistehende Säulen gebildet. Es galt, die Frage zu beantworten, in welchem Abstand die Säulen einst zu den Pan-Darstellungen gestanden hatten. Wir gingen für die seitliche Interkolumne vom gleichen Abstand aus wie zwischen den Pilastern der Pan-Darstellungen. Für die Seitenwand ergab sich dadurch aus dem Durchmesser der Frontsäule, der Interkolumne und der Breite der Pan-Darstellungen ein Maß von 2,62 Metern und damit eine exakt symmetrische Anmutung von Front- und Panrelief-Interkolumne.

Bei einer Höhe des Obergeschosses von 3,75 Metern, die wir durch Addition aller zugehöriger Quaderhöhen ermittelt hatten, und einer Seitenwandbreite von nur 2,62 Metern wurde hier erstmals der turmartige Charakter eines Pfeilergrabmals erkennbar und ließ Rückschlüsse auf Aussehen und Höhe des Pyramidendaches sowie auf die Statik des Bau-

Zweiter Rekonstruktionsversuch von Josef Gens, 1968.

werks zu. Unterstellt man eine optimale Proportion – das heißt die annähernd gleiche Höhe aller Geschosse – zwischen Ober- und Dachgeschoss, so konnte auch für die Dachpyramide mit Bekrönungskapitell eine nahezu gleiche Höhe angenommen werden. Überragt wurde die Dachpyramide von einem ca. 1 Meter hohen Pinienzapfen, der den oberen Abschluss bildete. Das enorme Gewicht der Dachpyramide, die aus massiven Quadern bestand, konnte statisch nur über den rückwärtigen massiven Teil des Obergeschosses und nur zu einem ganz geringen Teil über die schlanken Frontsäulen abgefangen werden. Dies sprach dafür, dass die Dachpyramide von der Seite her gesehen ungleiche Steigungswinkel aufweisen musste, damit ihr Schwerpunkt auf dem rückwärtigen Teil der Aedikula aufliegen konnte.

Die einzige Schwierigkeit, die bei dieser Rekonstruktion auftrat, war die Platzierung der Waffenarchitrave mit der Nr. 1 und 3 der Funddokumentation Gens. Beide Architrave wiesen auf ihrer rechten Anschlussseite eine Gehrung auf, die im Winkel von 25 Grad nach hinten verlief. Aufgrund der im Vergleich zu den anderen Waffenarchitraven hohen bildhauerischen Qualität des Quaders Nr. 3 und der über den Rundschild zentrischen Musterausrichtung konnte dieser Quader nur der Mitte der Grabmalfront zuzuordnen sein. Mit der schräg verlaufenden Anschlussfläche beider Quader stellte sich nun die Frage nach dem Aussehen der Frontseite des Obergeschosses neu.

Im ersten Ansatz hatten wir als Front der Aedikula vier Säulen in gleichem Abstand in einer Reihe stehend platziert. Da es aber auch Grabbauten gab, deren Obergeschoss einen sechseckigen Monopteros – das heißt eine kleine Säulenhalle aus sechs Säulen mit rundem oder sechseckigem Architrav-Abschluss – aufwiesen, war jetzt die Frage, ob die Grabmalfront eventuell in Form eines halben Sechseckes gestaltet war.

Bei Platzierung des Architravs Nr. 3 der Funddokumentation Gens auf den Frontsäulen traten die links und rechts anschließenden Architrave und Säulen um 25 Grad nach hinten zurück. Das ergab eine Grabmalfront in Form eines halben Monopteros, denn nur so waren – aus damaliger Sicht – die beiden abgeschrägten Architrave in der Rekonstruktion unterzubringen.

Der dritte Rekonstruktionsversuch 1969

Einige Monate später verließen wir beim dritten Rekonstruktionsversuch diese Architekturform wieder, da sie bei keinem der uns bekannt gewordenen Grabbauten belegt war. Wir gingen zurück auf die ursprüngliche Festlegung von vier in Reihe stehenden Säulen, die die Front der Aedikula bildeten. Der abgeschrägte Architrav Nr. 3 behielt seine mittige Position und erhielt einen Anschlussquader, der seine 25-Grad-Gehrung mit einer 65-Grad-Gehrung zu 90 Grad ergänzte.

Die Frage, warum die beiden Architrave eine abgeschrägte Anschlussfläche besaßen, obwohl sie in einer Reihe mit den Anschlussquadern platziert waren, beschäftigte uns intensiv. Die Vermutung, dass die Anschrägung der Seitenflächen aus statischen Gründen vorgenommen worden war, um die senkrechte Lastverteilung auf die Kapitelle zu verbessern, konnte bei genauer Betrachtung ausgeschlossen werden: Die Kapitelle wiesen auf ihrer Oberseite bei einem Durchmesser von 44 Zentimetern eine kreisförmige Auflagefläche von 1520 Quadratzentimetern auf. Bei einer gleichmäßigen Lastverteilung musste die Trennlinie der aufliegenden Architrave durch den Kreismittelpunkt verlaufen. Wenn diese Voraussetzung erfüllt war, konnte man den Teilungswinkel vollkommen vernachlässigen, weil sich unabhängig davon immer zwei gleich große Auflageflächen ergaben. Die senkrecht wirkende Last der Architrave wurde damit absolut gleichmäßig auf das darunterliegende Kapitell und den Säulenschaft übertragen, egal, welcher Teilungswinkel gewählt wurde.

Wenn man also die senkrechte Lastverteilung ausschließen konnte, wie sah es dann mit der horizontalen Lastverteilung aus, die durch die tonnenschwere Dachpyramide ausgeübt wurde? Ihre Hauptlast wurde durch die Architrave auf die darunter befindlichen Bausegmente abgeleitet. Im hinteren, massiven Teil der Aedikula mit der dort vorhandenen vollflächigen Auflage der Architrave ergab sich ein so hoher Reibungswiderstand, dass damit auch die auftretenden horizontalen Seitenkräfte problemlos zu beherrschen waren.

Im vorderen Teil der Aedikula waren die Architrav-Auflageflächen auf den Säulen sehr gering und boten nur geringen Reibungswiderstand gegen seitliche Schubkräfte. Hier hätten gerade geteilte Quader leicht durch die horizontalen Seitenkräfte aus dem Verbund geschoben werden können.

Durch die Anschrägung der Seitenflächen schufen die römischen Baumeister aber eine Art Verzahnung, die die hochbelasteten Architrave verband und das Herausschieben einzelner Quader durch die horizontalen Schubkräfte sicher verhinderte.

Professor Kähler war bei all diesen Überlegungen ein interessanter und hilfreicher Diskussionspartner, der unser technisch geprägtes Vorgehen durch sein umfangreiches archäologisches Fachwissen ergänzte.

Er war es auch, der uns auf die oberitalieni-
schen Grabmäler von Sarsina und Aquileia aufmerksam machte.

Das Grabmal des Aefonius Rufus in
Sarsina zeigt exakt den dreigeschossigen Aufbau, den wir
für das Poblicius-Grabmal
seit dem zweiten Re-
konstruktionsversuch
angenommen hatten.
Die Proportionen des
Rufus-Grabmals konnte
man als architektonisch
ideal und ausgewogen be-
zeichnen und sie ließen
auch die noch schwelen-
de Frage nach einem
eventuell niedrigeren
Sockelgeschoss des Pob-
licius-Grabmals verstum-
men.

**Dritter Rekonstruktions-
versuch von Josef Gens, 1969.**

ZWEI- ODER DREIDIMENSIONAL: DIE KONTROVERSE DISKUSSION ÜBER DEN WIEDERAUFBAU DES POBLICIUS-GRABMALS

Unser Privathaus war zu einem Museum geworden. Im März 1970 hatten bereits über 13 000 Besucher unsere Ausstellungskeller besichtigt und noch immer riss der Besucherstrom nicht ab. Die Anfragen für Führungen waren unvermindert hoch und mit jedem weiteren Zeitungsartikel über unsere Ausgrabungen stiegen die Besucherzahlen nochmals deutlich an.

Wir sieben waren zu perfekten Fremdenführern geworden und jeder von uns hatte Schwerpunktthemen in seinen Führungen wie die Person des Lucius Poblicius, die Grabmal-Inschrift, die Pan-Darstellungen, die Rekonstruktion und Statik oder die Ornamentik des Grabmals und den Dionysos-Kult.

Keiner der Besucher erwartete, nachdem er das Textilgeschäft und den Hausflur passiert hatte, die alte Kellertreppe heruntergestiegen war, zwei große Ausstellungskeller voller römischer Quader. Die indirekte Beleuchtung der Fundstücke, die die Reliefs spektakulär in Szene setzte, der modrige Geruch der alten Kellerräume, das unwirkliche Ambiente eines Bergwerks bis zu neun Metern tief unter dem Haus, vor allem aber die Nähe zum Fundort und den Ausstellungsstücken – all das empfanden unsere Besucher immer wieder als besonderes Erlebnis: römische Vergangenheit hautnah.

Ihr größtes Interesse galt nach wie vor der Grabungsgeschichte. Der Fund des ersten Quaders, das Grabungsverbot durch die Stadt Köln, die heimliche Planung und Vorbereitung der Grabung, der Bau unseres Bergwerks, der Fund des zweiten Pan und natürlich die Episoden über die Kommode als verborgener Zugang, die Einweihung unserer Eltern, der Fund des Würfels, die Komplettierung der Poblicius-Statue und der Aufbau der Pan-Wand – das wollten unsere Besucher hören.

Zur gleichen Zeit liefen bei der Stadt Köln die letzten Planungen für den Neubau des Römisch-Germanischen Museums, in dem unser Grabmal einmal seinen Platz finden sollte. Einen Raum für ein 15 Meter hohes Grabmal war in den ursprünglichen Plänen des neuen Museums nicht vorgesehen und eine aufwendige Neuplanung schied aus Zeit- und Kostengründen aus. Also beschloss die Stadt, das Grabmal nicht als dreidimensionales Bauwerk aufzustellen, sondern stattdessen lediglich die Seitenwände des Grabmals als Kollage an den Wänden des Treppenhauses über dem Dionysos-Mosaik anzubringen.

Professor Doppelfeld, der sich wie auch Professor Kähler und das Grabungsteam für einen Komplett-Aufbau des Grabmals starkgemacht hatte, zeigte sich enttäuscht über die Pläne der Stadt und hatte Mühe, sie uns zu erklären.

Unsere Enttäuschung war kaum zu beschreiben. Auch einige Tage später, als wir wieder einmal vollständig zusammensaßen, hatte sich die Stimmung nicht gebessert. Während der Grabungszeit waren wir als Team immer zu Hochform aufgelaufen, wenn es darum ging, Probleme und Schwierigkeiten zu lösen. In dieser Situation nun hatten wir keinerlei Ansatzpunkt: Wir waren realistisch genug zu erkennen, dass das Argument der fehlenden Finanzen alle anderen Argumente aushebelte. Trotzdem ärgerte uns, dass die Präsentation unseres Fundes unter den fehlenden Geldmitteln leiden sollte.

»Wenn die Stadt Köln unsere Funde nicht besser zeigt, als wir das hier im Keller tun, warum lassen wir die Funde dann nicht im Keller?«, fragte mein Bruder beiläufig.

Damit nahm unser Gespräch plötzlich eine interessante Wende. Wir hatten ein Druckmittel der Stadt gegenüber: Entweder sie würde beim Aufbau des Grabmals einlenken oder wir würden die Kaufverhandlungen abbrechen und dauerhaft ein Privatmuseum einrichten. Es war nun an der Zeit, unsere Eltern in diese neue Strategie einzubinden.

Die Nachricht vom geplanten Abbruch der Verkaufsverhandlungen verfehlte ihre Wirkung nicht: Kulturdezernent Dr. Kurt Hackenberg wünschte eine persönliche Unterredung mit unseren Eltern. Professor Doppelfeld kam unangemeldet zu uns nach Hause und bat uns, die Entscheidung nochmals zu überdenken. Selbst Professor Kähler wurde vorstellig: Er war von städtischer Seite gebeten worden, seine guten Kontakte zu uns Ausgräbern zu nutzen, um eine Fortführung der Verkaufsverhandlungen zu erreichen.

Wir und unsere Eltern ließen jedoch keinen Zweifel daran aufkommen, dass einzig eine Zusage der Stadt Köln, das Poblicius-Grabmal vollständig aufzubauen, uns zum Einlenken bewegen könne. Um zu unterstreichen, wie wichtig uns ein vollständiger Aufbau war, und um einen Eindruck davon zu geben, wie das komplett errichtete Grabmal wirken würde, übergaben wir unseren dritten Rekonstruktionsversuch an die Stadt.

Der Abbruch der Verkaufsverhandlungen war offenbar weit über die Stadtgrenzen bekannt geworden, denn sehr bald meldeten sich Sachverständige aus Kunst- und Antiquitätenhandel, die Interesse an einzelnen Fundstücken zeigten und dafür Summen boten, die weit über der Summe lagen, die Professor Petrokovits vom Bonner Landesmuseum für das gesamte Grabmal ermittelt hatte.

Bei Stadt und Römisch-Germanischem Museum herrschte helle Aufregung, als ein Gebot eines reichen amerikanischen Privatmanns allein für die Poblicius-Statue in Höhe von 1 Million DM bekannt wurde. Nur durch unsere unmissverständliche Zusicherung, dass der Fund auf jeden Fall als Ganzes erhalten bleibe und keinesfalls Köln verlasse, beruhigte sich die Situation wieder ein wenig.

Das hohe Angebot hatte auch zur Folge, dass die Stadtverwaltung plötzlich Handlungsbedarf sah. Zu groß war wohl die Angst, dass unser Lokalpatriotismus bei den hohen Geboten für das Grabmal doch einmal ins Wanken geraten könnte. Als wir die Nachricht erhielten, dass die Umplanung des Museums begonnen hatte, um das Grabmal vollständig aufbauen zu können, konnten wir das kaum glauben.

Professor Hugo Borger hatte zwischenzeitlich die Leitung des Römisch-Germanischen Museums übernommen. Er beauftragte einerseits eine Anhebung der Dachkonstruktion des neuen Museums, damit das Grabmal in voller Höhe von 14,70 Metern aufgestellt werden konnte, und er beauftragte andererseits Dr. Gundolf Precht als jüngstes Mitglied der Museumscrew mit dem Wiederaufbau des Poblicius-Grabmals. Dem jungen Archäologen Precht waren bei seinem Vorgehen für Aufbau und Gliederung des Bauwerks extrem enge Grenzen gesetzt: Schon bei der Umplanung des Museums war Professor Kählers Rekonstruktion, die er 1970 in der Zeitschrift *Antike Welt* veröffentlicht hatte, als unumstößliche Prämisse zugrunde gelegt worden. Die Richtigkeit von Kählers Rekonstruktion stand nicht nur damals außer Frage, sondern wurde auch in den 47 Jahren danach von keinem Archäologen und in keiner Veröffentlichung über das Poblicius-Grabmal jemals in Zweifel gezogen.

Nach dem Beginn der Umplanungen zum Aufbau des Grabmals drängte die Stadt Köln zur Wiederaufnahme der Verkaufsverhandlungen. Und nach Monaten der Verhandlung konnte dann bezüglich des Kaufpreises Einigkeit erzielt werden. Wir hatten unser Versprechen wahr gemacht und trotz weitaus höherer Gebote unsere Fundstücke an die Stadt Köln verkauft. Diejenigen, die uns allzu gerne kommerzielle Beweggründe für die Grabung und den Verkauf unterstellt hätten, mussten nun feststellen, dass sie sich geirrt hatten.

Als bald darauf die Überführung unserer Fundstücke ins Depot des Römisch-Germanischen Museums anstand, schlossen wir unser Privatmuseum, durch das wir bis dahin insgesamt über 15 000 Besucher geführt hatten. Mit Wehmut verfolgten wir den Abtransport unserer Fundstücke, aber letztendlich überwog die Freude darüber, dass unser Grabmal bei der Eröffnung des neuen Museums vollständig zu sehen sein würde.

Die vom Museum beauftragte Spedition schickte ihre stärksten Männer, die die Quader teilweise über Hof und Garten zum Severinswall, teilweise über den Hausflur zum Chlodwigplatz abtransportierten. Mein Bruder Heinz, Toni, Bernhard und ich überwachten die Transportaktivitäten. Wir wollten unbedingt sicherstellen, dass es nicht zu Schäden an unseren Fundstücken kam, denn die Spediteure waren zwar

Abtransport der Quader zum Römisch-Germanischen Museum.

für Schwertransporte ausgebildet, aber sicher nicht für so sensible Schwergewichte aus Kalkstein.

Im Flurbereich konnten wegen der engen Platzverhältnisse weder Schwerlastdielen ausgelegt noch konnten Hubwagen eingesetzt werden, wegen der Beschädigungsgefahr für die Bodenfliesen. Wir schlugen vor, unsere Eisenrollen zu benutzen, da deren Flächenpressung auf die Fliesen weitaus geringer war.

Die kräftigen Spediteure mühten sich redlich, einen ersten Quader damit zu bewegen, aber immer wieder rollte der Stein zur Seite oder setzte auf dem Boden auf, da sich eine der Rollen unter dem Quader herausgedreht hatte. Bernhard und ich konnten nun nicht mehr ruhig dabeistehen, denn eine verkantete Eisenrolle hätte bei dem weichen Kalkstein zu Abplatzungen führen können. Die drei Herren schauten erstaunt, als wir sie aufforderten, zur Seite zu treten, aber sie folgten bereitwillig und verfolgten gespannt, was dann geschah.

Während ich hinter dem Quader mit Holzkeilen ein Rückrollen verhinderte, legte Bernhard vorne mit einer Hebelstange drei neue Eisenrollen unter den Quader. Vor dem Quader wurden dann auf dem vorher noch gekehrten Boden weitere Eisenrollen im Abstand von 25 Zentimetern ausgelegt – in geraden Flurabschnitten exakt rechtwinklig zur Flurwand, in Kurven im Abstand von 20 Zentimetern in dem Winkel, den der Quader beim Rollen seitlich ausschwenken sollte. Dann war es so weit: Über 30 Rollen lagen in exakter Position, die Bernhard nochmals prüfte. Dann stellte er sich zu den Spediteuren auf die Treppe zum ersten Stock und gab sein Okay.

Ich entfernte die Holzkeile unter dem Quader, stemmte mich gegen die Seitenwände des Flures und gab dem Quader mit dem rechten Bein einen Stoß. Wie von Geisterhand geführt rollte der Quader erst zwei Meter geradeaus, verschwenkte leicht um den Treppenabsatz herum und rollte nach einem Meter langsam aus. Mit einem weiteren Stoß rollte er dann weitere drei Meter, bis er kurz vor dem Hauseingang langsam zum Stehen kam. Für Bernhard und mich war nun klar, dass wir auch bei den weiteren Quadern, die durch den Flur abtransportiert werden sollten, assistieren mussten. Mein Bruder Heinz und Toni überwachten derweil den Transport der Quader, die per Hubwagen über Hof und Garten abtransportiert wurden.

Schon kurz nach der Überführung der Fundstücke Ende 1970 erreichte uns die schreckliche Nachricht, dass der Kopf der Poblicius-Statue aus dem Depot des Museums gestohlen worden war. Einige Tage später wurde das Diebesgut dem Kunsthandel angeboten und gottlob unterrichtete der ehrliche Kunsthändler umgehend die Polizei und das Römisch-Germanische Museum. Der Dieb, ein am Museumsneubau beteiligter Bauarbeiter, wurde festgenommen und der Kopf des Poblicius kam in den Tresor des Museums.

Vierter Rekonstruktionsversuch 1971

Im Jahr 1971 unternahm ich einen vierten Rekonstruktionsversuch mit einer noch größeren Detaillierung als bei den vorherigen Rekonstruktionen: Die Zeichnungen mit waagerechten Schnitten durch Sockel-, Ober- und Dachgeschoss ließen für jede einzelne Quaderschicht die Quaderabmessungen und ihre Zuordnung zu Vorder-, Seiten- und Rückwand erkennen. Die Statuen hatte ich bei meinen vorangegangenen Rekonstruktionen zwei und drei auf ca. 60 Zentimeter hohen Sockeln an der Rückwand des Säulengeschosses platziert.

Nach detaillierter Untersuchung der Statuen stellte ich fest, dass diese auf reine Frontsicht gearbeitet waren. Ihre Seitenflächen zeigten nur noch im ersten Drittel zur Front eine exakte Bearbeitung und gingen dann in eine extrem grobe Bearbeitung über. Eine freie Sicht auf die Seiten der Statuen schied damit aus. Aus diesem Grund platzierte ich sie nunmehr in Nischen, die in der Rückwand der Aedikula in einer Höhe von 58 Zentimetern oberhalb der Quaderreihe 11 vorhanden gewesen sein müssen. Ein Maßvergleich hatte ergeben, dass die Quaderreihen 12, 13 und 14 mit einer Höhe von 1,84 Metern exakt der Höhe der Poblicius-Statue entsprachen, deren oben abgeflachter Kopf ein weiteres Indiz für die Aufstellung in einer Nische lieferte.

Darüber hinaus fügte ich, in Anlehnung an das Rufus-Grabmal in Sarsina, auf das Professor Kähler uns aufmerksam gemacht hatte, eine Bodenplatte für das Ober- und das Dachgeschoss ein, wodurch die turmartige Struktur des Grabmals nochmals unterstrichen wurde.

Mit der Fertigstellung dieser Rekonstruktion und deren Übersendung an das Römisch-Germanische Museum musste ich, da mich mein Beruf als junger Ingenieur sehr forderte, meine Beschäftigung mit dem Poblicius-Grabmal einstellen.

Danach wurde es erst einmal ruhig um Lucius Poblicius – bis auf zwei Zeitungsartikel, die über den Fortschritt der Wiederaufbaumaßnahmen berichteten. Als das Römisch-Germanische Museum schließlich 1974 eröffnet wurde, war das Poblicius-Grabmal, wie erwartet, neben dem Dionysos-Mosaik ein Hauptanziehungspunkt des neuen Hauses.

Diesem nahezu vollständigen römischen Grabmal mit seiner imposanten Höhe von 14,70 Meter gegenüberzustehen, war – und ist weiter-

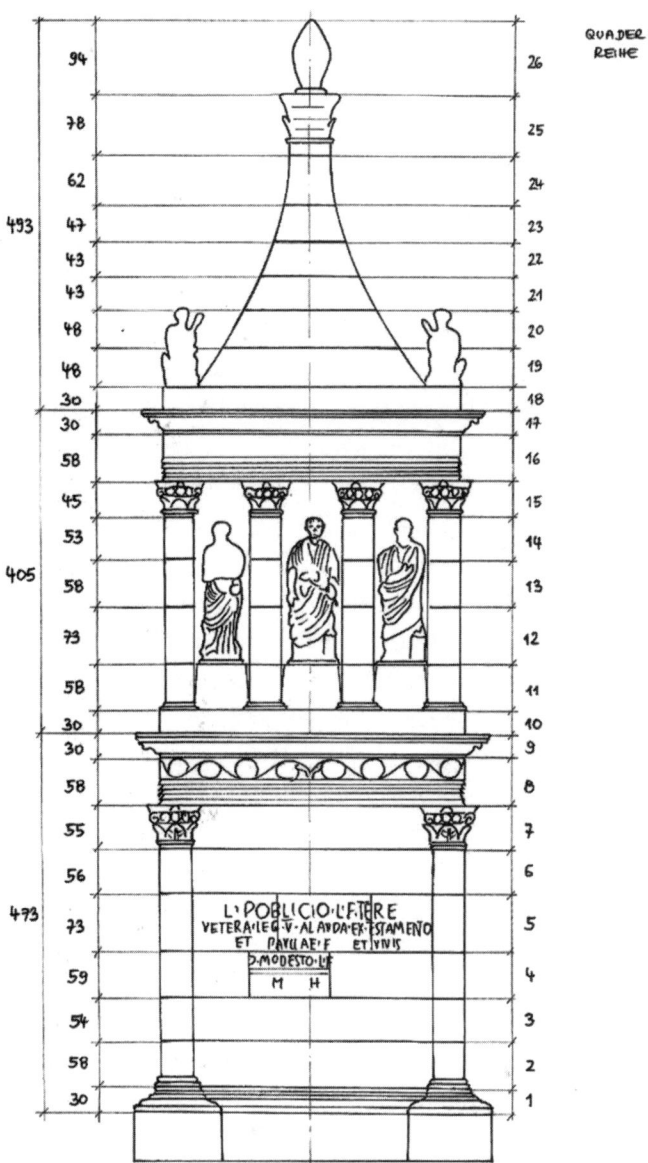

94
78
62
493 47
43
43
48
48
30
30
58
45
53
405 58
73
58
30
30
58
55
56
473 73
59
54
58
30

26
25
24
23
22
21
20
19
18
47
16
15
14
13
12
11
10
9
8
7
6
5
4
3
2
1

QUADER-
REIHE

L·POBLICIO·L·F·TARE
VETERA·LEG·V·ALAVDA·EX·ESTAMENO
ET   PAVLAE·F   ET·VIVIS
D·MODESTO·LE
M   H

Vierter Rekonstruktionsversuch von Josef Gens, 1971,
links die Höhenangabe in Zentimetern, rechts die Nummerierung der Quaderreihen.

hin – für jeden Besucher ein Erlebnis. Museumsleitung und Mitarbeiter wurden mit Lob überhäuft und das zu Recht, denn das neue Römisch-Germanische Museum mit seiner von Professor Hugo Borger erdachten modernen Ausstellungskonzeption war, nicht nur bezogen auf das Poblicius-Grabmal, europaweit richtungweisend.

Schon wenige Jahre nach Fertigstellung des Museums gab es bezogen auf die Rekonstruktion des Poblicius-Grabmals durch Dr. Precht erste kritische Stellungnahmen aus dem Kreis seiner Fachkollegen. Diese bezogen sich nicht auf die generelle Richtigkeit der Rekonstruktion – der von Kähler vorgegebene Aufbau des Grabmals wurde ja nie in Frage gestellt –, sondern sie bezogen sich auf Quaderzuordnungen, die Precht vorgenommen hatte.

In allen vor 1974 entstandenen Rekonstruktionen des Poblicius-Grabmals war als Bekrönung ein Pinienzapfen vorgesehen, der bei den römischen Grabmälern im Rheingebiet, aber auch im italischen Raum vielfach belegt ist. Selbstverständlich sind auch römische Grabbauten belegt, die durch eine Aeneas-Gruppe bekrönt wurden, aber die von Precht auf der Spitze des Poblicius-Grabmals platzierte Aeneas-Gruppe datierte, wie der Archäologe Peter Noelke 1976 nachwies, aus der Mitte des dritten Jahrhunderts, also zwei Jahrhunderte später als das Poblicius-Grabmal.

Neben Noelke beschäftigten sich auch die Archäologen Hanns Gabelmann, Brigitte und Hartmut Galsterer sowie Nora Andrikopoulou-Strack mit dem Aufbau des Poblicius-Grabmals. Letztere untersuchte 1983/84 im Rahmen ihrer Dissertation die Grabbauten des ersten Jahrhunderts im Rheingebiet und dabei natürlich auch sehr detailliert das Poblicius-Grabmal im Römisch-Germanischen Museum. Sie kam zu dem Ergebnis, dass nicht nur die Aeneas-Gruppe auf der Grabmalspitze nicht zum Grabmal gehört, sondern sie ordnete auch die an der rechten Seitenwand des Untergeschosses eingebaute Gebälkplatte Nr. 14 und die an der rechten Seitenwand des Obergeschosses eingebaute Gebälkplatte Nr. 21 einem anderen Grabbau zu. Dieser musste, wie sie, aber auch

schon Joseph Klinckenberg im Jahr 1902 vermutete, direkt neben dem
Poblicius-Grabmal gestanden haben.

Darüber hinaus stellte Andrikopoulou-Strack auch die Zugehörigkeit
eines an der linken Seite des Sockelgeschosses verbauten Architravs
sowie des auf der rechten Seite des Sockelgeschosses verbauten Quaders
Nr. 127 mit der Darstellung einer geflügelten Fruchtbarkeitsgöttin in
Frage, der 1884 am Chlodwigplatz gefunden worden war. Die Zuordnung des Quaders Nr. 127 war offenbar so zweifelhaft, dass die Museumsleitung den Quader bald mit einer Stuckabdeckung versah.

Bei einem am Ende der rechten Seitenwand des Sockelgeschosses
integrierten Architrav stellte Frau Andrikopoulou-Strack als Fundort
»Arnoldshöhe« fest, womit seine Zugehörigkeit zum Poblicius-Grabmal
sicher ausgeschlossen werden konnte.

Bei der Analyse der Precht-Rekonstruktion bemerkte ich zudem,
dass dieser Quader fälschlicherweise mit der Nr. 7 gekennzeichnet war.
Der von uns gefundene Rankenarchitrav Nr. 7 befindet sich nicht auf
der Rückseite des Grabmals – wie Precht das in seiner Rekonstruktionszeichnung angegeben hatte –, sondern ist beim Wiederaufbau im Vorderteil der rechten Seitenwand eingebaut worden.

Andrikopoulou-Strack führte die Fehlzuordnungen darauf zurück,
dass Precht davon ausgegangen sei, dass alle am Chlodwigplatz gefundenen Quader, auch die, die bereits 1884 gefunden wurden, zu einem
einzigen Grabbau gehörten. Diese Annahme konnte richtig sein, erklärte aber nicht Prechts Zuordnung von Quadern, deren Fundzeitraum
und -ort definitiv nicht zum Poblicius-Grabmal passten. Vermutlich war
bei Precht durch den Wunsch, das Poblicius-Grabmal so komplett wie
möglich darzustellen, die wissenschaftliche Genauigkeit in den Hintergrund getreten.

Dies war leider auch in Prechts Buch *Das Grabmal des L. Poblicius*
zu spüren: Precht hatte darin neben seiner Rekonstruktion von 1975 lediglich Professor Kählers Rekonstruktion aus dem Jahre 1934 und meine
beiden ersten Rekonstruktionsversuche aus den Jahren 1967 und 1968

abgebildet. Vergeblich sucht man meinen dritten und vierten Rekonstruktionsversuch von 1969 und 1971 und die Kählersche Rekonstruktion von 1970.

In den Quellenangaben seines Buches fehlt auch der Hinweis auf die
detaillierte Beschreibung zu meiner Rekonstruktion von 1967, siehe Anhang, und die Ergebnisse meiner Quaderrecherche mit der Zuordnung
weiterer 14 Quader zum Poblicius-Grabmal gemäß Antwortschreiben
des Landesmuseums Bonn vom 16.07.1968. Beide Unterlagen waren
dem Römisch-Germanischen Museum zeitnah zur Verfügung gestellt
worden.

Und besonders bedauerlich: Es fehlte die Erwähnung unserer Funddokumentation aus dem Jahr 1967 – deren Quadernummerierung
Nr. 1 bis 58 Precht für seine Rekonstruktion übernommen hatte.

40 JAHRE SPÄTER –
DIE SUCHE NACH NEUEN ERKENNTNISSEN

Über 40 Jahre standen in meinem Leben Beruf und Familie im Vordergrund und ließen für weitere Forschungstätigkeiten keine Zeit, abgesehen von einigen Vorträgen über die Entdeckungsgeschichte. Mit meiner Pensionierung Ende 2005 sollte das anders werden. Ich beschloss, dort anzuknüpfen, wo ich 1970/71 aufgehört hatte, denn es hatte damals eine Vielzahl von Fragen gegeben, die bei den Rekonstruktionen offengeblieben waren.

Die neue Quader-Recherche
Unsere 70 Fundquader waren weitgehend erforscht. Spezifische Details und Besonderheiten hatten wir in unserer 1967/68 erstellten Funddokumentation beschrieben. Mir ging es deshalb zunächst darum, weitere Erkenntnisse über die bereits in der Zeit von 1884 bis 1886 gefundenen Quader zu erhalten. Dabei suchte ich schwerpunktmäßig nach Detailbeschreibungen von Mustercharakteristika sowie nach authentischen Grabungsberichten und genaueren Fundortangaben. Im archäologischen Institut der Universität Köln und in der Universitätsbibliothek gab es dazu umfangreiche Veröffentlichungen, die ich zum Teil schon seit Ende der 1960er-Jahre kannte. Darüber hinaus stellte ich mir natürlich die Frage, ob eventuell weitere Quader des Poblicius-Grabmals in Archiven oder Depots des Landesmuseums Bonn und des Römisch-Germanischen Museums zu finden waren.

In der Bibliothek des Archäologischen Instituts begann ich, die Werke der Archäologen Klinckenberg und Lehner, aus denen wir schon 1968 wesentliche Erkenntnisse gewonnen hatten, nochmals durchzuarbeiten. Besonderes Augenmerk richtete ich diesmal auf die Querverweise zu den Archäologen Joseph Klein und Heinrich Düntzer und deren Veröffentlichungen in den *Bonner Jahrbüchern*.

Zur besseren Übersicht übertrug ich alle relevanten Daten, Querverweise und neu gewonnenen Erkenntnisse in eine Datei. Soweit Fotos der Quader in den Jahrbüchern vorhanden waren, speicherte ich diese gemeinsam mit den ermittelten Daten ab. Schon bald wurde deutlich, dass die Fundangaben aller Archäologen zu Ort und Datum sehr pauschal und unpräzise erfasst waren.

Lehner zum Beispiel schreibt als Fundort für die Quader mit den Nummern 879 bis 901 lediglich »Chlodwigplatz« oder »vor dem Severinstor«. Auffällig war auch, dass die Quader ohne erkennbare Systematik mal im Bonner Provinzialmuseum (dem Vorläufer des Bonner Landesmuseums) mit der Kennzeichnung BPM und mal im Wallraf-Richartz-Museum (dem Vorläufer des Römisch-Germanischen Museums) mit der Kennzeichnung MWR eingelagert worden waren.

Natürlich leitete sich daraus die Frage ab, was in den Jahren 1884 bis 1886 baulich und fundtechnisch am Chlodwigplatz geschehen war. Aus der Fundsituation auf dem Grundstück Chlodwigplatz 24 wussten wir, dass man damals beim Aushub der Pfeilerfundamente für das neue Haus auf römische Quader gestoßen war, denn unter zwei der Pfeilerfundamente des 1885 erbauten Elternhauses hatten wir römische Quader entdeckt, die beim Bau des Hauses wohl im Erdreich belassen worden waren, um die Fundamente darauf aufzusetzen.

Die Erkenntnis, dass man damals einige Quader geborgen, andere aber bewusst im Erdreich belassen hatte, warf aber zahlreiche neue Fragen auf: Warum hatte man 1884 und in den Folgejahren nicht alle gefundenen Quader geborgen? Wollte man den Baufortschritt nicht verzögern? War es Gleichgültigkeit oder fehlendes Interesse an römischen Funden? Warum waren die Fundangaben so unpräzise? Warum waren die geborgenen Quader in verschiedenen Museen gelandet? Und warum hatten die Archäologen Lehner, Klinckenberg, Klein und Düntzer vor ihren Veröffentlichungen ab 1900 keine Zeitzeugen von 1884 bis 1886 befragt, um die Fundorte der Quader zu präzisieren?

Als wahre Fundgrube für diese Fragen erwiesen sich die Veröffentlichungen von Joseph Klinckenberg. Er führte weitere Quaderfunde aus dem Bereich Severinstraße, Severinswall und Chlodwigplatz auf und äußerte die Vermutung, dass die am Chlodwigplatz gefundenen Quader nicht einem, sondern zwei oder sogar drei verschiedenen Grabbauten zuzuordnen seien.

Professor Kähler hatte 1968 bereits auf die Vermutungen Klinckenbergs zu weiteren Grabmälern hingewiesen, und auch Precht erwähnte diese in seinem Buch über das Poblicius-Grabmal, ohne ihnen jedoch weitere Beachtung zu schenken, denn er ordnete alle Fundquader vom Chlodwigplatz einem einzigen Grabmal zu. Klinckenberg schreibt:

> *Zu den großartigsten Grabdenkmälern Kölns gehören diejenigen, deren Überreste sich am Chlodwigplatz gefunden haben. Hier erhoben sich wenigstens drei, oben mit Schuppendächern abschließende Grabtürme, von denen einer die geringere, die zwei andern größere Dimensionen aufwiesen.*

Klinckenberg ordnet einem größeren der Grabbauten insgesamt acht Quader zu, darunter die bei Lehner aufgeführten Nummern 881 bis 886. Die restlichen Quader lässt er, obwohl der gleiche Fundort »vor dem Severinstor« angegeben ist, dagegen in der Zuordnung offen.

Mit diesen gesammelten Daten beschloss ich nach über 40 Jahren erneut Kontakt zum Landesmuseum Bonn aufzunehmen. Frau Dr. Susanne Willer, zuständig für provinzialrömische Architektur, übersandte ich meinen Schriftverkehr mit dem Landesmuseum aus dem Jahr 1968 über die Lehner-Quader und eine Liste der neuen Fragen, die ich gerne klären wollte.

Allein schon Frau Dr. Willers Hinweis auf eine Datenbank des Kölner Archäologischen Instituts mit dem Namen »Arachne« war für mich interessant, denn dort waren unter »Poblicius-Grabmal« zahlreiche Quader abgebildet und beschrieben. Richtig interessant wurde es bei der Frage nach dem Verbleib des bei Lehner unter der Nummer 879 verzeichneten Triton. War dieser Quader mit den anderen Fundstücken von 1884 mit Fundort Chlodwigplatz im Jahr 1938 im Rahmen eines

Austauschs ins Kölner Wallraf-Richartz-Museum gelangt? Oder war er 1972 dem Römisch-Germanischen Museum für den Aufbau des Poblicius-Grabmals übergeben worden?

Frau Dr. Willer stellte nach Durchsicht verschiedener Dateien fest, dass der Triton noch im Besitz des Landesmuseums war und am 10.04.2008 in dessen neues Außenlager Meckenheim eingelagert worden war. Das Kölner Römisch-Germanische Museum hatte 1972 für den Wiederaufbau des Poblicius-Grabmals zwei Kopien bekommen. In der gleichen Datei fand Frau Dr. Willer einen weiteren wichtigen Vermerk: Das Bonner Provinzialmuseum hatte den Triton am 09.05.1885 von einem Josef Scheidtweiler aus Köln angekauft.

Auf dem Heimweg ließ mich der Name Josef Scheidtweiler nicht zur Ruhe kommen. Der Name kam mir in irgendeiner Weise bekannt vor, aber so sehr ich auch überlegte, ich fand erst einmal keinen Ansatz. Dann fiel mir das Preußische Ausgrabungsgesetz ein, das bei uns, aber auch schon Ende des 19. Jahrhunderts gültig gewesen war. Nach diesem Gesetz gehörten beim Fund römischer Relikte 50 Prozent dem Grundstückseigentümer und 50 Prozent dem Finder. Wenn Josef Scheidtweiler der Verkäufer des Triton war, dann lag es nahe, dass er auch Finder, in jedem Fall aber Eigentümer des Grundstücks war, auf dem der Triton gefunden worden war.

Wenn man also herausfinden könnte, welches Grundstück am Chlodwigplatz 1884/85 diesem Josef Scheidtweiler gehört hatte, dann wäre damit der Fundort des Triton genauer zu lokalisieren. Beim Katasteramt wurde ich ans historische Stadtarchiv verwiesen, dem alle Flurkarten aus dieser Zeit übergeben worden waren. Ehe ich dort allerdings tätig werden konnte, war das Archiv 2009 durch den U-Bahn-Bau eingestürzt.

Mein Bruder Heinz konnte den Namen Scheidtweiler sofort zuordnen. Er wusste aus dem Buch *Die Mauer von Cöln* von Engelbert Greis, dass die damaligen Grundstücksspekulationen zwischen dem preußischen Staat als Besitzer der Festungsanlagen, der Stadt Köln und den Stadtverordneten beschreibt, dass Scheidtweiler Ende des 19. Jahrhunderts Stadtverordneter in Köln war. Scheidtweiler hatte, wie auch seine

Kollegen Kaesen und Haubrich, schon 1881, vor der Niederlegung der mittelalterlichen Stadtmauer, von der Stadt Köln preiswert große Grundstückflächen erworben. Teile davon wurden bebaut und gewinnbringend veräußert, als die Preise für diese Flächen enorm gestiegen waren. Teile davon wurden aber auch der Stadt Köln zurückgeschenkt. Als Dank dafür waren dann die Scheidtweilerstraße, Kaesenstraße und der Haubrichhof nach den »großzügigen Spendern« benannt worden.

Die Arachne-Datei

Mit der Zugangsberechtigung für die Arachne-Datenbank konnte ich unter dem Suchbegriff »Poblicius« dort insgesamt 94 gespeicherte Datensätze finden: 84 zeigten Quader des Poblicius-Grabmals und 10 Quader, die zu ähnlichen Grabbauten gehörten.

Weiterhin stellte ich fest, dass bei 39 der 84 Datensätze des Poblicius-Grabmals die zugehörigen Fotos und darüber hinaus Daten fehlten oder falsch dokumentiert waren. Ferner waren weitere 29 Quader, die wir in unserer Funddokumentation von 1967 aufgeführt hatten, in der Arachne-Datei weder schriftlich noch fotografisch aufgeführt. Ich bot dem Archäologischen Institut deshalb an, entsprechende Daten zu vervollständigen. Professor Dr. Reinhard Förtsch, Leiter des Instituts, sowie der ehemalige Leiter des Instituts, Professor Dr. Henner von Hesberg, waren darüber hocherfreut. Mit der Vereinbarung, dass die Publikationsrechte für die Fotos mein Eigentum blieben, überstellte ich alle schriftlichen Korrekturen und Ergänzungen in meiner Datei und alle bis dahin fehlenden Quaderfotos als Bilddateien an das Archäologische Institut. Dort sorgte man umgehend für die Aufnahme in die Arachne-Datenbank, wo sie seitdem für weitere Forschungen über das Poblicius-Grabmal zur Verfügung stehen.

Bildarchiv und Inventarbücher im Landesmuseum Bonn

Bei meinem nächsten Besuch im Landesmuseum Bonn öffnete mir Frau Dr. Willer den Zugang zu Bildarchiv und Bibliothek. Die Fotobücher

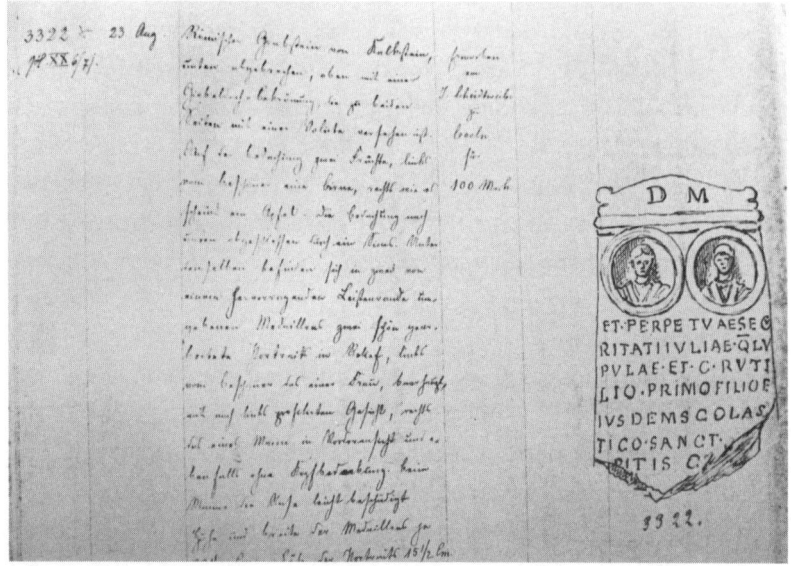

Auszug aus einem Inventarbuch des Bonner Landesmuseums:
Grabstein BPM 3322 mit Fundort Chlodwigplatz.

aus der Zeit zwischen 1860 und 1900 zeigten Bilder fast aller in dieser
Zeit gefundenen oder erworbenen Reliefquader mit entsprechender Ar-
chivierungsnummer des Bonner Provinzialmuseums (BPM-Nummer).
Meine Hoffnung, dort eventuell weitere Fotos von Quadern des Poblicius-Grabmals zu finden, die bisher wegen fehlender Fundortangabe
nicht zuzuordnen waren, erfüllte sich leider nicht. Auch weitere Aufzeichnungen der Archäologen Klein und Düntzer in den Bonner Jahrbüchern brachten keine neuen Erkenntnisse.

Dies änderte sich, als ich beim nächsten Besuch die Inventarbücher
des Landesmuseums einsehen durfte. Die Inventarbücher der Zeit zwischen 1860 und 1900 waren nach Fund- oder Erwerbstermin und zugehöriger Inventarnummer geordnet. Neben einer Handzeichnung des
jeweiligen Quaders oder Fundgegenstands waren in Sütterlin-Hand-
schrift die Beschreibung, die Abmessungen und der Fundort angegeben.

Bei manchen Quadern gab es sogar einen Vermerk, von wem der Quader, wann und zu welchen Preis angekauft wurde. Immer wieder tauchte dabei der Name Scheidtweiler auf, aber auch Namen wie Offermann und Herstatt.

Ich benötigte mehrere Stunden, um alle im vorgenannten Zeitraum erfassten römischen Relikte zu sichten, und erhielt die Erlaubnis, aus meiner Sicht wichtige Seiten der Inventarbücher zu fotografieren. Ich erfasste dabei auch eine Vielzahl von Relikten und Quadern mit Fundort Chlodwigplatz, die zwar nicht direkt mit dem Poblicius-Grabmal in Verbindung zu bringen waren, die aber für eine Rekonstruktion des Gräberfelds rund um das Grabmal eventuell Wichtigkeit erlangen konnten.

So fiel mir u. a. ein Grabstein mit der Inventarnummer BPM 3322 auf, den Josef Scheidtweiler am 23.08.1884 an das Bonner Provinzialmuseum für 100 Mark verkauft hatte.

22

NEUER KONTAKT ZUM RÖMISCH-GERMANISCHEN MUSEUM

Im November 2008 nahm ich Kontakt zu Professor Dr. Hansgerd Hellenkemper, dem damaligen Leiter des RGM, auf, um ihn um Erlaubnis zu bitten, meine Quader-Recherche auch im RGM fortsetzen zu dürfen. Professor Hellenkemper zeigte sich meinem Wunsch gegenüber sehr aufgeschlossen.

Er stellte detaillierte Fragen zur Poblicius-Grabung und zeigte großes Interesse an den von mir mitgebrachten Unterlagen. Sein spezielles Interesse galt dem Original meiner Funddokumentation von 1967, die er und auch Frau Dr. Naumann-Steckner noch nie gesehen hatten, wie beide glaubhaft beteuerten. Auf meinen erstaunten Einwand, dass dem RGM im Jahr 1967 ein Exemplar zur Verfügung gestellt worden sei, zog Professor Hellenkemper die Leiterin des Archivs hinzu. Sie bestätigte, sich an einen blauen Ordner mit dieser Funddokumentation erinnern zu können, über dessen Verbleib aber konnte sie nichts sagen.

Im weiteren Verlauf des Gesprächs zeigte ich Professor Hellenkemper meine bisherigen Ergebnisse zur Quadersuche bei Lehner, Klinckenberg, Klein und Düntzer und bat darum, einen Blick ins Archiv des RGM werfen zu dürfen, weil wir Ausgräber von 1968 bis 1970 viele Zeichnungen, u. a. mit Detailfundaufnahmen der Quader, ans RGM gegeben hatten, ohne eine Kopie angefertigt zu haben.

Professor Hellenkemper begleitete mich ins Archiv, wo er mir einen großen Karton mit Unterlagen zum Poblicius-Grabmal zeigte, und er führte mich zu einem Schrank, in dem alle Zeichnungen zum Poblicius-Grabmal aufbewahrt wurden.

Die erste grobe Durchsicht war für mich ernüchternd, denn viele von uns erstellte Zeichnungen schienen nicht vorhanden zu sein, was nun Professor Hellenkemper seinerseits sehr erstaunte. In der Kürze der Zeit war auch der Karton mit den Unterlagen nicht zu überblicken und ich war dankbar, dass Professor Hellenkemper mir in Aussicht stellte, bei kommenden Besuchen die Zeichnungen und Unterlagen nochmals im Detail zu sichten.

Zurück in Professor Hellenkempers Büro kamen wir nochmals auf mein wichtigstes Anliegen, die weitere Quadersuche, zu sprechen. Professor Hellenkemper schlug vor, über die Museumsdaten alle Quader mit Fundort Chlodwigplatz und Funddatum vor 1900 zu selektieren. Ich wandte ein, dass die Fundorte der Quader zwischen 1860 und 1900 sehr oberflächlich und unpräzise erfasst worden seien und dass es sicherlich einige Quader des Poblicius-Grabmals mit falscher oder ganz ohne Fundortangabe gebe, die bei dieser Vorgehensweise übersehen worden seien.

Ich erklärte ihm, dass ich durch den jahrelangen Umgang mit den Quadern diese an Reliefdetails und Abmessungen erkennen konnte, und schlug ihm deshalb vor, bei weiteren Terminen alle im Depot des RGM gelagerten Quader zu sichten, nach vermeintlichen Quadern des Poblicius-Grabmals zu selektieren und erst zum Schluss über die Daten des RGM zu prüfen, ob sich bei den selektierten Quadern über Fundort oder Funddatum ein Zusammenhang zum Poblicius-Grabmal herstellen ließe. Professor Hellenkemper erklärte sich mit dieser Vorgehensweise einverstanden.

Eher zurückhaltend war seine Reaktion dagegen, als ich auf den Triton im Bonner Landesmuseum zu sprechen kam. Mein Vorschlag, das Original im Rahmen eines Quadertauschs mit dem Landesmuseum nach Köln zu holen, fand erstaunlicherweise wenig Anklang. Dabei war ich mir sicher, dass die Möglichkeit, einen der beiden Triton-Abgüsse am Dach des Grabmals durch ein Original ersetzen zu können, jeden Archäologen begeistern musste. Offenbar war ein gewisses Konkurrenzdenken zwischen Landesmuseum Bonn und Römisch-Germanischem Museum, das ich schon vor 40 Jahren gespürt hatte, immer noch vorhanden.

Unterlagensuche im Archiv des RGM
Bereits am 07.01.2009 hatte ich die Möglichkeit, im Archiv des RGM die Poblicius-Unterlagen gründlich zu sichten, und die Erlaubnis, wich-

tige Dokumente abzufotografieren. Schon zwei Tage später unterrichtete ich das Museum über die Ergebnisse: Ich vermisste diverse Fundlagepläne, Detailzeichnungen mit Fundaufnahme der Quader, meine Rekonstruktion von 1971 und auch die Ergänzung unserer Funddokumentation von 1968 war nicht vorhanden. Gefunden hatte ich im Archiv wohl unsere ursprüngliche Funddokumentation von 1967 mit den Nummern 1 bis 58, allerdings nicht mehr erkennbar als geschlossenes Werk, sondern in losen Blättern, die nur noch schwer einen Bezug zu Autor und Herkunft zuließen.

Bei meinem nächsten Besuch im Archiv des RGM ging es darum, Fragen, die sich aus dem ersten Besuch ergeben hatten, zu klären und die restlichen Dokumente einzusehen.

Dabei stieß ich u. a. auf Abschriften zweier Schreiben aus dem Jahr 1884. Das erste Schreiben datierte vom 26.07.1884 und war mit Stübben unterzeichnet. Mir war sofort klar, dass es sich hier um Hermann Josef Stübben handeln musste, den damals für die Niederlegung der mittelalterlichen Stadtmauer und die Neubebauung zuständigen Stadtbaumeister. Der hochinteressante Text bestätigte das. Stübben schrieb:

Auf der Baustelle von Herrn Scheidtweiler am Chlodwigplatze haben wir für Rechnung der Stadterweiterung einige römische Architekturstücke ausgegraben, aber geglaubt, weitere Nachgrabungen, welche den Ankäufer des Platzes im Bauen behindern, aufgeben zu wollen.   *gez. Stübben*

Ich beabsichtige nicht, die Ausgrabungen über den bisherigen Umfang hinaus für Rechnung der Stadt fortsetzen zu lassen.
Köln, den 26. Juli 1884   *gez. Unterschrift*

Das zweite Schreiben datierte vom 05.08.1884 und war mit »Scheidtweiler« unterzeichnet. Er schrieb:

Geehrter Herr Dr. Klein!
Ich habe ein Grabmal mit Inschrift gefunden. Es ist mir schon
ein Gebot gemacht worden, wenn Sie meinen Wünschen ent-
sprechen, haben Sie den Vorzug.
Kommen Sie gleich nach hier.
Hochachtungsvoll grüßend   gez. Scheidtweiler

Ich las diese beiden Schreiben immer wieder und konnte kaum glauben, was ich gefunden hatte: Da stand nun schwarz auf weiß, dass Josef Scheidtweiler, dessen Name mir durch den Verkauf zahlreicher römischer Quader an das Bonner Provinzialmuseum bereits bestens bekannt war, einer der Bauherren und damit Grundstückseigner am Chlodwigplatz war und offenbar auch große Teile des Chlodwigplatzes angekauft hatte. Interessant war, dass Scheidtweiler die Grabung nach den römischen Architekturstücken nicht selbst bezahlt hatte, sondern sie von Stadtbaumeister Stübben auf »Rechnung der Stadterweiterung« durchführen ließ. Den Verkauf an das Bonner Provinzialmuseum führte Scheidtweiler, wie aus den dortigen Inventarbüchern zu erkennen gewesen war, aber alleine durch. Offenbar war Stübben die kostenlose Grabung für Scheidtweiler so unangenehm, dass er sie mit seinem Schreiben vom 26.07.1884 offiziell beendete.

Das zweite Schreiben vom 05.08.1884 zeigt, dass Scheidtweiler wohl auf eigene Rechnung weitergraben ließ und u. a. ein Grabmal mit Inschrift gefunden hatte, das er einem Dr. Klein anbot.

Hatte Scheidtweiler wirklich ein Grabmal mit Inschrift gefunden? Oder handelte es sich bei dem Fund eventuell nur um einen Grabstein mit Inschrift? Wer war dieser Dr. Klein?

Mir fielen die Inventarbücher des Bonner Provinzialmuseums ein, denn dort war auch ein von Josef Scheidtweiler angekaufter Grabstein verzeichnet, dessen Ankaufdatum ich aber nicht behalten hatte. Als ich zu Hause in meine Aufzeichnungen sah, wollte ich es kaum glauben:

Ankäufer des Grabsteins mit Inschrift mit der Nummer BPM 3322 war am 23.08.1884 Dr. Klein, der damalige Leiter des Bonner Provinzialmuseums, gewesen.

Das Schreiben Scheidtweilers an Dr. Klein mit dem Angebot war datiert auf den 05.08.1884, also 18 Tage früher, insofern passte Scheidtweilers Angebot zeitlich zu dem Vermerk über den Ankauf. Es gab also keinen Zweifel mehr, dass es sich damals um diesen Grabstein und nicht um ein komplettes Grabmal gehandelt hatte.

Die beiden Schreiben offenbarten vieles über die handelnden Personen: Scheidtweiler musste ein einflussreicher Mann gewesen sein, denn nur so ist zu erklären, dass Stadtbaumeister Stübben für ihn zeitweilig Grabungen auf Rechnung der Stadterweiterung durchführen ließ.

Stadtbaumeister Stübben beendet die kostenlose Grabung für Scheidtweiler mit seinem Schreiben vom 26.07.1884. Dieses offizielle Schreiben lässt vermuten, dass die kostenlose Grabung für Scheidtweiler bekannt geworden war. Das Schreiben schaffte eine eindeutige Aktenlage, die Stübben, so darf man vermuten, vor dem Vorwurf unrechtmäßiger Vorteilsgewährung bewahrte. Scheidtweiler war aber nicht nur einflussreich, sondern offenbar auch ein umtriebiger und geschickter Geschäftsmann. Im Schreiben vom 05.08.1884 versteht er es, Dr. Klein nicht nur zeitlich unter Druck zu setzen, sondern er fordert auch ein Eingehen auf seine Vorgaben. Beide Schreiben liefern auch interessante Informationen zur Aufteilung der Quader auf unterschiedliche Museen sowie zu den ungenauen Fundortangaben und den Fundumständen:

Immer wieder wurde in den vergangenen Jahrzehnten die Frage gestellt, warum in den Jahren 1884 bis 1888 ein Teil der gefundenen Quader in das Kölner Wallraf-Richartz-Museum und ein Teil der Quader ins Bonner Provinzialmuseum gelangt waren. Man darf mit Recht annehmen, dass alle Quader, die Stübben auf Kosten der Stadt Köln ausgraben ließ, also bis zum Stichtag 26.07.1884, in das Kölner Wallraf-Richartz-Museum gelangt waren. Bestätigt wird dies durch die

Bonner Inventarbücher, denn hier beginnt der Ankauf der Kölner Quader erst mit dem Grabstein BPM 3322 am 23.08.1884. Alle weiteren Ankäufe aus Köln liegen zeitlich später.

Man darf des Weiteren annehmen, dass Scheidtweiler heimlich weitergegraben hat und Dr. Klein, den Leiter des Bonner Provinzialmuseums, darüber zu Stillschweigen verpflichtete.

Wie gut diese Abmachung auch bei den weiteren Quaderankäufen funktionierte, zeigt sich auch an den unpräzisen Fundangaben in den Bonner Jahrbüchern aus dieser Zeit, denn Scheidtweiler war wohl kaum daran gelegen, die Herkunft seiner Fundstücke preiszugeben, und Dr. Klein fragte offensichtlich nicht, um bei einem Bekanntwerden der Ankäufe nicht in Schwierigkeiten zu geraten.

Die beiden Schreiben gaben ebenfalls zum ersten Mal konkrete Antworten zu den Fundumständen der Quader des Poblicius-Grabmals in den Jahren 1884 bis 1888. Von städtischer Seite war vermutet worden, dass die Quader bei der Niederlegung der mittelalterlichen Stadtmauer 1883/84 gefunden worden waren. Wir Ausgräber hatten dieser Annahme widersprochen: Nachdem wir einige Quader direkt unter den Pfeilerfundamenten unseres Hauses entdeckt hatten, wurde klar, dass man wohl auf diese beim Bau der Häuser 1884 gestoßen war, einige extra als Gründung im Erdreich gelassen und andere geborgen hatte.

Das Schreiben vom 26. Juli 1884 bestätigt, dass auf der Baustelle von Herrn Scheidtweiler, also bei Bauarbeiten für die neu entstehenden Häuser, Architekturstücke gefunden worden waren. Das Schreiben sagt auch, dass Nachgrabungen von Seiten der Stadt Köln das Bauen behinderten und deshalb nicht fortgesetzt wurden.

In Köln nicht bekannt wurde scheinbar, dass Scheidtweiler nach Stopp der Grabungen durch Stübben in den Folgemonaten Grabungen in Eigenregie durchführte und die gefundenen Quader nicht an das Kölner Wallraf-Richartz-Museum, sondern an das Bonner Provinzialmuseum verkaufte, wo sich wahrscheinlich ein höherer Preis erzielen ließ und niemand nach der Herkunft der Fundstücke fragte.

Depot des RGM im Dom-Bunker.

Die beiden Schriftstücke trugen also wesentlich dazu bei, die teilweise dubiosen Vorgänge rund um die zwischen 1883 und 1886 gefundenen Quader und deren Verbleib in den unterschiedlichen Museen zu erhellen.

Quadersuche im Depot

Im Januar 2009 begann ich meine Arbeit im Depot des Römisch-Germanischen Museums. Ich verbrachte mehrere Stunden dort, stieg über Paletten und Quader, die am Boden standen, kletterte in und auf Regale, vermaß und fotografierte die dort gelagerten Fundstücke. Bei allen für mich interessanten Quadern notierte ich die Bezeichnung von Depotraum, Quader-Inventarnummer, Regalnummer, Fachnummer und bei kleineren Relikten die genaue Lage im Fach. In wenigen Stunden hatte ich, am Ende ziemlich verstaubt, aus mehreren hundert Relikten 16 Quader und Quaderstücke selektiert, die von Muster und Abmessungen zum Poblicius-Grabmal gehören konnten.

Noch am selben Tag schickte ich meine Aufzeichnungen zu den 16 Quadern an das Römisch-Germanische Museum mit der Bitte, Fundort und Funddatum zu ergänzen. Anhand der Informationen der Museumsdatenbank konnte ich schließlich 9 der 16 Quader mit großer Wahrscheinlichkeit dem Poblicius-Grabmal zuordnen: fünf von ihnen über ihren Fundort Chlodwigplatz oder Severinstraße, vier mit zwar unbekanntem Fundort, aber aus meiner Sicht zuzuordnen über Reliefs und Abmessungen.

Beim nächsten Termin im Depot des Römisch-Germanischen Museums wurde mir ein Depot-Arbeiter zur Seite gestellt, der mir half, die neun Quader aus den Regalfächern zu holen, damit ich sie genauer untersuchen, vermessen und fotografieren konnte. Natürlich nutzte ich die Zeit im Depot auch, um die restlichen Quader zu begutachten, die ich bei meinem ersten Termin nicht mehr geschafft hatte. Dabei wurde ich auf fünf weitere Quader aufmerksam, die ich sofort mit in die Untersuchung einbezog: Zwei dieser Quader, deren Fundort mit Severinstraße angegeben war, konnten mit Blick auf ihre Abmessungen ebenfalls zum Poblicius-Grabmal gehören.

Bei meinen zwei Besuchen im Depot hatte ich also mehrere hundert Quader und Bruchstücke begutachtet und dabei 21 Quader selektiert, wovon elf meines Erachtens zum Poblicius-Grabmal gehören konnten. Bei sieben Quadern bestand aus meiner Sicht absolut kein Zweifel, dass sie zum Grabmal gehörten.

Bei dem Abgleich mit der Precht-Rekonstruktion stellte ich fest, dass zwei der sieben Quader, die ich nach meinem Depot-Besuch dem Poblicius-Grabmal zugeordnet hatte, bei Precht mit den Nummern 125 und 134 verzeichnet waren. Wie war es möglich, dass diese Quader im Depot lagen und gleichzeitig am Grabmal auftauchten?

Bei der weiteren Untersuchung stellte ich fest, dass die Nummer 134 mit den Füßen einer Männerstatue nur in der Rekonstruktionszeich-

Quader Nr. DS 2402 im Depot des RGM.

Precht-Quader Nr. 125 am Grabmal.

nung von Precht vorhanden war, nicht aber körperlich am Grabmal. Die Nummer 125 mit den Füßen einer Mänade war hingegen körperlich doppelt vorhanden, einmal im Depot und einmal am Grabmal. Da der am Grabmal befindliche Quader von seiner Steinstruktur den anderen Originalen sehr ähnlich war und seine Oberfläche im unteren und rechten Bereich durch Gips ergänzt war, stellte sich die Frage, ob es sich bei beiden Quadern um Originale handelte. Dies war durchaus denkbar, da römische Steinmetze nach Musterkatalogen arbeiteten und Musterdarstellungen sowohl beim gleichen Grabmal als auch bei benachbarten Grabmälern gelegentlich wiederholten.

Dank der Hilfe von Frau Dr. Naumann-Steckner, die auf meine Frage hin umgehend Kontakt zu Herrn Dr. Precht aufnahm, konnte geklärt werden, dass der im Depot liegende Originalquader DS 2402 beim Wiederaufbau des Grabmals nicht verwendet worden war, weil er, wohl schon in der Antike, in der Tiefe halbiert worden war und damit als ca. 20 Zentimeter starke Reliefplatte für die Statik des Wiederaufbaus ungeeignet war.

Alle Ergebnisse meiner Quadersuche stellte ich der Museumsleitung des RGM zur Verfügung und es wurde vereinbart, dass ich diese vor Ort im Detail erläutern sollte. Durch den plötzlichen Tod meines Bruders Heinz Ende Februar 2009 und die erforderliche Nachlassabwicklung musste ich in den Folgemonaten alle Forschungsarbeiten zurückstellen und auch im Museum fand sich kein Termin, die Ergebnisse zu besprechen.

Im Frühjahr dieses Jahres nahm ich Kontakt zu Dr. Marcus Trier, dem neuen Leiter des Römisch-Germanischen Museums, auf. Zum einen wollte ich anhand der Inventarbücher des Museums Wallraf-Richartz das genaue Eingangsdatum aller mit MWR bezeichneten Quader recherchieren. Ziel dieser Recherche war zu beweisen, dass das Schreiben von Stadtbaumeister Stübben vom 26.07.1884 wirklich den Stichtag fixiert, bis zu dem alle am Chlodwigplatz gefundenen und mit MWR bezeichneten Quader in das Wallraf-Richartz-Museum gelangt waren.

Andererseits war da mein Wunsch, im Außendepot des Römisch-Germanischen Museums nach weiteren Quadern des Poblicius-Grabmals suchen zu dürfen. Ziel dieser Recherche ist, durch konkrete Betrachtung und Maßvergleich weitere Quader dem Poblicius-Grabmal zuzuordnen, die bisher aufgrund fehlender oder falscher Fundortangabe nicht zugeordnet werden konnten.

Zum erstgenannten Thema liegen nach mehreren Besuchen im Archiv des Römisch-Germanischen Museums bereits Ergebnisse vor: Leider waren die Inventarbücher des Museums Wallraf-Richartz aus der Zeit vor 1887 im Krieg verloren gegangen, sodass ich nur die separat geführten so genannten »Stein«-Inventarbücher I und II einsehen konnte. Darin waren, als Extrakt aus den ursprünglichen Inventarbüchern, alle römischen Steindenkmäler aufgeführt – zwar in der Reihenfolge der MWR-Nummern, die aber der Eingangschronologie folgt. Ich stieß auf weitere Quader mit Fundort Chlodwigplatz, die in der nächsten Zeit noch zu untersuchen sein werden.

Zwischen den von mir betrachteten MWR-Nummern 39 bis 607 fanden sich nur bei drei Quadern mit den Nummern MWR 39, 222 und 306 ein Fund- bzw. Eingangsdatum. Dieses lautete 07.1884 bzw. Mitte 07.1884. Wichtig war auch, dass zum Quaderbruchstück MWR 306 die Bruchstücke mit den Nummern MWR 307 und MWR 571 gehörten, für die somit das gleiche Fund- bzw. Eingangsdatum angenommen werden kann. Es handelt sich bei diesen drei Bruchstücken um die 1884 am Chlodwigplatz gefundenen Füße und das Scrinium einer Statue, die Precht unter der Nummer 134 in seiner Rekonstruktion aufführt hatte.

Aus den vorgenannten Betrachtungen konnte Folgendes abgeleitet werden: Die höchste mit Fund- bzw. Eingangsdatum 07.1884 versehene MWR-Nummer ist die 571. Da die MWR-Nummernvergabe der Eingangschronologie folgt, sind entsprechend alle vor diesem Datum vergebenen MWR-Nummern mit gleichem oder eventuell früherem Fund- bzw. Einlieferdatum anzunehmen, was sich rückwirkend bis zu den Nummern 306, 307, 222 und 39 beweisen lässt.

Damit findet sich eine eindeutige Bestätigung für die am Anfang dieses Kapitels geäußerte Vermutung, dass das Schreiben von Stadtbaumeister Stübben vom 26.07.1884 wirklich den Stichtag fixiert, bis zu dem alle am Chlodwigplatz gefundenen und mit MWR bezeichneten Quader in das Wallraf-Richartz-Museum gelangt sind.

Gestützt wird auch meine These, dass Scheidtweiler nach Beendigung der offiziellen Grabungen durch Stübben weitergraben ließ, denn nur so ist zu erklären, warum ab dem 23.08.1884 alle Quaderfunde vom Chlodwigplatz nicht in Köln, sondern im Bonner Provinzialmuseum eingelagert wurden.

Weitere Untersuchungen zu den neuen Quaderfunden in Texten und vielleicht auch in den Außendepots werden in der nächsten Zeit folgen. Es gibt also noch viel zu tun.

23

WIE SAH DAS POBLICIUS-GRABMAL WIRKLICH AUS?

Parallel zur Quadersuche hatte ich die bekannten Rekonstruktionsversuche gegenübergestellt und die entsprechende Literatur zusammengetragen. Die meisten der acht Rekonstruktionen gingen von der Annahme aus, dass alle am Chlodwigplatz gefundenen Quader zu einem Grabmal gehörten. Der Hinweis von Joseph Klinckenberg aus dem Jahre 1902, dass die bereits 1884 gefundenen Quader zu mindestens zwei Grabbauten gehörten, war zwar allen Forschern bekannt, wurde aber nur, wie schon angeführt, von Nora Andrikopoulou-Strack aufgegriffen: Sie ordnete zwei 1967 von uns geborgene Gebälkplatten sowie mehrere 1884 gefundene Quader, die Precht beim Aufbau verwendet hatte, einem zweiten, möglicherweise sogar dritten Grabmal zu.

Allen Forschern bekannt war auch, dass die Statuen des Grabmals aufgrund ihrer nicht einmal halbplastischen Bearbeitung an der Rückwand der Aedikula oder in Nischen gestanden haben mussten und dass

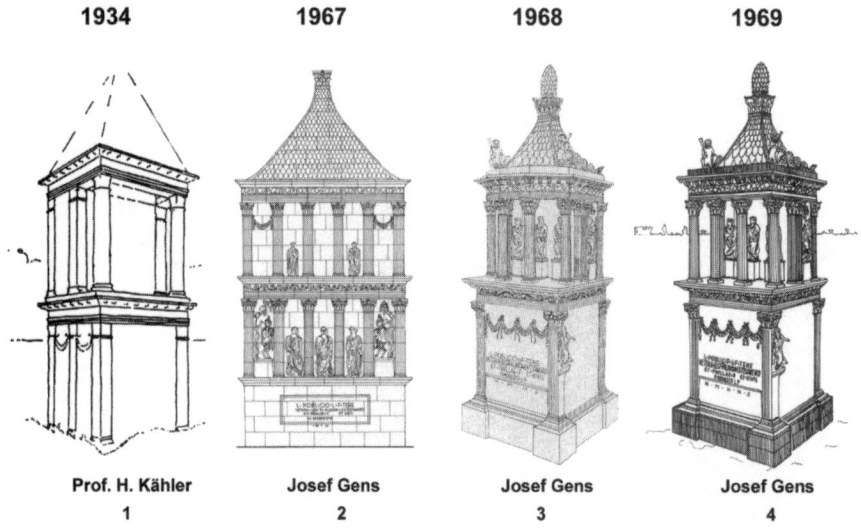

1934	1967	1968	1969
Prof. H. Kähler	Josef Gens	Josef Gens	Josef Gens
1	2	3	4

die Dübel- bzw. Ausbruchlöcher in einigen Quadern der Aedikula darauf hindeuten, dass dieses Geschoss in römischer Zeit durch Gitter zwischen den Säulen verschlossen gewesen sein musste. Geht man von einer Vergitterung des Obergeschosses aus, stellt sich automatisch die Frage nach der Höhe des Sockelgeschosses, denn eine Vergitterung in einer nicht erreichbaren Höhe ergibt keinen Sinn.

Es muss verwundern, dass so wesentliche Fragen bei den meisten Rekonstruktionen und Publikationen unberücksichtigt geblieben sind. Vielleicht wirkt hier der Nimbus von Professor Kähler nach. Dessen Rekonstruktion von 1970 in Frage zu stellen, war ja wohl ein Sakrileg für alle Kollegen, die sich nach ihm mit dem Poblicius-Grabmal befassten.

Mit der Systematik des Ingenieurs und losgelöst von wissenschaftlichen Zwängen beschloss ich, nicht nur alle eigenen Rekonstruktionen zu überprüfen, sondern die darüber hinaus bekannten Rekonstruktionen zu analysieren und dabei die Erkenntnisse aus der neueren Quadersuche zu berücksichtigen.

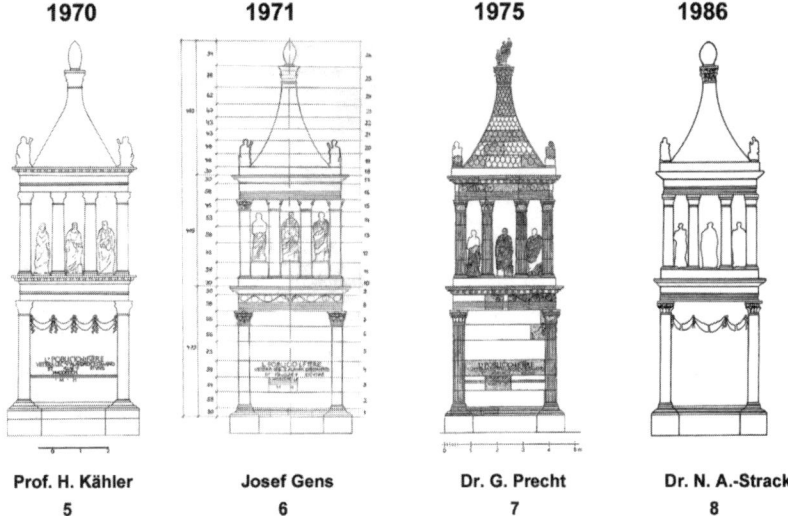

1970	1971	1975	1986
Prof. H. Kähler	Josef Gens	Dr. G. Precht	Dr. N. A.-Strack
5	6	7	8

Ein Grabmal oder mehrere Grabmäler? – Prechts Rekonstruktion
Um Prechts Wiederaufbau und Rekonstruktionsarbeit zu verstehen, begann ich als Erstes, die Nummerierung der Quader in seiner Rekonstruktionszeichnung zu überprüfen. Als höchste Zahl fand ich die Nummer 134, mit der die Füße der zweiten Männerstatue gekennzeichnet waren.

Die hohe Zahl von 134 Quadern konnte ich nicht nachvollziehen. Mir waren neben unseren 70 Fundquadern 35 weitere bekannt, also insgesamt 105 Quader. Dass ich bis zur von Precht genannten Zahl 134 noch weitere 29 Quader übersehen haben sollte, mochte ich nicht glauben.

Da in Prechts Buch keine Quaderliste mit Bezeichnung der Quader zu finden war, begann ich, eine solche zu erstellen: Die Quadernummern 1 bis 58 orientierten sich, wie ich schon 1974 nach der Lektüre von Prechts Buch festgestellt hatte, mit Ausnahme von drei Quadern exakt an der Funddokumentation Gens von 1967. Die Quadernummern 23, 47, 59, 63, 64, 65, 68 sowie die Quadernummern 77 bis 99 und ferner die Quadernummern 106, 117, 126 und 127 waren in Prechts Rekonstruktionszeichnungen nicht auffindbar. Die Rekonstruktion stützte sich damit nicht auf 134 Quader, sondern auf real erfasste 100 Quader.

Die Nummerierung, die Precht in seiner Rekonstruktion vornahm, kann man aber nicht nur wegen der fehlenden 34 Quader als ungewöhnlich bezeichnen, sondern auch deswegen, weil er die Nummerierung der Funddokumentation Gens übernahm, aber die bei allen Facharchäologen bekannte und gebräuchliche Nummerierung von Lehner und Klinckenberg ersetzte.

Natürlich stellte sich hier auch die Frage, warum keinem seiner Fachkollegen, die sich nach dem Wiederaufbau des Grabmals mit seiner Rekonstruktion in Fachbeiträgen oder Dissertationen kritisch auseinandersetzten, aufgefallen war, dass dort 34 Quader überhaupt nicht vorhanden waren.

Im Archiv des RGM fand ich für einige der fehlenden Quader eine Erklärung: Von den Quadern 63, 64, 65, 68 waren Fotos vorhanden, sie zeigten glatt behauene Quader, die Precht verständlicherweise nur schwer zuordnen konnte. Auch von dem in der Precht-Rekonstruktion fehlenden Quader 126 fand ich ein Foto: Es handelte sich um einen über die linke Ecke mit Kannelur verzierten Eckquader, der auf seiner Längsseite rechts neben der Kannelur ein Podest und darüber ein Muster in Form eines Füllhorns zeigt.

Ich erkannte, dass es zu diesem Eckquader zwei bautechnisch identische Gegenstücke mit gleicher Höhe, Kannelur und Podest gab. Einziger Unterschied bildete die Reliefdarstellung über dem Podest, die nur undeutlich zu erkennen war. Der bautechnisch identische Eckquader war als Lehner-Quader Nr. 882/Precht-Quader Nr. 110 in der rechten Seitenwand und der bautechnisch spiegelbildliche Quader war als Gens-Quader Nr. 29/Precht-Quader Nr. 29 in der linken Seitenwand der Aedikula verbaut.

Sicher erkannte auch Precht die bautechnische Gleichheit, die dann aber nur den einzigen Schluss zuließ, dass dieser Quader zur rechten Seitenwand der Aedikula eines anderen Grabmals gehören musste.

In der Precht-Rekonstruktion nicht berücksichtigter Quader Nr. 126.

Lehner-Quader Nr. 882/Precht-Quader Nr. 110.
Bautechnisch gleiches Stück zu Quader Nr. 126.

Bautechnisch spiegelbildliches Gegenstück.
Gens-Quader Nr. 29/Precht-Quader Nr. 29.

Die Möglichkeit weiterer Grabbauten der gleichen römischen Werkhütte in der Nähe des Poblicius-Grabmals hatten ja bereits Klinckenberg
und später auch Andrikopoulou-Strack formuliert, aber ein definitiver Beweis lag nicht vor. Der Quader mit der Nummer 126 liefert diesen Beweis.
Spätestens mit Entdeckung und Analyse des Quaders Nr. 126 hätte
Precht folglich die Zuordnung aller am Chlodwigplatz gefundenen
Quader zu einem einzigen Grabmal aufgeben müssen.

Die Höhe des Sockelgeschosses und die Konsequenzen: Andrikopoulou-Stracks Rekonstruktion

In der Folge beschäftigte ich mich noch einmal mit der Rekonstruktion,
die Nora Andrikopoulou-Strack im Jahr 1975 vom Poblicius-Grabmal
angefertigt hatte. Wie auch schon Peter Noelke verwarf sie die Aeneas-
Gruppe, die Precht als Abschluss auf dem Bekrönungskapitell wählte,
und ersetzte sie durch den typischen Pinienzapfen, der sich auch in vielen anderen Rekonstruktionen findet.

Anders als Kähler und Precht erhöhte sie das Sockelgeschoss um eine
weitere Quaderlage und folgte damit der Auffassung von Brigitte und
Hartmut Galsterer. Wie aber im nachfolgenden Kapitel 24 noch im
Detail ausgeführt wird, kann eine zusätzliche Quaderlage innerhalb der
Inschrift aufgrund einer Versatzmarke auf der Oberseite des Modesto-
Quader sicher ausgeschlossen werden. Zudem würde eine weitere Er-
höhung des Sockelgeschosses eine Vergitterung des Obergeschosses vol-
lends überflüssig machen.

In der grundsätzlichen Konzeption und so auch in der ebenerdigen
Platzierung der Statuen zwischen den Säulen des Obergeschosses folgt
Frau Andrikopoulou-Strack der Kählerschen und Prechtschen Rekonstruktion, die beide von einer Vergitterung wussten, diesem Sachver-
halt aber in ihren Rekonstruktionen nicht Rechnung getragen hatten.
Ein Gitter war, auch schon in römischer Zeit, eine Zugangssperre, mit
der ein bestimmter Bereich eines Gebäudes abgetrennt oder geschützt
werden sollte. Das Aedikula-Geschoss des Poblicius-Grabmals und die

darin stehenden Statuen zu schützen, war aber nur dann erforderlich, wenn dieses Geschoss zugänglich war. Ab einer Sockelhöhe von ca. 3,50 bis 4 Metern wurde eine Vergitterung des Obergeschosses überflüssig.

Um absolut sicherzugehen, dass es wirklich eine Vergitterung gegeben hatte, galt es natürlich auch zu klären, ob es sich bei den an Pilastern und Säulenschäften vorhandenen Dübel- bzw. Ausbruchlöchern wirklich um die Befestigungspunkte für eine solche Vorrichtung handelte. Alternativ könnten diese Dübel- bzw. Ausbruchlöcher auch zu Zugankern gehört haben, die die Statik des fragilen Säulengeschosses verbessern sollten. Anhand einer Untersuchung der Säulentrommel Nr. 41 mit zwei gegenüberliegenden, ca. 6 Zentimeter tiefen Dübel- bzw. Ausbruchlöchern konnte die Möglichkeit von Zugankern sicher ausgeschlossen werden: Zuganker hätten ein komplettes Durchbohren der Säulentrommel erfordert, um die Säulen unterei-

Dübellöcher an der linken Seitenwand der Aedikula »innen« und an einer Frontsäule.

nander zu verbinden, denn nur so wäre eine statisch stabilisierende
Wirkung erreicht worden.

Die Dübellöcher konnten also folglich nur zur Befestigung eines bzw.
mehrerer Gitter, die sich zwischen den Säulen befanden, gedient haben.

Während alle Dübellöcher tiefe Schnitt- und Ausbruchspuren zeigen, die die Gitter beim Einsturz des Grabmals dort verursacht hatten,
sind die Dübellöcher an der rechten Seitenwand vollkommen unver-
sehrt, obwohl sie nahe
an den Eckkanten lie-
gen und damit beson-
ders leicht hätten aus-
brechen können. Ein-
zige Erklärung hierfür
ist, dass in diesen Dü-
bellöchern die Angeln
eines Gittertores geses-
sen haben. Es ist anzu-
nehmen, dass beim
Einsturz des Grabmals
das Gittertor aus den
Angeln gehoben wor-
den war und somit kein
Hebelarm existiert hatte,
der zu einem Wegbre-
chen von Dübellöchern
und Quaderecken hätte
führen können.

Diese Dübellöcher
an der rechten Seiten-
wand der Aedikula wa-
ren auch ein Argument
gegen die Zuganker,

Dübellöcher an der rechten Seitenwand der
Aedikula »außen«.

denn diese waren im Gegensatz zur linken Seitenwand nicht an deren Innenseiten, sondern an der Außenseite der Wand dicht neben der Quaderecke angebracht und hätten dort als Löcher für Zuganker wenig Sinn ergeben.

Wie hatte eine Vergitterung wohl ausgesehen? Die Höhe der Gitter-quer- bzw. -tragestangen war durch die Lage der Dübellöcher vorgege-ben. Diese konnten in drei verschiedenen Höhen festgestellt werden. Die Löcher waren in 30, 108 und 153 Zentimetern Höhe über dem Boden der Aedikula zu finden. Gemessen von diesen Querstangen werden die senkrechten Stangen oben und unten einen Überstand von 20 bis 25 Zen-timetern gehabt haben. Das Gitter dürfte also, abgeleitet aus der Höhe der oberen Querstange, insgesamt etwa 180 Zentimeter hoch gewesen sein.

Die an der Frontseite und rechten Grabmalseite mittig zwischen den Säulen angebrachten Gitter erforderten ein Zurücksetzen der Statuen, womit sie durch das hohe Sockelgeschoss und zusätzlich durch die Ver-gitterung nur noch sehr eingeschränkt sichtbar gewesen wären. Schon in meinem zweiten Rekonstruktionsversuch aus dem Jahr 1968, aber auch in den folgenden Rekonstruktionsversuchen hatte ich diesem Sach-verhalt Rechnung getragen und die Statuen auf 60 Zentimeter hohen Sockeln an der Rückwand der Aedikula dargestellt. Mein letzter Rekon-struktionsversuch von 1971 zeigt die Statuen in Nischen der Aedikula-Rückwand, erhaben positioniert in einer Höhe von genau 58 Zentime-tern über dem Boden des Obergeschosses.

Beim Vergleich der Positionierung der Poblicius-Statue und der klei-nen Frauenstatue, die Precht in der rechten Interkolumne des Oberge-schosses aufgestellt hatte, fiel mir bei der Detailbetrachtung die Blick-richtung der Statuen auf, die durch die Kopfhaltung vorgegeben war. Während der Blick der Poblicius-Statue exakt waagerecht und geradeaus gerichtet ist, erkennt man bei der Frauenstatue durch den deutlich nach vorne geneigten Kopf einen abwärts gerichteten Blick.

Aus Körperhaltung und Blickrichtung der Statuen lassen sich ein-deutige Rückschlüsse auf deren Positionierung am Grabmal ziehen. Der

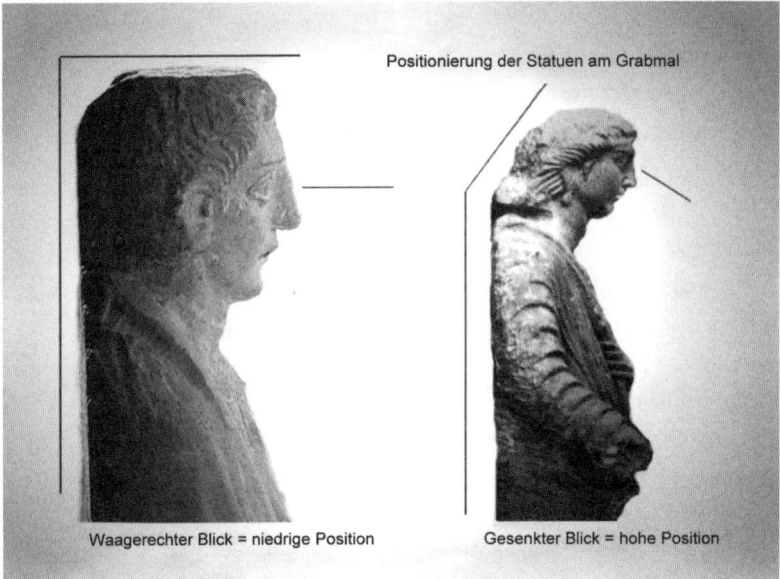

Vergleich der Poblicius-Statue mit der kleinen Frauenstatue.

Frauenstatue ist demnach, sollte sie zum Poblicius-Grabmal gehören, eine hohe Position, der Poblicius-Statue eher eine niedrigere Position am Gebäude zuzuweisen.

Mit diesen neuen Aspekten stellte sich 2009 aufs Neue die Frage nach der konzeptionellen Gestaltung des Grabmals.

Fünfter Rekonstruktionsversuch von 2009

Der geringe Quaderfundus für die Rekonstruktion des Sockelgeschosses und die Erkenntnis, dass dieser auf zwei Grabbauten aufzuteilen war, ließen eine neue fundierte Rekonstruktion weder des Poblicius-Grabmals noch seines Nachbarbaus zu.

Trotzdem unternahm ich Ende 2009 einen weiteren Rekonstruktionsversuch, denn zumindest das Aedikula-Geschoss stand und steht durch das Vorhandensein einer Vielzahl von Quadern in seiner grundsätzlichen Konzeption nicht in Frage. Diese wurde durch meine Untersuchungen hinsichtlich Vergitterung und Platzierung der Statuen sogar noch gestützt. Allerdings ergab sich dadurch ein deutlich niedrigeres Sockelgeschoss, über dessen wirkliche Höhe nur spekuliert werden kann. Sicher ist es nicht falsch, die Proportionen der rheinischen Pfeilergrabmäler mit ihren niedrigen Sockelgeschossen zugrunde zu legen. Pilaster, Kapitelle und alle Architrave mit Rankenfries ordnete ich dabei dem Untergeschoss des zweiten Grabmals zu, sodass beim Poblicius-Grabmal über einem Stufensockel nur noch die Inschrift im Sockelgeschoss zu finden wäre. Somit ergab sich eine Sockelhöhe von nur noch 2,98 Metern oder 10 römischen Fuß und eine Gesamthöhe des Grabmals von 11,95 Metern, gleich ca. 40 römischen Fuß.

Auch die kleine Frauenstatue, die keinesfalls auf gleicher Höhe mit den anderen Statuen des Poblicius-Grabmals in der Aedikula

Fünfter Rekonstruktionsversuch von Josef Gens 2009.

gestanden haben kann, wurde diesem zweiten Grabmal zugeordnet, u. a. auch deshalb, weil damit beim Poblicius-Grabmal die Anzahl von drei Statuen mit den Nennungen in der Inschrift übereinstimmt.

Ob das Poblicius-Grabmal wirklich dem Typus der rheinischen Pfeil-grabmäler, insbesondere den Krufter Grabbauten, entsprach und wie sein Nachbarbau ausgesehen hat, kann derzeit nur vermutet werden. Aufgrund identischer Quaderabmessungen und Musterähnlichkeiten kann bei dem zweiten Grabmal davon ausgegangen werden, dass es ähn-liche Abmessungen gehabt hat und zeitgleich in der gleichen römischen Werkhütte entstanden ist.

Über seinen Standort und die Nähe zum Poblicius-Grabmal liefert Frau Andrikopoulou-Strack einen interessanten Hinweis. Sie ordnet, wie bereits beschrieben, die beiden von uns gefundenen Gebälkplatten Nr. 14 und 21 nicht dem Poblicius-Grabmal, sondern einem zweiten Grabbau zu. Dies begründet sie vor allem mit der bei der Gebälkplatte Nr. 21 weitaus aufwendigeren Bearbeitung, die wir schon in unserer Funddokumentation herausgestellt hatten.

Da beide Gebälkplatten aber in unserem Fundareal – mitten zwi-schen den Quadern des Poblicius-Grabmals – gefunden wurden, darf man annehmen, dass dieses zweite Grabmal in unmittelbarer Nähe zum Poblicius-Grabmal gestanden haben muss und zur gleichen Zeit durch Unterspülung einstürzte, weil eine Vermischung der Fundquader nur durch Ineinanderstürzen beider Gebäude zu erklären ist.

24

DIE BOTSCHAFT DES LUCIUS POBLICIUS AN DIE NACHWELT

Neben der Frage nach dem wirklichen Aussehen des Grabmals stand natürlich bei meinen Forschungsarbeiten in den letzten Jahren die Person des Lucius Poblicius im Vordergrund.

Ein Pfeilergrabmal dieser Größenordnung mit kunstvollen Reliefdarstellungen, gelegen an der »Via Appia« der Colonia Claudia Ara Agrippinensium, war auch in der Römerzeit ein kostspieliges Unterfangen. Bedenkt man, dass ein ca. ein Meter hoher Grab- oder Weihestein mit ca. 900 Sesterzen das Jahresgehalt eines einfachen Soldaten verschlang, dann wird deutlich, dass nur äußerst betuchte Römer sich einen solch monumentalen Grabbau leisten konnten und dass die Zahl solch großer Bauten bei einer Provinzstadt wie dem römischen Köln sehr überschaubar gewesen sein muss.

Die soziale, pekuniäre und hierarchische Struktur der Lebenden fand ihr Spiegelbild in der Anordnung der Grabbauten zur Gräberstraße: Nur in der ersten Reihe und mit einer entsprechenden Größe des Grabmals, direkt an der Straße gelegen, war die Aufmerksamkeit zu erlangen, die der reiche Erbauer sich wünschte. Selbstdarstellung über den Tod hinaus, das war damals der Beweggrund für ein monumentales Grabmal und sie ist es noch heute, wie man an den Haupteingängen, zum Beispiel des Friedhofs Melaten, sieht.

Der Römer, der sich ein monumentales Grabmal leisten konnte, beauftragte damit, meist noch zu Lebzeiten, eine Werkhütte, die nicht nur die Planung des Baus und der Ornamentik übernahm, sondern auch die damals recht schwierige Beschaffung der Steinquader, die Steinmetzarbeiten, den Aufbau und letztendlich auch die farbliche Bemalung. Der betuchte Bauherr konnte anhand von Musterkatalogen auf die Gestaltung seines Grabmals wesentlichen Einfluss nehmen.

Als Haus für die Ewigkeit war das Grabmal nicht wie die römischen Wohnhäuser nur im Fundament aus Stein und im aufgehenden Mauerwerk aus Lehm gebaut, sondern es bestand wie alle römischen Prachtbauten, Triumphbögen, Amphitheater, Aquädukte und Tempel komplett aus Steinquadern, die oft aus weit entfernten Steinbrüchen zu Lande oder per Schiff herbeigeschafft werden mussten.

Das Grabmal war gedacht als Botschaft an die Nachwelt, die von all dem kündet, was dem bzw. den Verstorbenen wichtig war. Die Inschrift und die Statuen der Verstorbenen stehen dabei im Mittelpunkt. Sie werden eingerahmt von mythologischen Darstellungen, die, vom Erbauer ausgewählt, uns heute viel über seine Wertvorstellungen und seine Lebenseinstellung verraten. So bilden auch beim Poblicius-Grabmal die Inschrift und die Statuen die zentrale Botschaft.

Die Inschrift des Poblicius-Grabmals

Zur Inschrift gibt es viele Deutungsversuche. An dieser Stelle meine Version:

LUCIO * **POBLICIO** * LUC I I * FILIO * TERENTINA TRIBU
Dem Lucius Poblicius, Sohn des Lucius aus dem Bürgerbezirk der Terentina Tribu –.
VETERANO * **LEGIONIS** * V(QUINTAE) * **ALAUDAE** *
Veteran der fünften Legion – Alaudae
EX TESTAMENTO
Gemäß dem Testament

Lucius Poblicius stammt gemäß der Inschrift aus dem Bürgerbezirk der Tribus Terentina. Ursprünglich war dies der Bezirk zwischen Rom und Neapel, später ist dieser Bezirk nicht mehr eindeutig zu umgrenzen, da sowohl Bürger aus Teilen Oberitaliens als auch aus südlichen Teilen Galliens dem Tribus-Terentina-Bezirk zugewiesen wurden. Poblicius und seine Familie könnten also aus Kampanien, aus Oberitalien oder Südfrankreich stammen.

Als Veteran der fünften Legion zog Poblicius nicht zurück in seine Heimat. Das hatte wohl damit zu tun, dass der römische Staat ehemalige

Soldaten in den Provinzen, die durch aufsässige Germanenstämme jenseits des Rheins immer wieder bedroht waren, als Siedler zu halten versuchte. Sie wurden nach dem Ausscheiden aus dem Militärdienst entweder mit großzügiger Landzuweisung in Veteranenkolonien umworben oder sie erhielten alternativ eine hohe Entlassungsprämie. Mit dieser als Startkapital konnten sie sich mit Handwerk oder Handel selbstständig machen und in der Nähe ihrer Militärstandorte oder in den Provinzstädten ansiedeln.

Lucius Poblicius dürfte seine letzten Dienstjahre zwischen 35 und 40 nach Christus im Legionslager Castra Vetera nahe dem heutigen Xanten verbracht haben, wo die fünfte Legion, der er angehörte, bis zum Jahr 69 nach Christus stationiert war. Aufgestellt wurde die fünfte Legion, wie Sueton berichtet, von Caius Julius Caesar. Später wurde sie von Kaiser Augustus in das stehende Heer eingegliedert. Im Jahre 6 nach Christus, spätestens jedoch 9 nach Christus, erfolgte ihre Verlegung von Spanien in die Provinz Niedergermanien in das Doppellager Castra Vetera. Am 01. Januar des Jahres 69 nach Christus marschierte die fünfte Legion, geführt von Vitellius, nach Rom. Dort kämpfte sie gegen Otho, der nach dem Tod Kaiser Neros nach der Kaiserwürde strebte. Im Herbst des Jahres 70 nach Christus erfolgte ihre Entsendung in die Provinz Moesien, dem heutigen Rumänien, wo sie, soweit wir heute wissen, im Jahre 86 nach Christus unter Verlust des Legionsadlers vernichtend geschlagen wurde.

Lucius Poblicius hat wahrscheinlich schon als junger Soldat seine Heimat verlassen. Durch die Stationierung seiner fünften Legion auf der spanischen Halbinsel führte er ein oft mühsames Soldatenleben fern der Heimat. Seine letzten Dienstjahre in Niedergermanien in Castra Vetera haben ihn sicher auch in die aufstrebende Ubierstadt am Rhein geführt, die er als Wohnsitz für seinen Lebensabend aussuchte.

»Alaudae« ist der Eigenname der Legion, in der Poblicius gedient hat, und bedeutet »Lerchen«. Vom römischen Geschichtsschreiber Sueton wissen wir unter anderem, dass diese Legion als Erkennungszeichen rot eingefärbte Lerchenflügel, wahrscheinlich gebunden zu einem Busch, an den Helmen trug.

Mit »Ex Testamento« endet die zweite Zeile. Hier müsste die Inschrift jetzt mit einer Aussage fortsetzen, die sagt, was gemäß dem Testament festgelegt ist. Die nächsten zwei Zeilen sagen jedoch etwas ganz anderes. Die dritte Zeile beginnt mit:

ET * **PAULLAE** * FILIAE   *   **ET** * **VIVIS**
und seiner Tochter Paula   und den Lebenden

In der vierten Zeile wird noch eine weitere männliche Person erwähnt:

LUCIO POBLICI**O** * **MODESTO** * LUCI I * **?**
dem bescheidenen Lucius Poblicius, des Lucius?

Wie der genannte Lucius Poblicius Modestus zur Familie stand, ist unklar; sicher ist nur, dass er kein Sohn des Poblicius ist: Der letzte Buchstabe der vierten Zeile ist auf jeden Fall kein »F«, das für »Filius« stehen würde.

Erst in der fünften und letzten Zeile der Inschrift wird die Aussage der zweiten Zeile fortgesetzt mit einer bei Grabinschriften üblichen Kurzformel:

H * **M** * **H** * N * S
HOC MONUMENTUM **HEREDEM** NON SEQUETUR
Dieses Monument geht nicht auf die Erben über.

Das Grabmal wurde also nicht, wie der übrige Besitz des Poblicius, weitervererbt. Dies kann in letzter Konsequenz nur bedeuten, dass Poblicius alleine in seinem Grabmal bestattet werden und verhindern wollte, dass seine Frau und seine Kinder Eigentümer des Grabmals wurden – denn damit hätten sie auch das Recht erhalten, Änderungen am Grabmal vorzunehmen oder sich selbst darin bestatten zu lassen. Dies erklärt auch, warum die Frau des Lucius Poblicius in der Inschrift nicht erwähnt ist. Ein solch großes Grabmal nur für eine Person? So müssen auch die Erben nach dem Tod des Vaters gedacht haben, denn als die Tochter des Poblicius starb, wurde sie im Grabmal bestattet und in der Inschrift wurde zwischen der Zeile mit EX TESTAMENTO und der zugehörigen Inschrift-Formel HOC MONUMENTUM HEREDEM NON SEQUE-TUR eine weitere Zeile mit ET PAULLAE FILIAE hinzugefügt. Mit dem weiteren Zusatz ET VIVIS sicherten sich die übrigen Verwandten ebenfalls einen Platz in dem monumentalen Grabmal.

Man darf annehmen, dass die Frau des Lucius Poblicius entweder früher verstorben war oder den letzten Willen ihres Mannes respektierte und sich in einem eigenen Grab bestatten ließ. Als nach der Tochter Paula später dann eine der Familie nahestehende männliche Person starb, wurde auch sie im Grabmal bestattet und es wurde eine vierte Zeile hinzugefügt.

Dass die dritte und vierte Zeile der Inschrift später hinzugefügt wurden, erscheint nicht nur deshalb logisch, weil der Lesefluss zwischen EX TESTAMENTO und der zugehörigen Formel HOC MONUMEMTUM HEREDEM NON SEQUETUR von diesen beiden Zeilen unterbrochen wird, sondern auch deshalb, weil eben jene Formel eigentlich eine Vererbung und damit auch eine spätere Nutzung des Grabmals definitiv ausschließt.

Aber auch die Unterschiede in der Ausführung der Buchstaben und Blatt-Interpunktionen, vor allem aber der Beiname (Cognomen) »Modestus« lassen vermuten, dass die dritte und vierte Zeile der Inschrift später hinzugefügt wurden, weil Beinamen erst in der zweiten Hälfte des ersten Jahrhunderts nach Christus gebräuchlich wurden.

Die Archäologen Brigitte und Hartmut Galsterer gingen davon aus, dass auch die Frau und ein Sohn des Poblicius im Grabmal bestattet wurden. Sie weisen 1975 darauf hin, dass zwischen dem oberen Teil der Inschrift und dem Modesto-Quader eine weitere Quaderlage einzufügen

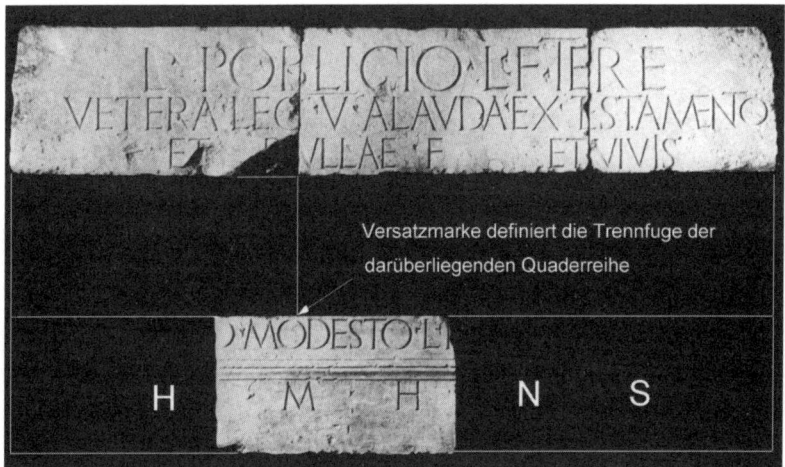

Position der Versatzmarke auf dem MODESTO-Quader.

sei. Damit ergäben sich drei zusätzliche Schriftzeilen, in denen die Frau und weitere der Familie nahestehende Personen erwähnt würden.

Diese Vermutung teile ich nicht. Zum einen ist die Positionierung des Modesto-Quaders innerhalb der Quaderreihe nicht in Frage zu stellen: Da die Schlussformel der Inschrift H – M – H – N – S sicherlich mittig ausgerichtet war, bestätigt sie über die Positionierung der Buchstaben M – H die Lage des Modesto-Quaders innerhalb seiner Quaderreihe.

Zum anderen ist über dem zweiten Buchstaben »O« auf der Oberfläche des Modesto-Quaders eine Versatzmarke erkennbar. Diese Versatzmarke stimmt exakt mit der Quadertrennfuge der heute darüberliegenden Quaderreihe überein. Da die römischen Baumeister von Quaderlage zu Quaderlage immer im Versatz gearbeitet haben, scheidet somit eine zusätzliche Quaderreihe mit Sicherheit aus.

Die Poblicius-Statue

Lucius Poblicius, Auftraggeber und Eigentümer seines Grabmals, Zentralfigur in der Inschrift, dürfte auch die zentrale Position des Obergeschosses hinter den beiden Mittelsäulen eingenommen haben. Seine Statue zeigt ihn nicht als Soldat, sondern als römischen Bürger in Tunika und Toga.

Der Stoffreichtum des Gewandes mit seinem üppigen Faltenwurf ist charakteristisch für die Zeit des Kaisers Claudius und damit eine wichtige Datierungshilfe für die Entstehung des Grabmals. Der Schriftrollenbehälter, das Scrinium, zu seinen Füßen und die Schriftrolle in der linken Hand weisen ihn als des Lesens und Schreibens kundigen Römer aus. Ob die Schriftrolle hier zusätzlich auf das Testament oder gar ein Militärdiplom des Poblicius hinweist, bleibt Spekulation. Zumindest ist sie aber ein Zeichen für Würde und Macht.

Die Schriftrolle und die reich beringten Hände weisen Poblicius auch als Mitglied der römischen Oberschicht aus. Einer Kaiserstaue ähnlich ist auch das erhabene Auftreten des Poblicius mit selbstbewusst nach vorne gerichtetem Blick. Erhaben dürfte auch die Position der Statue gewesen sein: auf einem ca. 58 Zentimeter hohen Sockel in einer Nische an der Rückwand der Aedikula.

Die übrigen Statuen

Eine Frauenstatue, die wahrscheinlich die Tochter Paula darstellt, ist nur im unteren Teil bis zur Hüfte vorhanden. Die linke, beringte Hand hält das faltenreiche Gewand. Das linke Bein ist das Standbein, das rechte Bein ist leicht angewinkelt.

Die Statue zeigt den Typus der »Großen Herculanenserin«: Die linke Hand greift auch hier das Gewand in Höhe der Hüfte, während die rechte Hand den über den Kopf gezogenen Teil des Gewandes hält. Die kleine Frauenstatue, deren Kopf wir 1967 ausgegraben hatten und deren Leib bereits 1884 gefunden worden war, trägt die *toga praetexta*, die auf ihr kindliches Alter schließen lässt.

Der Torso einer weiteren männlichen Statue ist vom Halsansatz bis zu den Oberschenkeln erhalten. Dazu gehört, wie auch schon Precht 1975 vermutete, wahrscheinlich ein aus drei Bruchstücken bestehender

Sockel mit Füßen und Scrinium, der ebenfalls schon 1884 gefunden worden war. Bei der dargestellten Person muss es sich um eine der Familie nahestehende Person handeln. Ob diese Statue, deren Sockelfragment etwas breiter ist als das der heute bekannten Poblicius-Statue, eventuell die echte Poblicius-Statue ist, werden nur weitere Grabungen sicher beantworten können – die eventuell auch Aufschluss über ein weiteres Grabmal und eine alternative Positionierung der Statuen geben.

Die personenbezogenen Darstellungen des Grabmals

Das Poblicius-Grabmal verfügt mit seiner Inschrift, den Statuen und den Waffenarchitraven über relativ wenige personenbezogene Darstellungen – die jedoch aufgrund ihrer überwiegenden Platzierung auf der Frontseite des Grabmals zentrale Bedeutung erlangen.

Zu den auf die Person des Lucius Poblicius ausgerichteten Darstellungen des Grabmals zählen neben Inschrift und Statuen auch die Architrave mit Waffenfries, die auf seine Dienstzeit als Soldat der fünften Legion hinweisen. Einige der dargestellten Langschilde werden von einem Vogelflügel geziert, eventuell wird hier die Lerchenschwinge dargestellt, die der Legion ihren Namen gab. Interessant ist aber auch, dass neben Rundschilden, Langschilden, Speeren und Kurzschwertern als eindeutig römische Waffen auch Krummsäbel und Krummdolche dargestellt sind, die orientalischen Ursprungs sein dürften.

Architrav mit Waffen und Vogelschwinge, Funddokumentation Gens, Nr. 1.

Poblicius muss also während seines Militärdienstes solche Waffen kennengelernt haben. Vermutlich hat er sie auch so schätzen gelernt, dass er sie in die Ornamentik seines Grabmals integrieren ließ.

Die mythologischen Darstellungen des Grabmals

Bei den bisherigen Rekonstruktionen finden sich an den Seitenwänden von Unter- und Obergeschoss sowie an den Seiten der Dachpyramide zahlreiche mythologische Darstellungen. Eine sich im Kreis drehende Mänade sowie zwei bereits 1884 gefundene Quader mit den Füßen von Tänzerinnen, die wahrscheinlich ebenfalls Mänaden als Begleiterinnen des Gottes Dionysos darstellen, lassen vermuten, dass auf den beiden Seitenwänden des Untergeschosses je ein großes Relief zu sehen war: mit einem Figurenreigen aus fünf bis sechs Mänaden und Satyrn, die im rasenden Tanz Opfertiere zerteilen.

An den Seitenwänden des Obergeschosses waren wahrscheinlich die zwei Reliefs des bocksfüßigen und gehörnten Hirtengottes Pan platziert. Auf der linken Seitenwand ein Pan mit der Syrinx, der Hirtenflöte, und auf der rechten Seitenwand ein Pan mit dem Pedum, einem gebogenen Fangholz, mit dem er einen Hasen erlegt hat. Bei beiden Reliefs blickt Pan über die Schulter zurück zu einer Schlange, die in der Mythologie als sich häutendes Wesen für die Erneuerung des Lebens steht. Die Schlange windet sich um den immergrünen Lebensbaum, der ebenfalls die Erneuerung des Lebens symbolisiert. Mänaden und Satyrn des Untergeschosses und der im Obergeschoss zweimal dargestellte Pan gehören zum Gefolge des Dionysos. Der Dionysos-Kult war ein Kult der Lebensfreude mit bacchantischen Gelagen; Gott Dionysos verkörperte Unsterblichkeit und ewiges Leben.

Da sich die mythologischen Darstellungen des Grabmals schwerpunktmäßig auf den Dionysos-Kult beziehen, kann man auch in der Wahl dieser Motive für sein Grabmal eine Botschaft des Poblicius sehen. Die Seiten der Dachpyramide wurden von je einem Triton flankiert, der ein Steuerruder über der Schulter trägt. Die Tritonen, mit menschlichem Oberkörper und dem Leib einer geflügelten Schlange, die in einem Fischschwanz endet, bevölkerten in der Vorstellung der Menschen damals als Begleiter des Poseidon den Strom Okeanus, der das Diesseits vom Jenseits trennt.

Die farbliche Gestaltung der Quader

Schon von Weitem muss dieses monumentale Grabmal auf die Bedeutung des Erbauers hingewiesen und in der Nähe zum Verweilen eingeladen haben. Dazu dürfte auch die farbliche Fassung der Reliefs beigetragen haben, die in ihrer Buntheit Lebensfreude ausstrahlte.

Das Grabmal nicht als entrückten Ort, sondern als Teil des bunten Lebens zu verstehen, dem man sich nicht mit Furcht, sondern mit Freude näherte, um den Toten nahe zu sein, um mit ihnen am Todestag das Todesmahl zu halten, das entsprach der Vorstellungswelt der Römer.

Reste der farblichen Fassung des Grabmals fanden wir an zwei Architraven, Nr. 2 und 7, sowie an den Inschrift-Quadern Nr. 9 und 10. Details dazu haben wir in unserer Funddokumentation (s. Anhang) beschrieben. Diese Farbreste wurden nicht, wie vielfach falsch behauptet wurde, beim Säubern der Quader entdeckt. Auf der Oberfläche unserer Quader und auch der 1884 gefundenen Quader waren nach der Bergung keinerlei Farbspuren mehr vorhanden, weil sie wahrscheinlich über einen sehr langen Zeitraum im Wasser des verlandenden Rheinarms gelegen hatten.

Offenbar aber waren, aufgrund fehlender Grundierung, die Farben bei der Bemalung der Quader tief in die Gesteinsstruktur eingezogen: Sie wurden bei einem bestimmten Trocknungszustand bzw. Restfeuchtegehalt für zwei oder drei Tage sichtbar und verschwanden dann wieder.

Schon bald erkannten wir, dass mit erneutem Anfeuchten der Quader und einigen Tagen Wartezeit die Farben wieder zum Vorschein kamen und dass dieser Prozess beliebig oft reproduzierbar war.

Standort des Grabmals

Poblicius, der sein Grabmal wohl noch zu Lebzeiten geplant hat, dürfte im zweiten oder ersten Jahrzehnt vor Christus geboren sein und bei der damals kürzeren Lebenserwartung sein Grabmal zwischen 30 und 40 nach Christus geplant und in Auftrag gegeben haben. Ob er die Erhebung Kölns zur Stadt im Jahre 50 nach Christus noch erlebt hat, bleibt ungewiss.

Neben der Planung und Gestaltung wird Poblicius sicher auch den Standort des Grabmals bestimmt haben. An der von Norden nach Süden bis zum Heerlager Bonn führenden Hauptverkehrsachse der Provinz Niedergermanien, der »Via Appia« des römischen Köln mit ihrem regen Verkehrstreiben, war dem Grabmal und damit auch Lucius Poblicius die Aufmerksamkeit sicher, die er sich nach seinem Tod erhoffte.

Je nach Geländebeschaffenheit gab es nur wenige Grabmäler links und rechts der Straße. Auf den hochwassersicheren Anhöhen aber, zum Beispiel zwischen der heutigen Landsbergstraße und der Kirche St. Severin, fügten sich Grabmäler und Grabsteine zu einem großen Gräberfeld.

Die noch im Mittelalter auf Karten belegte Weyerbay im Süden von Köln.

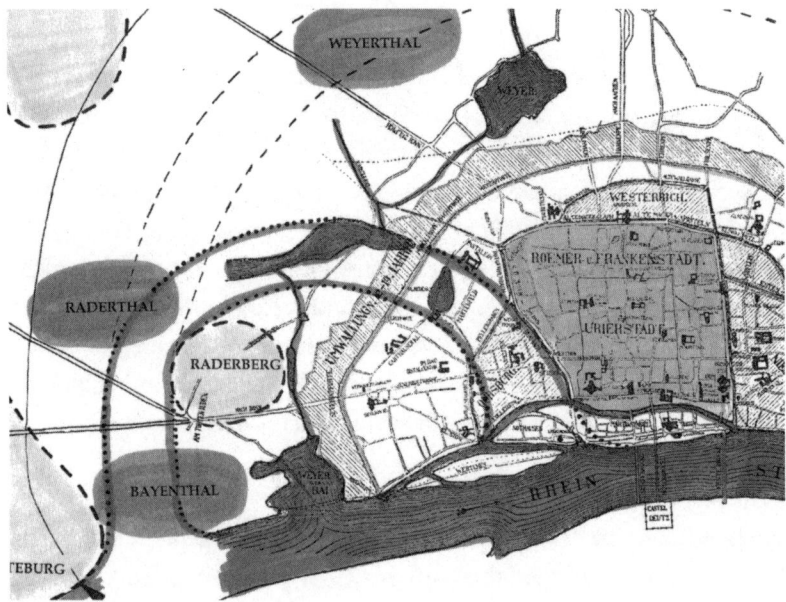

Am heutigen Chlodwigplatz dürften nur wenige, aber sehr große Grabmäler links und rechts der Römerstraße gestanden haben. Dies lässt sich aus einer Karte ableiten, in der noch im Mittelalter eine große Wasserfläche namens Weyerbay verzeichnet ist.

Diese Weyerbay gab wahrscheinlich dem mittelalterlichen Turm an der Bay, dem Bayenturm, seinen Namen und war noch im Mittelalter eine wassergefüllte Geländemulde, als Rest eines toten Rheinarms, zwischen Bayenturm, Bottmühle und Ubierring. Die Niveauunterschiede im Gelände sind auch noch heute gut erkennbar, denn wenn man am unteren Ende der Silvanstraße steht, fallen der Geländeanstieg zur Severinskirche und der Anstieg des Severinswalls in Richtung Severinstorburg sofort ins Auge. Es darf deshalb angenommen werden, dass sich diese Geländemulde in der Römerzeit bis hin zum Chlodwigplatz nahe an die dort verlaufende Römerstraße erstreckte.

Das Poblicius-Grabmal hat, neben zwei oder drei weiteren Grabmälern, ohne Zweifel in vorderster Reihe direkt an der Römerstraße von Köln nach Bonn gestanden. Eine exklusive Lage, denn durch die dahinter beginnende wassergefüllte Geländemulde konnten dort keine weiteren Grabbauten mehr stehen, die den Blick vom Poblicius-Grabmal und den Nachbargrabmälern abgelenkt hätten.

Den Grabmälern dürfte diese exklusive Lage zum Verhängnis geworden sein, denn es steht zu vermuten, dass bei einem extremen Rheinhochwasser noch vor Ende des ersten Jahrhunderts die Fundamente der Grabmäler unterspült wurden. Die Grabmäler stürzten in die wassergefüllte Geländemulde und diese verlandete über die nächsten Jahrhunderte.

Diese Vermutung leitet sich aus der Fundsituation der Quader ab und erklärt auch, warum die Quader dieser Grabmäler nicht dem Steinraub der folgenden Jahrhunderte zum Opfer gefallen sind.

Wie konsequent dieser Steinraub und die Zerstörung der Nekropolen in den folgenden Jahrhunderten betrieben wurden, beschreiben die Professoren Henner von Hesberg und Werner Eck im *Kölner Jahrbuch*,

Band 36 (2003). Sie berichten darin von der Freilegung eines römischen Fundaments, das beim Bau der Philharmonie am Kölner Rheinufer gefunden wurde und in der späteren Kaiserzeit zu einem größeren Bau gehörte.

Dieses Fundament bestand aus einer beachtlichen Zahl von Quadern, die nahezu alle von Grabanlagen außerhalb der antiken Stadt stammten, die zur Errichtung neuer Bauten abgebrochen worden waren. Eine Vielzahl der Quader gehörte zu dem als Rundbau ausgeführten Grabmal eines Dispensator Augusti, das von Hesberg und Eck rekonstruiert werden konnte.

Die nicht nur in Köln, sondern auch in Rom belegte Praxis der Zerstörung von Nekropolen und der Verwendung des Quadermaterials für neue Bauten im ganzen Stadtgebiet unterstützt zusätzlich die These, dass die Quader der am Chlodwigplatz eingestürzten Grabbauten im Wasser des verlandenden Rheinarms den Blicken und dem Zugriff späterer Generationen entzogen waren.

Bei der Grabung stellten wir fest, dass bei ca. neun Metern unter Straßenniveau die tiefste Fundlage erreicht war. Die römischen Quader lagen dort auf einer geologischen Schicht aus Sand und feinkörnigem Kies, wie sie vom Boden toter Rheinarme bekannt ist. Umgeben waren sämtliche Quader von einer homogenen Lehmschicht, die sie fest umschloss. Selbst dort, wo die Quader übereinander und ineinander verkeilt lagen, waren die Zwischenräume nicht hohl, sondern mit der festen Lehmmasse ausgefüllt. Sie war wahrscheinlich mit dem steigenden Rheinwasser in die Hohlräume gespült worden und dort getrocknet. Die sich über Jahrhunderte um und auf den Quadern ablagernden Sedimente konservierten diese so vorzüglich, dass selbst kleinste Bearbeitungsspuren noch heute deutlich erkennbar sind.

Zwischen den Quadern fanden sich auch Abfallreste römischen Hausrats wie Scherben von Krügen, Töpfen, Öllampen und Dachziegeln, aber auch Knochenreste bis hin zum vollständigen Skelett einer Kuh, die wohl im sumpfigen Gelände stecken geblieben und verendet war: Der verlandende Rheinarm, der am Chlodwigplatz bis nahe an die Römerstraße heranreichte, wurde offenbar nach dem Einsturz der Grabmäler zur Entsorgung von Müll und defektem Hausrat genutzt – bis ins Mittelalter, wie unsere Grabungsfunde zeigen.

Immer wieder wurde die Frage gestellt, ob das Poblicius-Grabmal erst sehr viel später, eventuell durch die einfallenden Franken zerstört worden sein konnte. Es gibt drei Gründe, die dagegensprechen: 1. Die Reliefs des Grabmals zeigen keinerlei Verwitterungserscheinungen, was für eine Zerstörung bereits kurz nach der Entstehung, also noch im ersten Jahrhundert, spricht. 2. Eine Zerstörung zwecks Wiederverwendung der Quader scheidet aufgrund der Fundsituation und Funddichte aus. 3. Bei einer Zerstörung durch die Franken wären an den Quadern mutwillige Beschädigungen festzustellen.

Die Statuen, die wohl als Erste dem Hass der Eroberer zum Opfer gefallen wären, sind jedoch nur an ihren Schwachstellen in Hals- und Kniebereich gebrochen. Bei den übrigen Quadern fällt auf, dass nur solche gebrochen sind, die vom Ober- oder Dachgeschoss stammen, die also beim Einsturz des Grabmals aus größerer Höhe herabgefallen sind. Zwei über 1,5 Meter lange Gebälkplatten des Sockelgeschosses, die aus geringerer Höhe herunterfielen oder rutschten, blieben dagegen unbeschädigt, obwohl ein Bruch aufgrund ihrer großen Länge und geringen Dicke zu erwarten gewesen wäre.

Der Wunsch des Poblicius, dass sein Grabmal, für die Ewigkeit gebaut, für viele Jahrhunderte die Erinnerung an ihn wachhalten sollte, ging nicht wie gedacht, sondern in ganz anderer Weise dennoch in Erfüllung.

Der frühe Einsturz des Grabmals und der danebenstehenden Grabmäler in ein stehendes Gewässer kann heute als Glücksfall bezeichnet werden, denn nur diesem Umstand verdanken wir, dieses Grabmal nach fast 2000 Jahren so vollständig sehen zu können.

EIN RÜCKBLICK, EIN AUSBLICK,
ABER NOCH KEIN RESÜMEE

Wenn mir jemand an meinem 22. Geburtstag im Dezember 1965 gesagt hätte, dass die Auffindung des ersten Relief-Quaders vier Monate zuvor mein gesamtes Leben in andere Bahnen lenken würde, hätte ich das als Weissagung abgetan. Als dann zwei Jahre und 69 Fundquader später ein Redakteur bei unserer Pressekonferenz fragte, ob der Fund des ersten Quaders für mich ein Schlüsselerlebnis gewesen sei, konnte ich dies rückblickend nur bejahen.

Der Hirtengott Pan war uns als Erster aus einer längst vergangenen Welt entgegengetreten. Er hatte meine Mitstreiter und mich verleitet, über zwei Jahre lang jede Minute Freizeit zu opfern, um in 2000 Jahre alte Geschichte einzutauchen und Lucius Poblicius, der Hauptfigur dieses Ausgrabungsabenteuers, den Weg in die Neuzeit zu ebnen.

Die Entdeckung seines Grabmals und seiner Statue war für uns Ausgräber ein unvergessliches Erlebnis, das bis heute nachwirkt. Für die Archäologie war dies eine Sternstunde, wie es Professor Otto Doppelfeld, der ehemalige Direktor des Römisch-Germanischen Museums, einmal formulierte. Aber nicht nur er, sondern die gesamte Fachwelt äußerte sich euphorisch über den Fund des Poblicius-Grabmals.

Professor J.M.C. Toynbee, die damalige in England führende Archäologin auf dem Gebiet der provinzialrömischen Kunst, schrieb am 23.12.1967 über das Poblicius-Grabmal:

> *It is indeed a most striking and important monument,*
> *the most splendid find of its kind made for many years in the*
> *nothern provinces.*
> (»Es ist ein höchst eindrucksvolles und bedeutendes Monument, seit vielen Jahren der großartigste Fund seiner Art
> in den nördlichen Provinzen.«)

Professor Dr. Heinz Kähler, Ordinarius für Altertumsforschung am Archäologischen Institut der Universität Köln, urteilte am 20.05.1968 in seinem Gutachten zum Poblicius-Grabmal:

> *Dieses Denkmal (ist) durch Reliefs geschmückt (...), die mehr oder weniger den Anfang der monumentalen Bauplastik im Rheingebiet bilden. (...) Es ist nicht nur früher als die bisher bekannt gewordenen derartigen Grabbauten, sondern auch das früheste von ihnen, das einen so reichen plastischen Schmuck aufweist. (...) Dem Denkmal am Chlodwigplatz kommt (...) die größte Bedeutung zu, da es nicht nur durch seine Errichtung bald nach der Gründung der Colonia Agrippinensis einen zeitlichen Fixpunkt bietet, sondern durch seine Größe und Qualität der Arbeit alles andere überragt, was bisher aus dem Boden Kölns geborgen wurde. (Es ist) eines der bedeutendsten Dokumente der Römerzeit und damit der Vorgeschichte der Stadt Köln.*

Professor Dr. Theodor Kraus vom Deutschen Archäologischen Institut in Rom äußerte sich am 10.01.1969 in einem Brief an Professor Kähler folgendermaßen:

> *Es ist meines Erachtens der bedeutendste Fund, der seit vielen Jahren zur provinzial-römischen Plastik nördlich der Alpen gemacht worden ist. Es ist ein ganz ungewöhnlicher Glücksfall, dass ein Monument dieser Qualität und dieser Größe schon nach den heute zutage getretenen Funden völlig wiederhergestellt werden kann. Die Möglichkeit der festen Datierung anhand der Inschrift sichert ihm einen hervorragenden Platz innerhalb der Archäologie des römischen Rheinlandes, vor allem aber in der Kölner Stadtgeschichte. Die Reliefs sind von einer ausgezeichneten Frische der Dar-*

*stellung und von einer selten guten Erhaltung. Somit ist das
Stück zweifellos ein Objekt allerersten Ranges.*

Die Professoren Werner Eck und Henner von Hesberg würdigen das
Poblicius-Grabmal im Rahmen der Rekonstruktion des Rundbaus eines
Dispensators Augusti im *Kölner Jahrbuch,* Bd. 36 (2003) wie folgt:

*Der Grabbau des Poblicius ist in allen hier vorgetragenen Über-
legungen ein Bezugspunkt von überragender Bedeutung.*

Natürlich gab es auch kritische Kommentare zu unserer Grabung, wobei
die Kritiker vor allem das Problem hatten, dass das Ergebnis unserer
Arbeit, wie die vorangegangenen Beurteilungen beispielhaft zeigen,
nicht in Frage gestellt werden konnte. Professor Doppelfeld hatte zu Beginn unserer Grabung – zu Recht – die unzureichende statische Sicherung kritisiert und ein Grabungsverbot verhängt. Für uns aber wurde
dieses Verbot zum Ansporn, diese anfänglichen Mängel zu beseitigen
und schließlich die Grabung eigenständig fortzuführen.

Dass wir diesen wichtigen Fund während seiner Amtszeit als Direktor des RGM gemacht haben, hat Professor Doppelfeld sicherlich ge-
schmerzt, aber zu diesem Zeitpunkt war er schon ein international hoch
angesehener Archäologe, der sich u. a. durch die Entdeckung des Dio-
nysos-Mosaiks und des Prätoriums unschätzbare Verdienste für Köln
und sein römisches Erbe erworben hatte.

Als wir unseren Fund der Öffentlichkeit vorstellten, zeigte er eine
menschliche Größe, die bewundernswert war. Er gehörte nicht zu den
Kritikern, die unsere Vorgehensweise bei der Bergung und Säuberung
der Quader bemängelten und uns völlig zu Unrecht ein laienhaftes Verhalten vorwarfen, sondern er holte Fachkollegen in unsere Kellerräume,
um einen Fund bekannt zu machen, der nicht seiner war.

Am 01.08.1967 notierte er in einem Schreiben an die Verwaltung der
Museen Folgendes:

Heute hat Herr Heinz Gens den ausführlichen und kompletten Bericht über die Funde vom Chlodwigplatz mit Fotos aller Stücke ordnungsgemäß abgeliefert. (…) Der jüngere Bruder Josef, Student der Maschinenbauschule, ist ein hervorragender Zeichner. Er würde gerne die einzelnen Steine maßstabsgerecht zeichnen, wenn er ein Honorar dafür bekommen könnte. Ich würde es sehr begrüßen, wenn die Stadt ihm den Auftrag dafür geben könnte.

Er belegt hier nicht nur den Erhalt der Funddokumentation, sondern man erkennt hier auch seine Wertschätzung unserer Arbeit. Sie kommt auch in der folgenden Niederschrift aus seinem Nachlass zum Ausdruck, die Gerd Biegel in dem Buch *Vom unterirdischen Köln* herausgegeben hat:

Ein anderer Fall, der die Öffentlichkeit viele Monate und Jahre hindurch bewegte, war das Poblicius-Grabmal. Hier lief alles richtig. (…) Die Besichtigung (der Ergebnisse) dieser (…) Grabung hat doch den Archäologen vom Dienst gewaltig imponiert, die Stollen waren mit starken Betonwänden gesichert, die Funde nach Lage und Höhe genau eingemessen und eingezeichnet.

Einigen der Fachkollegen, die Doppelfeld nachfolgten, gelang es leider nicht, die Poblicius-Grabung so objektiv und vorurteilsfrei zu sehen. Dies ist bedauerlich, aber auch erträglich. Sehr erfreulich dagegen ist, im Kreise der Facharchäologen Unterstützung für meine neueren Forschungsarbeiten zu finden. Für die Bereitschaft, mir Archive und Depots zugänglich zu machen, bin ich sehr dankbar. Dadurch konnte ich bezogen auf die Fundstücke und die Fundsituation in den Jahren 1884 bis 1890 viele neue Erkenntnisse gewinnen, die noch zu weiteren Forschungen Anlass geben werden.

Schon heute aber kann man aus den bisher gewonnenen Erkenntnissen ableiten, dass alle bisher vorhandenen Rekonstruktionen des Poblicius-Grabmals und damit auch seine heutige Konzeption in Frage gestellt werden müssen. Das Grabmal, so wie es heute im Römisch-Germanischen Museum steht, hat sich so fest in den Köpfen verankert, dass eine grundsätzliche Änderung der Konzeption für viele undenkbar und auch nicht wünschenswert ist. Für die Mehrheit der Besucher ist dies auch nicht wichtig. Es geht grundsätzlich darum, ein solch großes Grabmal aus der Römerzeit zu erleben, und nicht um die Frage, wie hoch der Sockel wirklich war und ob einzelne Quader zu einem anderen Grabmal gehören.

Archäologische Klarheit über das Aussehen des Poblicius-Grabmals und weiterer Grabmäler werden aber nur neue Quaderfunde in den Depots des Römisch-Germanischen Museums oder eine nochmalige Grabung erbringen, denn jede Rekonstruktion ist nur so gut wie der Quaderfundus, der zu ihrer Erstellung zur Verfügung steht.

Lucius Poblicius hat mein Leben wesentlich verändert, ja, ich glaube, er hat auch mein Wesen verändert. Mit jedem der 70 Fundquader stieg das Verlangen, mehr über ihn und sein Leben zu erfahren. Er wurde zu meinem ständigen Begleiter und konfrontierte mich nicht nur mit der Geschichte des römischen Köln und des Imperium Romanum, sondern über sein Grabmal auch mit Tod und Vergänglichkeit. Beides Themen, die wir, speziell in jungen Jahren, gar nicht kennen wollen und die wir im Alter allzu gerne ausblenden. Mir gelang das nie: Lucius Poblicius und sein Grabmal waren in den letzten 48 Jahren immer präsent und werden es auch zukünftig sein.

Lucius Poblicius lässt mich also nicht los, und immer, wenn ich heute am Römisch-Germanischen Museum vorbeikomme und sehe, wie sich Besuchergruppen dort an den großen Scheiben die Nasen plattdrücken, um einen Blick auf Dionysos-Mosaik und Poblicius-Grabmal zu erhaschen, dann fällt es mir schwer, ohne einen kurzen Gruß an Lucius Poblicius vorbeizugehen.

Manchmal stelle ich mich auch still zu einer Gruppe dazu und lausche den Ausführungen der Fremdenführer über die Entdeckung des Grabmals und freue mich über die oft ungläubigen Reaktionen der Zuhörer – sie sind immer noch genauso wie die der Besucher unserer Kellerräume damals. Ein fast 15 Meter hohes Grabmal unter dem Elternhaus auszugraben, übersteigt bei vielen einfach die Vorstellungskraft. Dies führt auch oft zu interessanten Diskussionen zwischen Führern und Besuchern und mancher Zweifler stößt sich beim nochmaligen erstaunten Hinsehen den Kopf an der Glasscheibe.

Eine Erfahrung, die schmerzhaft die museale Distanz deutlich macht, die durch die Geschichte der Entdeckung und Bergung des Grabmals für kurze Momente aufgehoben wird: Mancher Betrachter des Grabmals scheint wie vom Grabungsfieber erfasst und wähnt sich vielleicht selbst als Ausgräber.

Kurz vor meinem 70. Geburtstag schaue ich zurück und stelle fest, dass ich die Frage des Redakteurs bei unserer Pressekonferenz 1967, ob der Fund des ersten Quaders ein Schlüsselerlebnis gewesen sei, immer noch bejahen würde. Und ich stelle fest, dass nichts von der Begeisterungsfähigkeit des damals 22-Jährigen verloren gegangen ist, der als junger Ingenieur in die Vergangenheit Kölns aufbrach.

FUNDDOKUMENTATION GENS
HEINZ UND JOSEF GENS, 1967/68

Die Funddokumentation Gens von 1967 beinhaltete 59 Blöcke des Poblicius-Grabmals, die im Detail vermessen, beschrieben und fotografiert wurden. Ein Exemplar dieser Funddokumentation wurde damals dem Römisch-Germanischen Museum übergeben.

Die Blöcke des Poblicius-Grabmals, die die Familie Gens an das Römisch-Germanische Museum für die Ausstellung »Römer am Rhein« ausgeliehen hatte, konnten zunächst nicht berücksichtigt werden. Sie wurden 1968 ergänzt und sind unter den Dokumentationsnummern 60 bis 70 aufgeführt.

1.

G E B Ä L K S T Ü C K :

H 58 cm   B 77 cm   T 42 cm   Kalkstein

Über einem dreifach getreppten Architrav, durch Kehle und Leiste
abgesetzt, liegt als Fries eine Darstellung von Schilden, eins
davon mit einer Adlerschwinge und mit einem „L" in der linken
oberen Ecke. Weiterhin ist der Fries mit einem Schwert und einem
Krummdolch geschmückt. Zentral angeordnet ist ein Rundschild, von
der Seite dargestellt. Der Stein dürfte ein Eckstein gewesen sein,
da er rechts auf Gehrung gearbeitet ist.

Beschädigungen:

Links oben Motiv beschädigt.

2.

G E B Ä L K S T Ü C K :

(wie oben)

H 59 cm   B 67 cm   T 48 cm   Kalkstein

Schildmotiv wie oben, nur dichter formiert, so daß die Dolche zum
größten Teil verdeckt sind. Zwei der Schilde sind Langschilde, die
durch einen Längsbalken unterteilt sind. An diesem Stein sind
deutliche Farbspuren zu sehen.

Beschädigungen:

Keine.

3.

<u>G E B Ä L K S T Ü C K :</u>

(wie 1.)

H 59 cm   B 118 cm   T 45 cm   Kalkstein

Motiv und Aufbau wie bei 1. Die Mitte des Frieses wird von einem
Rundschild mit Schildbuckel eingenommen. Eins der Langschilde
zeigt die oben genannte Adlerschwinge und zwei auf dem Kopf
stehende „L"-förmige Symbole. Das gleiche Symbol – nicht auf dem
Kopf stehend – tritt bei einem weiteren Langschild auf. Im Gegen-
satz zu Nr.1 und 2 wird hier fast jeder Schild durch Quer- und
Längsverzierung (Balken) aufgeteilt. Der Stein ist rechts auf
Gehrung gearbeitet.

<u>Beschädigungen:</u>

Links oben leicht beschädigt.

4.

G E B Ä L K S T Ü C K :

(wie 1.)

H 59 cm   B 125 cm   T 43 cm   Kalkstein

Der Stein ist stark beschädigt. Die erhaltene, linke Seite des
Frieses zeigt einen Rundschild (wie 3.).

Beschädigungen:

Stark beschädigt.

5.

G E B Ä L K S T Ü C K :

(wie 1.)

H 60 cm   B 107 cm   T 42 cm   Kalkstein

Der Fries weist neben Langschilden ovale, durch Querbalken
unterteilte Schildmotive auf. Ein Schild zeigt das oben genannte
„L" Symbol. Dolche und Schwerter fehlen hier.

Beschädigungen:

Die dreifache Treppung des Architravs links und rechts weggebrochen.

6.

GEBÄLKSTÜCK :

(wie 1.)

H 60 cm   B 100 cm   T 40 cm   Kalkstein

Der Stein ist auf zwei Seiten bearbeitet. (Ansicht und linke
Seite). Der Fries weist die gleichen Schildmotive auf wie 1-5,
allerdings sind Rundschildmotive nicht enthalten.

Beschädigungen:

Keine.

Copyright 06J.G.68

7.

G E B Ä L K S T Ü C K :

H 58 cm   B 110 cm   T 45 cm   Kalkstein

Ein dreifach getreppter Architrav wird durch Kehle und Leiste von
einem Friesband abgesetzt. Der Fries zeigt eine akantisierende
Ranke, die sich in drei Windungen nach rechts fortsetzt. Der Stein
ist zweiseitig behauen(ohne Absetzung, Ansicht u. rechte Seite).
Auf dem Stein sind Farbreste der ursprünglichen Bemalung erkennbar (grün und gelb).

Beschädigungen:

Keine.

8.

GEBÄLKSTÜCK:

(wie 7.)

H 58 cm   B 82 cm   T 46 cm   Kalkstein

Motiv wie bei Nr. 7. Die Akanthusranke setzt sich in zwei Windungen nach rechts fort und umschließt dabei die Darstellung einer
Glockenblume. Der Stein ist einseitig bearbeitet.

Beschädigungen:

Das Akanthusmotiv ist rechts leicht beschädigt.

9.

S C H R I F T S T E I N :

H 59 cm   B 116 cm   T 46 cm   Kalkstein

Erster Stein eines dreiteiligen Schriftfeldes mit versetzten
Zeilenanfängen. Die drei Schriftzeilen weisen verschiedene
Schrifthöhen auf. Zwischen den einzelnen Worten werden kleine
Blätter als Trennungs- und Abstandssymbole benutzt.

Text:

Erste Zeile: a) L * POB
Zweite Zeile: b) VETERA * LEG
Dritte Zeile: c) ET * (PA)

Beschädigungen:

Die rechte untere Ecke ist bis zur Höhe der dritten Zeile weggebrochen, so dass zwei Buchstaben der dritten Zeile fehlen
(PA). Linke obere Ecke leicht beschädigt.

10.

S C H R I F T S T E I N :

H 58,5 cm   B 116 cm   T 45 cm   Kalkstein

Zweiter Stein des dreiteiligen Schriftfeldes. Blattmotiv wie oben.

Text:

Erste Zeile: a) LUCIO * L * F * TE
Zweite Zeile: b) V * ALAUDA * EX * TE
Dritte Zeile: c) ULLAE * F   ET

In der dritten Zeile werden „F" und „ET" nicht durch das Blatt-
Symbol getrennt.

Beschädigungen:

Keine.

11.

S C H R I F T S T E I N :

H 59 cm   B 74 cm   T 44 cm   Kalkstein

Dritter Stein des Schriftfeldes mit Zeilenschluß.

Text:		Buchstabenhöhe
Erste Zeile:	a) RE	H. 18 cm
Zweite Zeile:	b) STAMENTO	H. 14 cm
Dritte Zeile:	c) VIVIS	H. 12 cm

Beschädigungen:

Keine

Zusammenhängender Text der Steine 9 - 11:

```
        L * POBLICIO * L * F * TERE
VETERA * LEG * V * ALAUDA * EX * TESTAMENTO
    ET * (PA)ULLAE * F        ET  VIVIS
```

(Lucio Poblicio Lucii Filio Tere, Vetera Legio Quinta Alauda Ex
Testamento, Et Paullae Filiae et Vivis)

271

12.

S C H R I F T S T E I N :

H 54 cm   B 97 cm   T 44 cm   Kalkstein

Mittlerer Stein mit 4. und 5. Schriftzeile des unter den Steinen
9-11 befindlichen Schriftfeldes. Rechter und linker Anschlußstein
fehlen. Die untere, zurückliegende Schriftzeile ist durch Kehle
und Leiste (siehe Gebälkstücke 1-8) von der oberen, vorspringenden Zeile abgesetzt.

Text: Buchstabenhöhe

Erste Zeile: a) O * MODESTO * L * F   H. 12 cm
Zweite Zeile: b) * M * H   H. 11 cm

Beschädigungen:

Keine.

13.

G E S I M S S T Ü C K :

H 30 cm   B vorne 33 cm   hinten 40 cm   T   44 cm
Kalkstein

Zwei Konsolen umfassen ein Bildfeld mit Blütenmotiv. Die Konsolen
sind mit Akanthusblättern verziert. Ein Kerbwulst trennt die
Konsolen vom Bildfeld. Die dargestellte Blüte ist vierblättrig.
Die Sima wird durch eine Leiste von dem vorspringenden Konsolteil
getrennt. Eine einfache Blattreihe schmückt die Sima.

Beschädigungen:

Rechts, links und hinten weggebrochen.

14.

G E S I M S S T Ü C K :

H 33 cm   B 150 cm   T 75 cm   Kalkstein

Die Anschlußplatte eines Gesimes wird von sechs Akanthusblätter
zeigenden Konsolen getragen, die von einem Band gelängter Perlen
umgeben sind. Die Kasettenfelder auf der Unterseite der Platte
zeigen Rosetten unterschiedlicher Gestaltung. Die durch eine
Leiste abgetrennte Sima ist mit mehrrippigen Blättern verziert.

Beschädigungen:

Keine.

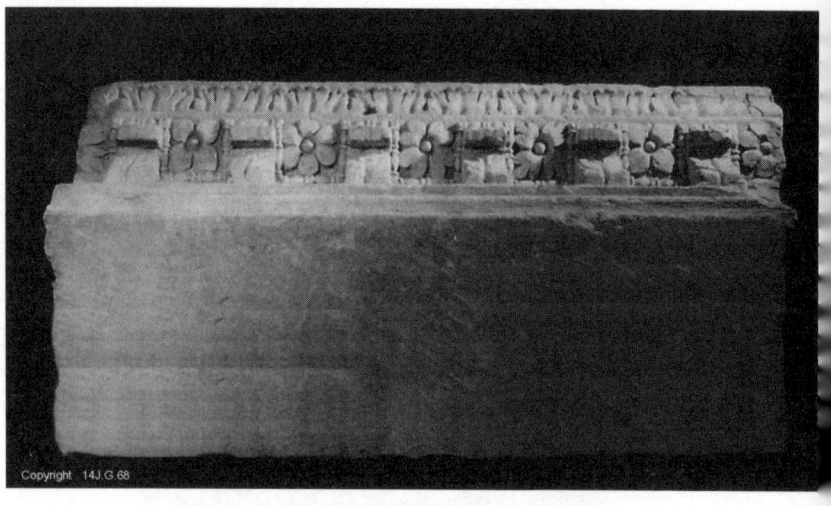

15.

ECK-GESIMSSTÜCK:

H 32 cm   B 154 cm   T 79 cm   Kalkstein

Die Eckplatte wird von 9 Konsolen getragen, die von einem Kerbwulst umgeben sind. Variationen der Blütenmotive und Gestaltung
der Sima wie bei Nr. 14 (Die auf dem linken Seitenteil befindliche Sima zeigt den Blattschmuck wie bei Nr. 13.)

Beschädigungen:

Eine seitliche Konsole abgebrochen, Bruchstück vorhanden.

16.

G E S I M S S T Ü C K :

H 28,5 cm   B 66 cm   T 74 cm   Kalkstein

Thematik wie bei Nr. 13.

Beschädigungen:

  a) eine der drei Blumen zestört
  b) ein Balkenstück mit abgeschlagenem Muster
  c) Konsolzone mittig gebrochen

17.

G E S I M S S T Ü C K :

H 30 cm   B 85 cm   T 85 cm   Kalkstein

Dekor wie bei Nr. 13. Die Sima ist mit einfachen Blattspitzen be-
setzt. Von links nach rechts fortschreitend erscheinen nach einem
Drittel der Steinbreite kleine Blattspitzen zwischen den
größeren Blättern auf der Sima.

Beschädigungen:

Die Platte ist im Auflageteil links und in der Konsolzone
gebrochen. Bruchstücke vorhanden.

18.

G E S I M S S T Ü C K :

H   30 cm   B   50,5 cm   T   74 cm   Kalkstein

Auf Grund der Kassetten- und Simagestaltung ist dieses Gesimsstück
der linke Anschlußstein an Nr. 17.

Beschädigungen:

Keine.

19.

G E S I M S S T Ü C K :

H   39 cm   B   62-46 cm   T   85 cm   Kalkstein

Zwei Konsolen, die von einer einfachen Kerbschnur umgeben sind, tragen eine Gesimsabschlußplatte mit 3 Kassetten verschiedener Gestaltung. Die S-Form der nach außen schwingenden Sima ist mit einfachen Blattspitzen verziert.

Beschädigungen:

Auflagerteil schräg weggebrochen. Bildwerk von der Platte gelöst.

20.

GESIMSSTÜCK :

H 30 cm   B 96-48 cm   T 70 cm   Kalkstein

Bearbeitung der Konsole wie bei Nr. 13. Die Blattreihe auf der
Sima ist in zwei Ebenen plastisch ausgearbeitet.

Beschädigungen:

Eine Blüte und eine Konsole unvollständig. Rechts Sima beschädigt.

21.

T E I L   E I N E S   G E S I M S E S :

H 30 cm   B 91 cm   T 65 cm   Kalkstein

Auffallend an diesem Stein ist die besonders reich verzierte
Abgrenzung der Konsolzone. Die Gestaltung der Konsolen und
Kassetten wie bei Nr. 15.

Beschädigungen:

Auflagerteil an allen Seiten gebrochen. Eine Konsole und zwei
Kassetten sind zerstört. Die Sima fehlt vollständig.

22.

GESIMISSTÜCK:

H 30 cm   B 77 cm   T 80 cm   Kalkstein

Das Bildwerk zeigt drei Kassetten, die von vier Konsolen
eingefasst werden. Variation der Blütenmotive wie oben. Geschmückt
ist die S-förmig nach außen schwingende Sima durch eine doppelte
Blattreihe.

Beschädigungen:

Eine Konsole und eine Blüte sind zerstört.

Copyright 22 J.G.68

282

23.

G E S I M S S T Ü C K :

H   29 cm   B   37-29 cm   T   40 cm   Kalkstein

Von dem Gesimsstück ist nur eine Konsole mit zwei angrenzenden
Kassettenfeldrückseiten erhalten. Von der einfachen Kerbschnur ist
nur noch ein Teil vorhanden.

Beschädigungen:

Der Stein ist ein Fragment eines Gesimsstückes.

24.

K A N N E L I E R T E R   E C K S T E I N:

H 53 cm   B 101 cm   T 43 cm   Kalkstein

Der linke Eckstein zeigt den Verlauf eines Pilasters. Der Pilaster
wird auf der Front des Steines von einem 6 cm breiten Feld und
auf der Seite von einem ca. 50 cm breiten, freien Feld eingeschlossen. In die sechs breiten Streifen der Front ragt die
Spitze eines Blattes. Der 12-kehlige Pilaster wird am oberen Rand
des Steines durch rund auslaufende Kannelur abgeschlossen.Dieser
Stein bildet den oberen Abschluß des linken, die Faunplastik
(Faun mit Flöte Torso im Röm.-Germ. Museum der Stadt Köln)
begrenzenden Pilasters.

Beschädigungen:

Die Pilasterecke ist unten schräg weggebrochen. Das freie Feld
des Steines ist stark beschädigt.

25.

P I L A S T E R S T E I N :

H 77 cm   B 88 cm   T 49 cm   Kalkstein

Der Stein zeigt einen Eckpilaster mit seitlich angrenzendem,
freiem Feld. Er bildet wahrscheinlich den Verlauf des Pilasters
in Höhe der Faunbeine. (siehe Nr. 24 + Nr. 29.)

Beschädigungen:

Kannelur des Pilasters leicht beschädigt.

26.

K A N N E L I E R T E R   E C K S T E I N:

H 59 cm   B 96 cm   T 49 cm   Kalkstein

Aufteilung der Seiten wie bei Nr. 25 in eine glatte Fläche und
einen anschließenden Eckpilaster. Seitlich des Pilasters erscheint
wie bei Nr. 24 ein ca. 2 cm breites freies Feld.

Beschädigungen:

Kannelur der Seite leicht beschädigt.

27.

<u>L I N K E R   B A S I S S T E I N</u>:

H 58 cm   B 100 cm   T 47 cm   mit Wulst 54 cm
Kalkstein

Auf einem Doppelwulst stehend beginnt ein Eckpilaster, der auf
einer Seite Stäbe zeigt. Das glatte Feld der Vorderseite zeigt,
neben der Pilasterkannelur, die Fortsetzung des auf Stein Nr. 29
beginnenden Podestes. Der Stein bildet damit den unteren Abschluß
des linken Eckpilasters (Faunplastik „Faun mit Hase und Hirtenstab").

<u>Beschädigungen</u>:

Der Wulst ist weggebrochen.

28.

R E C H T E R   B A S I S S T E I N :

H 58 cm   B 70 cm   T 46 cm   mit Wulst 53 cm
Kalkstein

Unterer Abschluß eines rechten Eckpilasters, ähnlich wie Nr. 27.
Neben dem 12-kehligen Eckpilaster erscheint die Darstellung eines
Podestes. Der Stein bildet den unteren Abschluß des rechten Eck-
pilasters (Faun mit Hase und Hirtenstab).
Anschlußstein an Nr. 27.

Beschädigungen:

Der Wulst ist seitlich weggebrochen.

29.

F A U N B E I N E   A U F   P O D E S T :

H 73 cm   B 107 cm   T 42 cm   Kalkstein

Auf einem die gesamte Steinbreite einnehmenden Podest stehen die
behaarten Beine eines Fauns. Links neben den Faunbeinen strebt ein
Baum in die Höhe, um den sich eine Schlange windet. Die Reliefplatte wird auf der rechten Seite durch einen 12-kehligen Eckpilaster abgeschlossen. Die Kannelur der rechten Pilasterseite
zeigt an Stelle der Kehlen Stäbe, die nach einem Drittel der
Steinhöhe in Kehlen übergehen. Der Stein gehört zur Faunplastik
„Faun mit Flöte".

Beschädigungen:

Keine.

30.

<u>E C K P I L A S T E R   M I T   R E L I E F P L A T T E :</u>

H 58 cm   B 59 cm   T 45,5 cm   Kalkstein

Das Bildfeld des Steines zeigt die Fortsetzung des auf Stein Nr.
29 beginnenden Baumes mit Schlange. Auf der linken Seite der Reliefplatte schließt sich ein 12-kehliger Eckpilaster an. Gehört zu
„Faun mit Flöte".

<u>Beschädigungen:</u>

Unterer Teil des Baumes und der Schlange weggebrochen.
Kannelur beschädigt.

31.

H 52 cm   B 93 cm   T 42 cm   Kalkstein

Die Reliefplatte ist stark beschädigt. Die gesamte linke Seite ist schräg weggebrochen, der dargestellte Kopf vom Stein gelöst und unvollständig. Auf der rechten Seite schließt sich ein Eckpilaster an. Der Stein gehört zur Faundarstellung „Faun mit Flöte".

Beschädigungen:

Stark beschädigt.

Copyright 31.J.G.68

32.

R E L I E F P L A T T E :

H 50 cm   B 70 cm   T 45 cm   Kalkstein

Auf dem Bruchstück einer Reliefplatte sind die behaarten Bocksbeine
eines Faun dargestellt. Links neben den Beinen ist das nach unten
hängende Vorderteil eines Hasen mit Kopf, Läufen und Ohren erkennbar. Außerdem ist links ein Stück der angrenzenden Pilasterkannelur vorhanden. Der Stein gehört zur Faundarstellung „Faun mit
Hase und Hirtenstab".

Beschädigungen:

Bruchstück.

33.

R E L I E F P L A T T E :

H 74 cm   B 54 cm   T 43 cm   Kalkstein

Die Reliefplatte mit rechts angrenzendem Eckpilaster wird durch
die Darstellung eines auf einem Podest ruhenden Baumes eingenommen. Der Baum, um den sich das Schwanzende einer Schlange
windet, läuft am oberen Bildrand aus. Der Stein gehört zur Faunplastik „Faun mit Hase und Hirtenstab".

<u>Beschädigungen</u>:

Keine.

34.

R E L I E F P L A T T E   M I T   F A U N T O R S O :

H 58 cm   B 100 cm   T 43 cm   Kalkstein

Die rechts, an einen Eckpilaster anschließende Reliefplatte zeigt
einen mit einem Mantel bekleideten Fauntorso. Die linke Hand des
Fauns hält das Hinterteil des auf Stein 32 erwähnten Hasen, die
rechte Hand umfaßt einen geschulterten Hirtenstab. Rechts neben
dem nach links gewandten Torso erscheint am unteren Bildrand die
Fortsetzung des auf Stein 33 beginnenden Baumes mit der Schlange.
Der Stein gehört zur Faunplastik „Faun mit Hase und Hirtenstab".

Beschädigungen:

Linker Unterarm des Fauns mittig leicht beschädigt, dto. die
linke Seite des Eckpilasters.

294

35.

E C K P I L A S T E R :

H 58 cm   B 45 cm   T 60 cm   Kalkstein

Rechts und links an den Eckpilaster sind Reliefplatten angeschlossen, von denen die eine ca. 18 cm breit ohne Muster ist, während
die andere, linke Platte den auf Stein 34 verlaufenden Baum ver-
vollständigt. Der Stein gehört zur Faunplastik „Faun mit Hase
und Hirtenstab".

Beschädigungen:

Kannelur leicht beschädigt.

36.

P I L A S T E R A B S C H L U S S   M I T   R E L I E F-
P L A T T E :

H 53 cm   B 71 cm   T 43 cm   Kalkstein

Die bogenförmig auslaufende Kannelur des Eckpilasters bildet den
oberen Abschluß des Steines. Auf der rechts anschließenden Reliefplatte ist ein bärtiger, gehörnter, nach rückwärts schauender
Faunkopf dargestellt. Am rechten Bildrand ragen über dem Kopf
drei Blätter der Baumkrone in das Bildfeld hinein
(siehe Text Stein 37). Der Stein gehört zur Faunplastik
„Faun mit Hase und Hirtenstab".

Beschädigungen:

Linke Seite des Pilasters leicht beschädigt.

37.

PILASTERABSCHLUSS MIT RELIEF-PLATTE:

H 53 cm   B 74 cm   T 49 cm   Kalkstein

Die Kanneluren des Pilasters enden bogenförmig. Die links angrenzende Reliefplatte zeigt einen nach links gewandten Schlangenkopf, das bogenförmige Ende eines Hirtenstabes (siehe Stein 34) und die Baumkrone (siehe Stein 35). Der Stein gehört zur Faunplastik „Faun mit Hase und Hirtenstab".

Beschädigungen:

Linke untere Ecke der Seite beschädigt.

Copyright 37 J.G 68

38.

L I N K E S   P I L A S T E R K A P I T E L L :

H   47 cm   B   100 cm   T   58-45 cm   Kalkstein

Auf einem Flehtband wächst ein Kreis von Akanthusblättern vor
einem Pfeifenblattornament, das an der Kalathoslippe von einem
zweiten Flechtband begrenzt wird. Die diagonal gestellten Voluten,
von den Eckblättern getragen, rahmen einen Eierstab mit zwischen-
gestellten Lanzettblättern ein. Der reich gegliederte Abakus weist
zwischen zwei schmalen Stäben einen kastenförmig verzierten Stab
mit einem darüberliegenden Flechtband auf. Die rechts anschließende Reliefplatte zeigt einen Maskenkopf, unter dessen Kinn zwei
Blattspitzen der o.g. Baumkrone aufstreben.

Beschädigungen:

Reliefplatte rechts schräg weggebrochen, ebenso zwei Voluten
und beide Abakusblüten. Die Kapitellbruchstücke sind vorhanden. Der Stein gehört zur Faunplastik „Faun mit Hase und
Hirtenstab".

39.

R E C H T E S   P I L A S T E R K A P I T E L L :

H   45 cm   B   75 cm   T   61-45 cm   Kalkstein

Das reich verzierte Pilasterkapitell zeigt den gleichen Aufbau wie
Stein 38. Die links anschließende Reliefplatte zeigt kein Muster.

Beschädigungen:

Die beiden Abakusblüten sind weggebrochen. Ein Teil der Aba-
kuszone über der hinteren Seitenvolute fehlt. Bruchstücke des
rechten Teils der vorderen Abakusblüte und zwei Bruchstücke
der rechten Vordervolute sind vorhanden.

40.

K A N N E L I E R T E R   S Ä U L E N S C H A F T :

H 50 cm   Durchmesser 40-39 cm   Kalkstein

Eine Säulentrommel, die wahrscheinlich in die zweite Etage des
Grabmonuments als einzuordnen ist. Die Kannelur des Säulenschaftes
läuft oben bogenförmig aus.

Beschädigungen:

Die Kannelur ist leicht beschädigt.

41.

K A N N E L I E R T E R   S Ä U L E N S C H A F T :

H   57 cm   Durchmesser 41-40 cm   Kalkstein

Anschlußstück zu Stein 40, der Stein ist der untere Anschlußstein
zu dem Säulenschaft Nr. 40. Die Kannelur der Trommel ist leicht
beschädigt. Das zu den Säulenschäften gehörende Kompositkapitell
ist im Anhang zu finden (Grabungsperiode 1965).

Beschädigungen:

Die Kannelur des Säulenschaftes ist leicht beschädigt.

42.

ABGETREPPTES GESIMSSTÜCK :

H 30 cm   B 120 cm   T 90-82   Kalkstein

Das zum Geison gehörende Gesimsstück ist eine rechte, an der Ecke vorkragende Eckplatte. Die aufschwingende Sima erhebt sich über fünf S-förmigen Stufen.

Beschädigungen:

Rechte Sima von der Ecke an weggebrochen.

43.

A B G E T R E P P T E S   G E S I M S S T Ü C K :

H   30 cm   B 63 cm   T 78   Kalkstein

Die Gesimsplatte bildet den linken Anschluß an den nicht
vorkragenden Teil des Steines 42.

Beschädigungen:

Keine.

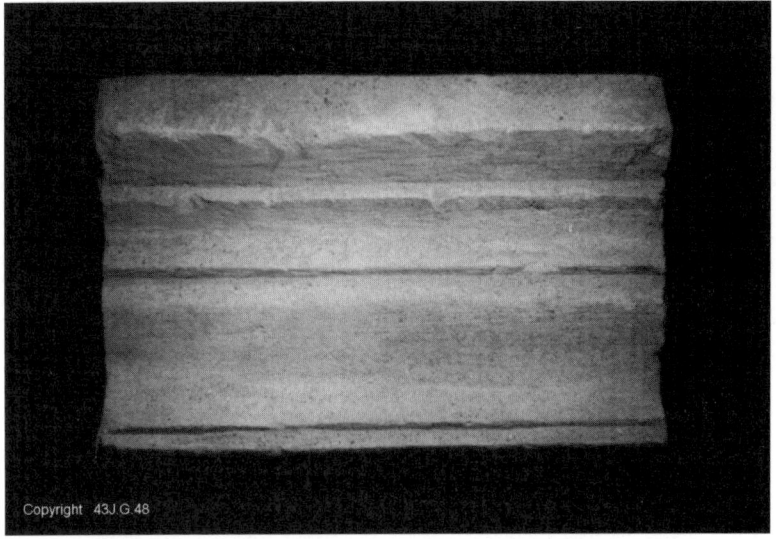

44.

R E L I E F P L A T T E   M I T   G I R L A N D E N :

H 58 cm   B 58 cm   T 44   Kalkstein

Das Relief zeigt zwei Hälften einer Girlande, die durch ein in
Windungen herabhängendes Band in der Mitte des Steines gehalten
werden.

Beschädigungen:

Keine.

45.

R E L I E f   M I T   G I R L A N D E   U N D
V E S T A L I N :

H 56 cm   B 100 cm   T 60   Kalkstein

Das auf der linken Vorderseite (Stirnseite) dargestellte Relief
einer Vestalin fällt durch reich gegliederten Faltenwurf des
Gewandes auf. Die rechte Seite des Steines zeigt auf einer Reliefplatte mit links angrenzendem, einfachem Pilaster eine halbe Girlande, die durch ein gewundenes herabhängendes Band am Pilaster
befestigt ist.

Beschädigungen:

Teile der Stirnseite leicht beschädigt.

45.

**R E L I E f   M I T   G I R L A N D E   U N D
V E S T A L I N :**

H   56 cm   B 100 cm   T 60   Kalkstein

Die rechte Seite des Steines zeigt auf einer Reliefplatte mit
links angrenzendem, einfachem Pilaster eine halbe Girlande, die
durch ein gewundenes herabhängendes Band am Pilaster befestigt
ist.

Beschädigungen:

Teile der Stirnseite leicht beschädigt.

46.

E C K S T E I N   M I T   S C H I N D E L M O T I V :

H 44 cm   B 127-105 cm   T 50-34   Kalkstein

Der zum Dach gehörende Stein zeigt ein sich nach oben verjüngendes
Schindelmotiv. Das Muster ist an der Kante von einem Saum einge-
faßt. Schindelbreite ca. 18 cm, Saumbreite 3,5-4 cm.

<u>Beschädigungen</u>:

Rechte Ecke unten weggebrochen. Bruchstück vorhanden.

47.

B R U C H S T Ü C K   M I T   S C H I N D E L M O T I V :

H   18 cm   B 24-11 cm   T 20-13   Kalkstein

Das Bruchstück zeigt das gleiche Schindelmotiv wie Stein 46.
Schindeln ca. 12 cm, Saum 2-2,5 cm.

Beschädigungen:

Fragment.

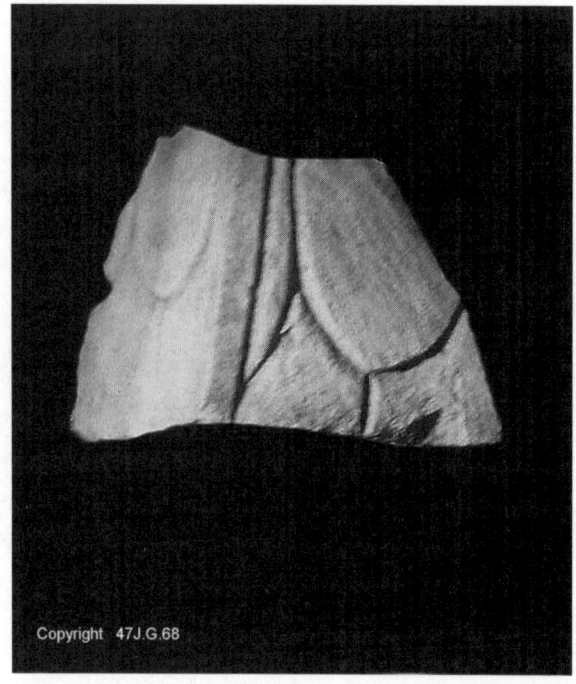

48.

E C K S T E I N   M I T   S C H I N D E L M O T I V :

H   48 cm   B 93-61 cm   T 35-15   Kalkstein

Der Eckstein zeigt das gleiche Motiv wie Stein 46. Die rechte
Seite des Steines weist unten ein ca. 20 cm hohes, freies Feld
auf. Auf der Rückseite des Steines ist ein unvollendetes Gebälkstück zu sehen. Schindelbreite ca. 24 cm, Saumbreite 4,5-6 cm.

Beschädigungen:

Die rechte untere Ecke fehlt.

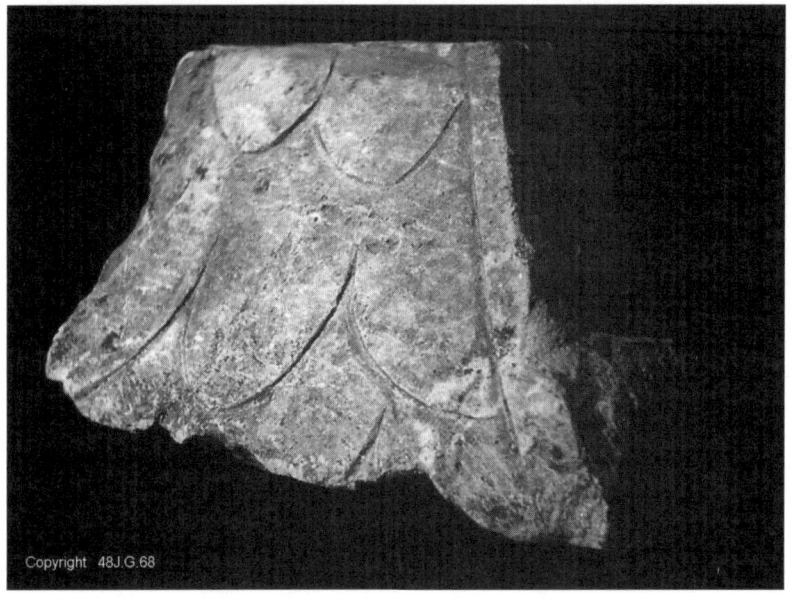

Copyright 48J.G.68

49.

BRUCHSTÜCK MIT SCHINDELMOTIV :

H 43 cm   B 55-61 cm   T 25-33   Kalkstein

Auf dem stark beschädigten Bruchstück ist nur eine halbe Schindel-
reihe auf der Vorderseite zu erkennen. Schindelbreite 18 cm,
Saumbreite oben 3,5 cm.

Beschädigungen:

Fragment.

Copyright 49J.G.68

50.

T E I L S T Ü C K   E I N E R   S C H L A N G E :

H 45 cm   B 45 cm   T 21   Kalkstein

Das Bruchstück stellt die Windung einer Schlange mit Flossen dar.
Die Schlange ist vollplastisch gearbeitet.

Beschädigungen:

Keine.

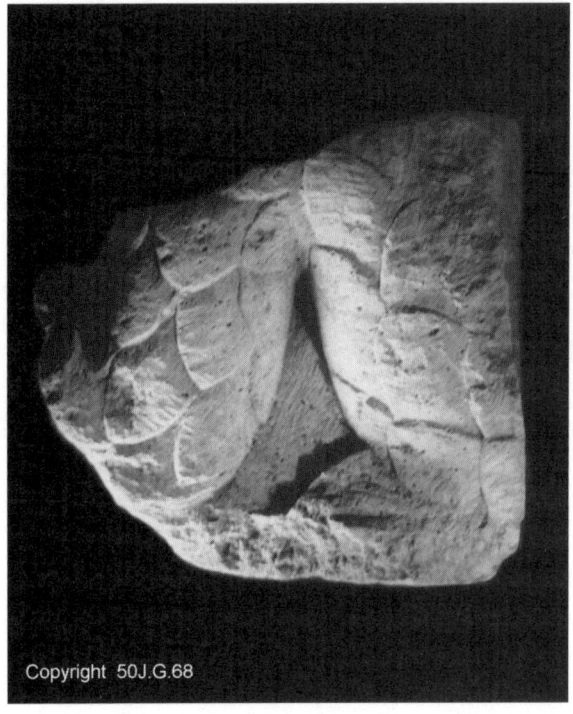

Copyright 50J.G.68

51.

<u>T E I L S T Ü C K   E I N E R   S C H L A N G E :</u>

H   32 cm   B 49 cm   T 23   Kalkstein

Der Stein bildet den hinteren Abschluss, das Schwanzende, der oben
genannten Schlange mit Flossen. Auch dieses Stück ist vollplastisch gearbeitet.

<u>Beschädigungen:</u>

Schwanzflosse beschädigt.

52.

T E I L S T Ü C K   E I N E R   S C H L A N G E :

H   67 cm   B 63 cm   T 40   Kalkstein

Auf einem Sockel ruht der vordere Teil einer geflügelten Schlange,
deren Kopf fehlt. Vor der vollplastisch ausgearbeiteten Schlange
sind auf dem Sockel kleine Wellen erkennbar, die wohl andeuten
sollen, dass die Schlange im Wasser lebt. Der Schlangenleib stützt
sich auf zwei mächtige Flügel, die dem Schlangenhals entspringen.

Beschädigungen:

Keine.

53.

KORINTHISCHES
BEKRÖNUNGSKAPITELL:

H 78 cm   B 65-45 cm   T 80-45   Kalkstein

Der schindelbedeckte Schaft, auf dem das Kapitell ruht, wird durch
ein Flechtband abgetrennt. Aus diesem Flechtband entspringt eine
doppelte Akanthusreihe als Kranz- und Hochblätter vor dem kannelierten Kaules. Aus den Kaulesköpfen steigen rechts und links
neben den Hüllblättern der Blütenstengel reich verzierte Kelche
auf. Auf den Überfällen der Kelch- und Hüllblätter ruht die
Abakusplatte.

Beschädigungen:

Die Abakusblüten und Voluten fehlen. Ein Teil des Schaftes ist
abgebrochen, aber als Bruchstück vorhanden. Eine Seite des
Kapitells ist beschädigt, drei Bruchstücke dieser Seite vorhanden.

Copyright 53J.G.68

314

54.

<u>T O R S O   E I N E R   F R A U E N S T A T U E :</u>

H   125 cm   B 60 cm   T 35   Kalkstein

Die Statue besteht aus zwei Teilen, dem Sockel mit anschließenden
Beinen (bis zur Kniehöhe) und dem Oberkörper. Dargestellt ist
eine Frau mit einem reich gefalteten Gewand, das bis auf die Füße
fällt. Die linke, mit drei Ringen geschmückte Hand rafft das
Gewand.

<u>Beschädigungen:</u>

Die rechte Hand, der rechte und linke Arm, die Schulterpartie
und der Kopf fehlen.

Copyright 54J.G.68

55.

U N T E R T E I L   E I N E R   M Ä N N E R S T A T U E :

H 70 cm   B 64 cm   T 35   Kalkstein

Von einer Männerstatue ist nur das Bruchstück mit einer Sockel-
hälfte, dem linken Bein (bis Kniehöhe), ein Teil des rechten
Beines (ohne Fuss) und ein Stützelement vorhanden.

Beschädigungen:

Fragment.

Copyright 55J.G.68

56.

O B E R T E I L   E I N E R   K O L O S S A L S T A T U E :

H   113 cm   B 57 cm   T 37   Kalkstein

Das Teilstück einer Männerstatue ist im unteren Teil schräg weggebrochen, der Kopf fehlt, ebenfalls der linke Arm. Über das von
einem Gürtel gehaltene Untergewand fällt locker die von der
rechten Hand gehaltene Toga, deren unterer Zipfel hinter den
Gürtel gesteckt ist.

Beschädigungen: Fragment.

57.

<u>M Ä N N E R K O P F</u> :

H   28 cm   B 20 cm   T 30   Kalkstein

Die Schädeloberseite und seine Rückseite sind eben ausgearbeitet.
Die beiden Flächen stehen rechtwinklig zueinander, woraus sich
schließen lässt, dass Kopf und Körper der Kolossalstatue eine
Stützfunktion ausübten. Die typische claudische Frisur und die
auffällige Dreiecksangleichung des Gesichtes weisen auf die Mitte
des 1. nachchristlichen Jahrhunderts.

<u>Beschädigungen:</u>   Kleine Bruchstelle am Kinn.

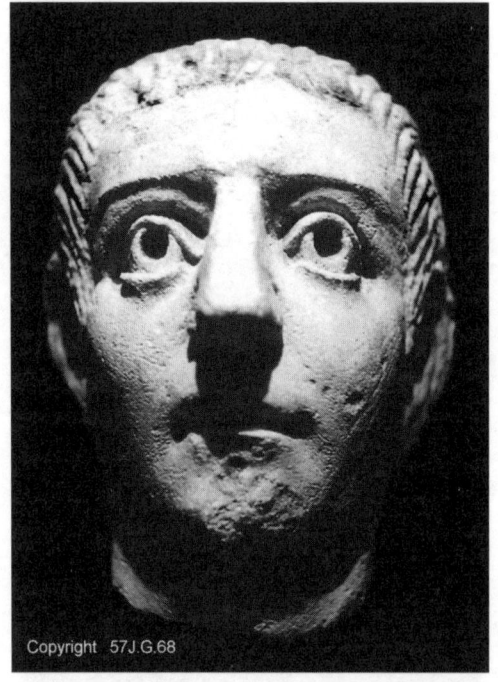

318

58.

S T A T U E T T E N K O P F :

H 19 cm   B 13 cm   T 15   Kalkstein

Im Gegensatz zu Nr. 57 zeigt der Mädchenkopf eine voll ausgebilde-
te Haartracht. Die Gesichtsform weist rundliche Züge auf. Die
Augen sind nicht, wie bei Nr. 57, aufgebohrt. Der zugehörige
Körper befindet sich im Röm.-Germ. Museum Köln.

Beschädigungen:

Die Nasenspitze ist seitlich abgebrochen.

Copyright 58J.G.68

59.

BRUCHSTÜCK HAND MIT HARFE :

H 10 cm   B   30 cm   Kalkstein

Das Bruchstück mit der Hand stammt wahrscheinlich von einer
kleinen Statue. Wegen der anschließenden „ebenen" Fläche wird
eine Harfe vermutet, in die die Hand eingreift. Möglich ist aber
auch, dass die Hand einen Teil des Gewandes hält.

Beschädigungen:

Anschlussmuster an drei Seiten weggebrochen.

60.

R E L I E F P L A T T E   M I T   F A U N T O R S O :

H 58 cm   B   86 cm   T   44 cm   Kalkstein

Die links an einen Eckpilaster anschließende Reliefplatte zeigt
einen mit Mantel bekleideten Fauntorso. Die Hände umfassen eine
Shyrinx. Links neben dem nach rechts gewandten Torso schließt
Stein 30 mit Baum und Schlange an. Der Stein gehört zur Faunplastik „Faun mit Hirtenflöte".

Beschädigungen:

Die Kannelur ist am rechten Außensteg und unteren Innensteg
leicht weggebrochen.

61.

K O M P O S I T - R U N D K A P I T E L L :

H   45 cm   B   41 cm   Kalkstein

Das reich verzierte Komposit-Rundkapitell zeigt den gleichen
Aufbau wie die Steine 38 und 39.
Es gehört zu den Säulentrommeln Stein 40 und 41.

Beschädigungen:

Die linke Volute ist weggebrochen; das Bruchstück wurde nicht
gefunden. Das Bruchstück oberhalb der rechten Volute konnte
angesetzt werden.

62.

S T E I N   G L A T T / O H N E   M U S T E R :

H   30 cm   B   76 cm   T   82 cm   Kalkstein

Der Stein zeigt keinerlei Muster. Die Höhe von 30 cm ist auf einer Tiefe von 50 cm vorhanden, die restliche 32 cm haben eine Höhe von nur 26 cm. (gerundete Abstufung)

Beschädigungen:

Keine.

63.

<u>R E C H T E S   P I L A S T E R K A P I T E L L</u> :

H 45 cm   B   74 cm   T   44 cm   Kalkstein

Das reich verzierte Pilasterkapitell zeigt den gleichen Aufbau
wie Stein 38. Die rechts anschließende Reliefplatte zeigt Beine
und Flügel eines Eroten, dessen rechter Unterarm und Hand von
einer Stoffschleife umfangen sind. Der Stein gehört zu Stein 67
(linkes Pilasterkapitell mit dem Körper des Eroten).

<u>Beschädigungen</u>:

Beim Kapitell sind die Blumenrosette oberhalb des Eierstabes
und die linke untere Ecke weggebrochen.

64.

<u>R E L I E F   M I T   K Ö R P E R   E I N E R   V E S T A L I N</u> :

H   73 cm   B   83 cm   T   46 cm   Kalkstein

Das an der linken Vorderseite (Stirnseite) dargestellte Relief
des Unterkörpers einer Vestalin fällt durch den reich gegliederten Faltenwurf des Gewandes auf. Der linke Arm der Vestalin hält
ein geteiltes Reh. Die rechte Seite des Steins zeigt eine
Pilasterkannelur und links daneben eine glatte Anschlussfläche.
Der Stein gehört zu Stein 45.

<u>Beschädigungen:</u>

Stirnseite: Gewand ist links oben und unten leicht beschädigt.

65.

G E B Ä L K S T Ü C K :

H 58 cm   B   107 cm   T   44 cm   Kalkstein

Ein dreifach getreppter Architrav wird durch Kehle und Leiste von
einem Friesband abgesetzt. Der Fries zeigt eine akantisierende
Ranke, die sich in zwei Windungen nach rechts fortsetzt. Der Stein
ist zweiseitig behauen. (Ohne Absetzung, Ansicht und rechte Seite.)
Der Stein gehört zu Stein 8, der den linken Anschluß bildet.

Beschädigungen:

Die linke untere Ecke ist weggebrochen; das Bruchstück wurde
nicht gefunden.

66.

OBERTEIL EINER MÄNNERSTATUE:

H 71 cm   B 99 cm   T 35 cm   Kalkstein

Das Teilstück einer Männerstatue ist im unteren Teil gerade
weggebrochen, der Kopf fehlt. Die rechte beringte Hand hält eine
Schriftrolle. Die linke, ebenfalls beringte Hand hält den unteren
Teil der Toga. Der Stein gehört zu Unterteil 55 und zu Kopf 57
und komplettiert die Statue des Poblicius.

Beschädigungen:

Unter der rechten Hand ist ein kleines Stück der Toga weggebrochen.

67.

<u>L I N K E S   P I L A S T E R K A P I T E L L</u> :

H 45 cm   B   71 cm   T   44 cm   Kalkstein

Das reich verzierte Pilasterkapitell zeigt den gleichen Aufbau
wie Stein 38. Die links anschließende Reliefplatte zeigt den
Körper eines Eroten, dessen linker Unterarm und Hand von
einer Stoffschleife umfangen sind. Der Stein gehört zu Stein 63
(rechtes Pilasterkapitell mit Füssen und Flügel des Eroten).

<u>Beschädigungen</u>:

Beim Kapitell sind die Blumenrosette oberhalb des Eierstabes,
die Zierleiste oberhalb der rechten Volute und die linke
untere Ecke der Zierleiste weggebrochen.

68.

<u>P I L A S T E R</u> :

H   73 cm   B   135 cm   T   42 cm   Kalkstein

Der Stein zeigt einen Eckpilaster mit seitlich angrenzendem
freien Feld. Er bildet wahrscheinlich den Anschluß zu Stein 29
(Panbeine des ersten Pan mit Flöte)

<u>Beschädigungen</u>:

Die Freifläche (auf der Breitseite) links neben der Kannelur
ist im unteren Bereich weggebrochen.

Copyright 68J.G.68

69.

G E S I M S S T Ü C K :

H   30 cm   B   68 cm   T   72 cm   Kalkstein

Dekor wie Nr. 13. Zwischen den größeren Blättern der Sima
erscheinen zusätzlich kleine Blattspitzen.

Beschädigungen:

Der vordere Steg über der Sima ist rechts weggebrochen.

70.

<u>P I L A S T E R B A S I S</u> :

H   58 cm   B   81,5 cm   T   45 cm   Kalkstein

Auf einem Doppelwulst stehend beginnt ein Eckpilaster. Daneben
schliesst sich an der Langseite eine freie Fläche an. Der Stein
bildet den unteren Abschluss eines (rechten oder linken)
Eckpilasters (siehe auch Steine 27 und 28).

<u>Beschädigungen</u>:

Die Kannelur der Ecke ist großflächig weggebrochen.

BESCHREIBUNG DER ERSTEN REKONSTRUKTION
JOSEF GENS

IM AUGUST 1967 AN DAS RÖMISCH-GERMANISCHE
MUSEUM ÜBERGEBEN

DAS GRABMAL DES LUCIUS POBLICIUS .

An der Römerstraße Köln - Bonn, zwischen der Colonia und dem Flottenlager der Classis Germanica, am heutigen Chlodwigplatz, fanden sieben Amateurarchäologen im Jahr 1965 die ersten Überreste eines römischen Grabmals.
Die Darstellung des römischen Faun auf einer Reliefplatte, die bei einer Fundamentgrabung freigelegt wurde, ließ das Bauvorhaben vollständig zum Erliegen kommen. In unmittelbarer Nähe fanden sich ein Kompositakapitell, auf dem sich seitlich der Ansatz eines Reliefs mit der Darstellung einer Amorette anschloß. Nachdem ein rundes Kompositakapitell, ein Gesimsstück und ein kannelierter Abschlußstein geborgen worden waren, mußten die Grabungsarbeiten wegen Baugefährdung eingestellt werden.
Ein Jahr verging bis zur zweiten Grabungsperiode, die weitere 54 Quader des Bauwerkes wieder ans Licht brachte und an Hand derer es heute möglich ist, eine Rekonstruktion zumindest der Vorderfront dieses Grabmals zu erstellen.
Die Frontbreite von 6,40 m ergibt sich aus den beiden Faundarstellungen, mit je 1,60 m, 2 Säulen je 0,40 m Durchmesser und 3 Zwischenräumen von je 0,80 m.
Der 2,40 m hohe Sockel des Gebäudes mit Schriftband dürfte mit 4 Steinhöhen je 0,60 m bestimmt sein.
Die Höhe der ersten Etage bestehend aus Faundarstellung, Kapitellen, Architraven mit Friesen und Gebälkstücken ergibt eine genaue Höhe von 4,00 m. Ebenso die zweite Etage. Die geborgenen Säulentrommeln erlauben eine Bestimmung der Säulenhöhe von 3,60 m. Säulenschaft, Kapitelle, Architrave und einfach getreppte Gebälkstücke ergeben wiederum 4,00 m. Eine geschuppte Pyramide mit geschweiften Kanten bildete den oberen Abschluß des Gebäudes. Sie ist mit 6,00 m Höhe anzunehmen. Gekrönt wurde diese Dachpyramide durch einen Pinienzapfen, als Symbol ewigen fruchtbaren Lebens, getragen von einem korinthischen Kapitell.
Vom architektonischen Typus her findet man einige Parallelen zu den rheinischen Pfeilergrabmälern, die aber ihrerseits wieder zu   (1) einer Denkmälergruppe gehören, die vom Osten des Reiches über Nordafrika, Spanien bis nach Gallien und Germanien hinein verbreitet ist. In St. Remy bei Avignon ist uns das Grabmal der Julier erhalten, bei dem die gleiche architektonische Gliederung mit orientalischen, phönikischen, ägyptischen und karthagischen Elementen auftritt.   (1)

Das Charakteristikum des überreichen Reliefschmucks findet sich je- (1)
doch nur im Rheinland und im östlichen Gallien. Bezeichnend sind die (1)
mythologischen Darstellungen, hier der Faun als Wald- und Wiesengott,
gleichbedeutend mit Silvan, auch als Pan identifiziert. So tritt er
als bocksbeiniger Satyr einmal mit der Panflöte, ein anderesmal mit
Hirtenstab und Hase auf. Die Eselsohren wiederum deuten auf die enge
Verwandschaft zu Silen hin, dem Sohn des Hermes oder Pan. Hier erkennt man die enge Verknüpfung der Kulte. Die Darstellung der Bacchan-
tin und der Amoretten deutet, begleitet durch Faun oder Silen, sehr
stark auf den für Auferstehungs- und Fruchtbarkeitsmysterien bekannten Dionysoskult hin.
Die allegorischen Darstellungen; Schlange, Flöte, Hase und Pinienzapfen geben dafür die Bestätigung.
Die Datierung des Grabmals läßt sich einmal durch das fast vollständig erhaltene Schriftband, zum anderen aus der Ornamentik des Bauwerkes entnehmen.

          L . P O B L I C I O . L . F . T E R E
V E T E R A . L E G . V . A L A V D A . E X . T E S T A M E N T O
          E T . P A V L A E . F   E T . V I V I S
    (E T . F I L I) O . M O D E S T O . F (P O B L I C I O)

Dem Lucius Poblicius, Sohn des Lucius aus dem Geschlecht der Terentina Tribu, Veteran der 5. Legion, genannt die Lerchen, gemäß dem Testament, und seiner Tochter Paula, und den Lebenden, und seinem Sohn Lucius Poblicius Modestus.

Die 5. Legion (Leg. V. ALAVDA) genannt die Lerchen hatte von 9 - 69 n.
Chr. ihr Lager in Vetera bei Xanten. Sie ist wahrscheinlich die von
Caesar aufgestellte Lerchenlegion.
Um nun in diesem Zeitraum auf eine genauere Datierung zu kommen betrach-
te man die Ornamentik. Der Faltenwurf der Togen, aber besonders der gefundene Kopf weist in der Gestaltung auf den claudischen Stil. Die Haartracht und der dreieckige Gesichtsumriss sind typisch für die Zeit von
42 bis 44 n. Chr. Diese Datierung wird noch bestätigt durch das fehlende Cognomen für den Veteranen LUCIUS POBLICIUS. Die Cognomina finden
erst gegen 60 n. Chr. ihre Anwendung. So bei dem Sohn des Poblicius,

334

der das Cognomen "MODESTO" trägt und somit nach 60 n. Chr. bestattet
sein muß. Der einzige Widerspruch in der Datierung findet sich in
der Ornamentik der Kompositakapitelle, die man bisher zeitlich auf
70 - 73 n. Chr. festgelegt hat. Dafür wird sich aber bestimmt eine
Erklärung finden lassen.

Das Schriftband, an Hand dessen eine so genaue Datierung möglich war,
gibt weiterhin Auskunft über die Reihenfolge der Bestattungen in diesem Grabmal. Bei der Untersuchung der Schrifttypen stellt man fest,
daß ursprünglich nur zwei Schriftzeilen vorhanden waren. Die Schrift
endete mit "EX TESTAMENTO", woraus hervorgeht, daß hier nur Lucius
Poblicius bestattet werden sollte. Später, als seine Tochter Paula
starb, wurde sie gegen das Testament in dem Grabmal beigesetzt,
gleichzeitig sicherten sich die Verwandten ebenfalls einen Platz mit
dem Zusatz "ET VIVIS" (und den Lebenden). Man erkennt die spätere
Hinzufügung deutlich an der fehlenden Exaktheit der Schrifttypen. Wie
schon gesagt, muß der Sohn des Poblicius nach 60 n. Chr. bestattet
worden sein, hier erkennt man sofort wieder eine exaktere Ausarbeitung des Schriftbildes.

Betrachtet man die Exaktheit der Ornamente im einzelnen, so stellt man
fest, daß je nach Anbringungsort am Gebäude mehr oder weniger sorg-
fältig gearbeitet worden ist. So war die Front des Grabmals reicher
geschmückt, als die Seiten. Ein Eckgebälkstück zeigt in der Sima nach
vorne einen Blattstab mit 6fach geteilten Blättern, während zur Seite
nur ein doppelter, ungeteilter Blattstab auftritt, der an der Rückseite in einen einfachen ungeteilten Blattstab übergeht. Steine, die weiter oben am Gebäude angebracht waren, wurden ebenfalls weniger exakt
bearbeitet, so die Architrave mit Waffenfriesen, als die Steine, die
unten angebracht waren, so die Architrave mit Rankenfriesen, die durch
ihre Exaktheit geradezu verblüffen.

Das sind nun mehr oder weniger gewollte Unterschiede, doch findet man
auch solche, die darauf hindeuten, daß zwei verschiedene Bildhauer an
dem Gebäude gearbeitet haben.

Das wird sehr deutlich bei genauerer Betrachtung der Kompositakapitelle. Die fingerförmig gefächerten Akanthusblätter sind teils sehr
plastisch, mit spitz auslaufenden Blattrippen gearbeitet.

Auch Eierstab, Abakusblüten und Schnecken weisen in Geometrie und plastischer Ausarbeitung große Unterschiede auf, die nur durch zwei Bildhauer (Meister + Lehrling) zu erklären sind.

Die Bearbeitungsart ist deutlich als Meißelarbeit zu erkennen, weist
also, da keine Bohrspuren vorhanden sind, die man erst antoninischer
Zeit beginnend kennt, ebenfalls in die Frühzeit. Meißelspuren unter-

schiedlicher Größe sind noch genau zu erkennen. Dadurch taucht die
Frage auf, wie lange das Bauwerk gestanden haben kann. - Korrosi-
onserscheinungen sind kaum vorhanden, treten aber im allgemeinen
bei Jurakalk schon nach dreißig bis vierzig Jahren in Erscheinung.
Der Fundort gibt über die Standzeit des Grabmales leider keinerlei
Auskunft; er erklärt lediglich den guten Erhaltungszustand über
die Jahrhunderte hinweg.
Es muß sich bei dem Fundort um ein mit der Zeit versumpfendes Gewässer, evtl. um einen alten, bislang unbekannten Rheinarm gehandelt haben, in das die Steine noch in römischer Zeit geworfen worden sind. Für diese Annahme sprechen mehrere Tatsachen. Am beweis-
kräftigsten hierfür sind wohl die zahlreichen Algenreste, die fast
auf jedem Stein zu finden waren. Außerdem hätte der, in trockenem
Zustand relativ spröde Jurakalk bei einem normalen Verfall des Bauwerkes größere und zahlreichere Beschädigungen davon getragen als
es hier der Fall ist. Auch dies spricht dafür, daß das Bauwerk vor-
zeitig abgebrochen, und in ein mehr oder weniger stehendes Gewässer
geworfen worden ist.
Auch die Scherbenfunde, die zeitlich vom frühen ersten Jahrhundert
bis zum späten Mittelalter reichen, sowie das Fehlen von Erdschichten im Fundbereich, als auch das Erdreich selbst - Lehm und reiner
Sand sprechen für einen langsam versumpfenden Flussarm, der bis ins
Mittelalter hinein als Abfallhalde benutzt wurde. Das Vorfinden einer Sand - Kiesschicht unterschiedlicher Höhe, sowie die Fallrichtung der Steine, lassen in etwa eine Bestimmung des Uferrandes auf
der Stadt zugekehrten Seite und evtl. auch eine annähernde Ortsbe-
stimmung zu.
Wie die Steine jedoch an den Fundort selbst gelangten, ist unbe-
stimmt und läßt sich nicht mit Sicherheit sagen. Andererseits wider-
spricht die Beschaffenheit der Steine einem durch unterspülte Fundamente hervorgerufenen Einsturz des Gebäudes, da dies nur durch flie-
ßendes Gewässer bewirkt werden kann, was gleichzeitig eine Abschlei-
fung der Ornamentik zur Folge gehabt hätte. Außerdem wäre in diesem
Falle eine geordnetere Fallrichtung und Lage der Steine als sie hier
auftritt anzunehmen.
Man kann also mit Recht annehmen, daß die Steine absichtlich hier
abgeladen wurden. Die ungeordnete Lage und die oben erwähnten Gründe lassen kaum einen anderen Schluß zu.
Nun bliebe nur noch zu klären, wer das Bauwerk abgetragen hat und
wann dies ungefähr geschehen ist.

Hierzu müssen wir nochmals zur Gründung des Bauwerkes zurückkehren, die sich ja mit ziemlicher Sicherheit auf die Zeit zwischen 40 und 45 n. Chr. datieren läßt. (S.o.) Betrachtet man weiterhin die relativ geringen Witterungsschäden, die selbst bei einer Bemalung der Gebäudefronten - wie es ja hier der Fall war, auf eine Standdauer von ca. 25 - 30 Jahren schließen lassen, so ist die Zerstörung des Gebäudes wahrscheinlich in den Jahren von 67 - 72 n. Chr. zu suchen. In diese Zeit fallen die Bataveraufstände (68 n. Chr.), die die Zerstörung vieler römischer Bauten zur Folge hatten. Ob sie bei der Zerstörung dieses heute noch, durch seine Überreste so begeisternden Bauwerkes ebenfalls eine Rolle spielten oder ob hier andere Ursachen z.B. Straßenbau oder ähnliches, den Abbruch bedingten, sei dahin gestellt.

(1) Vgl. G. Nymeyer, Zur römischen Architektur der Rheinlande im
Katalog der Ausstellung "Römer am Rhein"
des Römisch-Germanischen Museums Köln
Köln , 1967

BRIEF VON PROFESSOR DR. OTTO DOPPELFELD
AN DIE VERWALTUNG DER MUSEEN, STADT KÖLN

AUGUST 1967

4111 - Röm.-Germ. Museum   1. August 1967

000049

41 - Verw. f. Kunst und Kultur
über 411 - Verw. d. Museen

STADT KÖLN
Eing.: 2. AUG. 1967
Verwaltung der Museen

Betr.: Funde vom Chlodwigplatz

Heute hat Herr Heinz Gens den ausführlichsten und
kompletten Bericht über die Funde vom Chlodwigplatz
mit Fotos aller Stücke ordnungsgemäß abgeliefert.
Das ihm dafür in Aussicht gestellte Honorar von
2000.— DM bitte ich auf sein Konto 250326/6 bei der
Commerzbank, Zweigstelle Chlodwigplatz zu überweisen.
Über den Kaufpreis der Steine will sich Herr Gens erst
äußern, wenn das Museum andere Sachverständige dazu
gehört hat. — Entgegen Äußerungen von anderer Seite
haben der Vater als Grundstückseigentümer und der Sohn
Heinz als Finder es nicht sehr eilig. Ich halte es
auch für besser, daß die Steine noch eine Weile langsam
im Keller austrocknen. Der Vater hat sich bereit erklärt,
die Steine, falls es gewünscht wird, auch nach dem Ankauf
kostenlos zu lagern, etwa bis zur Aufstellung im neuen
Museum.
Es kam noch eine andere Sache zu Sprache: der jüngere
Bruder Josef, Student der Maschinenbauschule, ist ein
hervorragender technischer Zeichner. Er würde gerne die
einzelnen Steine maßgerecht zeichnen, wenn er ein
Honorar dafür bekommen könnte. Aus verschiedenen
Gründen würde ich es sehr begrüßen, wenn die Stadt
ihm den Auftrag dazu geben könnte.

Anlage: Bericht u.d.B.   Doppelfeld
        um Rückgabe
        an das R.G.M.

Herrn Dir. Dr. Doppelfeld einstweilen zurückgereicht, da die
Riesperiode § 21. im Urlaub.
                                        7.8.67

339

GUTACHTEN VON PROFESSOR DR. HEINZ KÄHLER, ARCHÄOLOGISCHES INSTITUT DER UNIVERSITÄT ZU KÖLN

MAI 1968 (ABSCHRIFT)

ARCHÄOLOGISCHES INSTITUT
DER UNIVERSITÄT ZU KÖLN
– DER DIREKTOR –

5 Köln, am 20. Mai 1968
Albertus-Magnus-Platz
Telefon 20 24 259

GUTACHTEN

Nach der Veröffentlichung der sg. Igeler durch Dragendorff und Krüger im Jahre 1924 und der Grabmäler von Neumagen durch W. v. Massow 1932, deren Reste jetzt einen wesentlichen Bestand des Landesmuseums Trier bilden, hatte es den Anschein, als sei das sg. Pfeilergrabmal vorzüglich eine Denkmalform des Treverer- und Mediematrikergebietes, das von diesem Zentrum aus bis an den Rhein und nach Raetien gewirkt habe. Doch schon ein Grabdenkmal dieser Form, dessen Reste in einem römischen Steinbruch bei Kruft nördlich von Koblenz gefunden wurde, der zu Beginn des zweiten Jahrhunderts verschüttet wurde, widersprach dieser Vermutung. Bereits in meiner Untersuchung über die römischen Kapitelle des Rheingebietes, verfasst 1929, gedruckt allerdings erst 1939, konnte ich auf das ein Schuppendach bekrönende korinthische Kapitell im Wallraf-Richartz-Museum hinweisen, das in zweiter Verwendung zu einem Kindersarkophag umgearbeitet worden ist und das in den siebziger Jahren des 1. Jahrhunderts entstanden sein muss. Das heißt: Um diese Zeit muss es in Köln den Grabtypus gegeben haben, der später dann im Treverergebiet außerordentlich verbreitet war. Im Zusammenhang mit meinen Untersuchungen über die rheinischen Pfeilergrabmäler 1934 machte ich den Versuch, mit Blöcken eines Grabdenkmals, die 1884 beim Chlodwigplatz gefunden wurden und die sich teils im Wallraf-Richartz-Museum, teils im Rheinischen Landesmuseum befinden, einen Grabturm zu rekonstruieren. Zur Verfügung standen mir damals die Blöcke Lehner, die antiken Steindenkmäler des Provinzialmuseums in Bonn (Bonn 1918) Nr. 885 (Pilasterkapitell, abg. Lehner Skulpturen

Heft II Taf. 31,6), Nr. 886 (Architrav und Fries, Lehner Taf. 32,3) Nr. 887 (Gesimsblock, Lehner Taf. 32,4), Nr. 888 (Block von Pyramidendach, Lehner Taf. 32,5), Nr. 889 (desgl.), Nr. 890 (desgl.), Nr. 891 (desgl.), Nr. 892 (desgl.), Nr. 883 (Block mit Girlande, Lehner Taf. 32), Nr. b884 (Säulenkapitell, Lehner Taf. 32,2) dazu die Gesimsblöcke Nr. 120 und 50 in Köln. Damals wagte ich noch nicht, die ebenfalls sich in Bonn befindlichen Blöcke Lehner Nr. 881 (Eckblock mit den Füßen einer Tänzerin und Pilaster abg. Lehner Taf. 31,3), Nr. 882 (Eckblock mit Pilaster und Sockel, über dem der Fuß eines Ziegenbocks sichtbar wird, Lehner Taf. 31,4) wie auch den Oberkörper eines Triton (Lehner Taf. 31,3 und 2) mit dem gleichen Grabbau zu verbinden, obwohl diese Stücke ebenfalls am Chlodwigplatz gefunden wurden. In meiner Untersuchung über die römischen Kapitelle des Rheingebietes hatte ich eine Datierung des von mir dann rekonstruierten Grabdenkmals vom Chlodwigplatz ausgespart, das ich in der Untersuchung über die Pfeilergrabmäler von 1934 versuchsweise an das Ende des 1. Jahrhunderts datierte.

Jetzt ist durch die Funde unter dem Hause Chlodwigplatz Nr. 24, an der gleichen Stelle, an der 1884 die jetzt im Landesmuseum in Bonn und im Wallraf-Richartz-Museum befindlichen Blöcke lagen, die Frage nach der Datierung geklärt. L. Poblicius aus der Tribus Terentina, Veteran der Legio V Alaudia, die bis zum Aufstand gegen Galba im Jahre 69 in Vetera-Xanten stand und deren Detachements dort im Aufstand des Civilis untergingen, während die Hauptmasse nach der Kapitulation der Vitellianer bei Cremona sehr bald ein ruhmloses Ende fand, muss das Denkmal noch vor dem Jahre 69 n. Chr. errichtet haben. Die Togastatue des Mannes, der erhalten blieb, zeigt die Haartracht, die für den Kaiser Claudius charakteristisch ist, unter dem L. Poblicius als Soldat gedient hatte. Das Denkmal dürfte daher in der Zeit etwa zwischen 50 und 65 n. Chr. entstanden sein.

Die jetzt im Grundstück Chlodwigplatz 24 gemachten Funde haben aber durch die monumentale Inschrift nicht nur die ziemlich genaue

Datierung des damit frühesten rheinischen Pfeilergrabmals, von dem Reste erhalten sind, erbracht, sondern sind auch insofern von weittragender Bedeutung, als dieses Denkmal durch Reliefs geschmückt ist, die mehr oder weniger den Anfang der monumentalen Bauplastik im Rheingebiet bilden. Sie gehen auf jeden Fall der an den Grabdenkmälern von Neumagen zeitlich voraus. Ja, man darf sich fragen, ob das Grabmal, dessen Reste am Chlodwigplatz gefunden wurden, nicht von Köln aus in das westlich gelegene Hinterland Vorbild gebend, gewirkt hat, denn es ist nicht nur früher als die bisher bekannt gewordenen derartigen Grabbauten, sondern auch das früheste von ihnen, das einen so reichen plastischen Schmuck aufweist.

Über einem Sockel, dessen Inschrift eine Breite von 3,10 m misst, die aber nach einem erhaltenen Profilstein beiderseits von 62 cm breiten Lisenen eingeschlossen war, der also eine Breite von 4,34 m hatte, erhob sich ein Untergeschoss, das nach den Resten der am Chlodwigplatz gefundenen Mänade und den Füßen einer entsprechenden Mänade in Bonn an der Front mit einem großen Relief geschmückt gewesen zu sein scheint, während die Seiten zwischen Pilastern und Girlanden hingen. Dieses Untergeschoss trug eine Ädikula mit vier Säulen in Front vor zwei von Eckpilastern eingefassten Wänden, auf denen zwei bocksfüßige Satyrn unter einem schwebenden Eroten und einer Theatermaske erscheinen. In der Ädikula standen drei Statuen, zwei männliche und eine weibliche, von denen die Männerfigur, wahrscheinlich die des L. Poblicius, ganz erhalten ist. Die von einem Kapitell bekrönte Dachpyramide war von zwei Tritonen flankiert. Das Denkmal dürfte eine Höhe von etwa 12 m gehabt haben (Stufenunterbau 90 cm. Inschriftsockel ca. 2,10 m. 1. Geschoss ca. 2,96 m. 2. Geschoss ca. 2,96 m. Dachpyramide mit Kapitell ca. 2,96 m). Da die Kalksteinblöcke nach dem römischen Fußmaß von 0,296 m geschnitten sind, würde eine Ergänzung des noch Fehlenden mit Ausnahme des wohl noch im Boden steckenden Stufenunterbaues keine allzu großen Schwierigkeiten bereiten.

Die Ausführung des Denkmals erfolgte durch einheimische Steinmetzen, die den noch bruchfrischen Kalkstein nicht mit dem Meißel, sondern mit dem Breit- oder Hohleisen bearbeiteten, zum Teil auch mit dem Messer schnitten. Doch ist das Denkmal als solches nicht eine Erfindung rheinischer Künstler, sondern steht in einer engen Verbindung zu Grabmälern vor allem in der Poebene, wo in Sarsina und Aquileia nächstverwandte Monumente gefunden wurden. Es wird eine lohnende Aufgabe sein, diesen Beziehungen zu Norditalien, die auch durch die frühen Militärgrabsteine unseres Gebietes gegeben sind, einmal wissenschaftlich nachzugehen. Dem Denkmal am Chlodwigplatz kommt in diesem Zusammenhang die größte Bedeutung zu, da es nicht nur durch seine Errichtung bald nach der Gründung der Colonia Agrippinensis einen zeitlichen Fixpunkt bietet, sondern durch seine Größe und Qualität der Arbeit alles andere überragt, was bisher aus dem Boden Kölns geborgen wurde. Und ebenso ist das ikonographische Programm der Darstellungen von größter Bedeutsamkeit und nur im Zusammenhang mit den Denkmälern Norditaliens zu verstehen. Ich kann nur dem beipflichten, was Prof. J. M. C. Toynbee, die in England führende Archäologin auf dem Gebiet der römischen Kunst, am 23.12.1967 über das Poblicius Grabmal an uns schrieb:

»It is indeed a most striking and important monument, the most splendid find of its kind made for many years in the nothern provinces.« Wenn man die bereits im Besitz des Kölner Museums sich befindenden Blöcke des Monumentes und diejenigen, die 1884 ins Rheinische Landesmuseum in Bonn gelangten, mit dem verbindet, was jetzt am Chlodwigplatz geborgen wurde, so wird Köln ein Denkmal besitzen, das sich nicht nur unter seinesgleichen auszeichnet, sondern zugleich auch den hohen Rang der Colonia Agrippinensis gegenüber den übrigen Städten des römischen Germaniens in der Frühzeit bekundet. Auf jeden Fall muss die Stadt alles tun, die Reste dieses Denkmals für das neu entstehende Museum zu erwerben. Es ist von ihm so viel erhalten, dass es keine

Schwierigkeiten bereiten würde, es – unter Ergänzung des Fehlenden am besten in Kalksteinblöcken – wieder aufzurichten.

Das mir bekannt gewordene von der Stadt Köln vorgeschlagene Angebot in Höhe von 300.000,-- halte ich bei der Bedeutung des Denkmals für die Stadt, der Rangstellung des Denkmals, der Qualität der Arbeit, aber auch bei der durch die Gebrüder Gens und ihre Helfer bisher geleisteten Arbeiten, die gewiss keine Firma bei dem Risiko für die daran Beteiligten auf sich genommen hätte, für nicht angemessen.

Ich hatte Gelegenheit, die Reste des Denkmals seit der Ausstellung »Die Römer am Rhein« immer wieder deutschen und ausländischen Kollegen zu zeigen und sie auch in der letzten Zeit, als man mich bat, den Wert zu schätzen, nach ihrer Meinung zu befragen; ganz allgemein war man der Ansicht, dass die Summe von DM 700.000,-- ein durchaus angemessener Preis sei. Es scheint mir auf jeden Fall unter der Würde der Verwaltung einer Stadt zu sein, die als Einzige den Namen «Colonia« führt, die also schon durch ihren Namen unter allen Römerstädten einen besonderen Rang einnimmt, die Gruppe der enthusiasmierten jugendlichen Ausgräber mit ihrem Vorschlag gewissermaßen so lange auszuhungern, bis sie schließlich auf ihr ohne Zweifel zu niedriges Angebot eingehen sollen. Dieses Denkmal hat nicht nur seinen materiellen, sondern seinen ideellen Wert als eines der bedeutendsten Dokumente der Römerzeit und damit der Vorgeschichte der Stadt Köln. Meiner Ansicht nach muss dieses Denkmal durch die Stadt erworben werden, in deren Boden es gefunden wurde und zu deren Geschichte es als eines der markantesten Zeugnisse gehört. Dass es darüber hinaus innerhalb der allgemeinen Kunst- und Kulturgeschichte des Imperium Romanum seinen Rang hat, habe ich versucht anzudeuten.

H. Kähler

VERWENDETE LITERATUR

Andrikopoulou-Strack, J.-N., Grabbauten des 1. Jahrhunderts n. Chr. im Rheingebiet, Bonn 1986

Böcking, W., Die Römer am Niederrhein und in Norddeutschland, Frankfurt 1974

Borger, H., Das Römisch-Germanische Museum Köln, München 1977

Bracker, J., Neue Entdeckungen zur Topographie und frühen Geschichte des römischen Köln. Sonderabdruck aus dem Jahrbuch des Kölnischen Geschichtsvereins e.V. 45 (1974)

Brüning, H. H., Die Kölner Aeneas-Gruppen, Bonner Jahrbücher 1894

Busch, H. u. Edelmann, G., Römische Kunst, Frankfurt 1968

Chamay, J., Le Monde des Caesars, Genf 1982

Ceram, C. W., Götter, Gräber und Gelehrte, Hamburg 1949

Dietmar, C. und Trier, M., Mit der U-Bahn in die Römerzeit, Köln 2005

Doppelfeld, O., Über die wunderbare Größe Kölns, Köln 1961

Doppelfeld, O., Vom unterirdischen Köln, posthum hrsg. von G. Biegel, Köln 1979

Düntzer, H., Architektur der römischen Provinzen, Verzeichnis der römischen Altertümer des Museums Wallraf Richartz, Köln 1885

Düntzer, H. u. Niessen, J., Katalog des Museums Wallraf Richartz, Köln 1869

Düntzer, H., Zu rheinländischen Inschriften, Bonner Jahrbücher 1842

Düntzer, H., Die römische Grabkammer unter der Casinostrasse, Bonner Jahrbücher 1887

Düntzer, H., Ein bei Köln gefundener Grabstein des Veteranen der XX. Legion, Bonner Jahrbücher 1882

Düntzer, H., Die Legionen am Rheine vom Kampfe Caesars gegen Pompeius bis zur Erhebung des Vitellius, Bonner Jahrbücher 1882

Düntzer, H., Vitellius und der Marstempel zu Cöln, Bonner Jahrbücher 1858

Düntzer, H., Die Romanisierung kölnischer Strassen- und Thornamen, Bonner Jahrbücher 1859

Düntzer, H., Römische Alterthümer in der Sammlung des Herrn J. J. Merlo in Cöln, Bonner Jahrbücher 1863

Düntzer, H., Aus der Antikensammlung des Herrn Ed. Herstatt in Cöln, Bonner Jahrbücher 1867

Düntzer, H., Neue Bereicherungen der römischen Alterthümer des Museums Wallraf-Richartz in Cöln, Köln 1869, S. 114–129

Düntzer, H., Neue römische Inschriften aus Cöln, Bonner Jahrbücher 1866 u. 1867

Düntzer, H., Verzeichnis der römischen Alterthümer des Museums Wallraf Richartz in Cöln, Köln 1873

Eck, W., Köln in römischer Zeit, Köln 2004

Eck, W., u. von Hesberg, H., Der Rundbau eines Dispensator Augusti und andere Grabmäler der frühen Kaiserzeit in Köln – Monumente und Inschriften, Kölner Jahrbuch 36 (2003)

Gabelmann, H., Römische Grabbauten der frühen Kaiserzeit, Stuttgart 1979

Galsterer, B. u. H., Die römischen Steininschriften aus Köln, Wissenschaftliche Kataloge des Römisch-Germanischen Museums Köln Band II, Köln 1975

Galsterer, B. u. H., Zur Inschrift des Poblicius-Grabmals in Köln, Bonner Jahrbuch 179 (1979)

Glasner, P., Die Lesbarkeit der Stadt. Lexikon der mittelalterlichen Straßennamen Kölns, Köln 2002

Goldsworthy, A., Die Legionen Roms. Das große Handbuch zum Machtinstrument eines tausendjährigen Weltreiches, Frankfurt 2004

Greis, E., Die Mauer von Cöln, Köln 1989

Haselberg, J. u. Schmitz, W., Eyn Lobspruch der keyserlichen Freystath Coellen von 1571, Köln 2005

von Hesberg, H., Römische Grabbauten, Darmstadt 1992

Jansen, H., Ritter, G., Wiktorin, D., Gohrbrandt, E. u. Weiss, G., Der historische Atlas Köln, Köln 2003

Kähler, H., »Das Grabmal des L. Poblicius in Köln«, in: Antike Welt 4 (1970)

Klinckenberg, J., Die römischen Grabdenkmäler Kölns, Bonner Jahrbücher Heft 108/9 (1902)

Klinckenberg, J., Das römische Köln, Düsseldorf 1906

Klinckenberg, J., Die Ara Ubiorum und die Anfänge Kölns, Köln 1903

Klinckenberg, J., Die römisch-christlichen Grabinschriften Kölns, Köln 1890/91

Kraus, S., Die Entstehung und Entwicklung der staatlichen Bodendenkmalpflege in den preußischen Provinzen Rheinland und Westfalen, NRW 2012

Lehner, H., Die antiken Steindenkmäler des Provinzialmuseums in Bonn, Bonn 1918

Lehner, H., Das Provinzialmuseum in Bonn, Abbildungen seiner wichtigsten Denkmäler. Die römischen Skulpturen, Bonn 1905

Lehner, H., Das Provinzialmuseum in Bonn, Abbildungen seiner wichtigsten Denkmäler. Die römischen und fränkischen Skulpturen, Bonn 1917

Lissner, I., So lebten die römischen Kaiser, Macht und Wahn der Caesaren, Freiburg 1970

Matyszak, P., Geschichte der römischen Republik, Von Romulus zu Augustus, Stuttgart 2004

Mommsen, T., Weltreich der Caesaren, Kevelar 1955

Mommsen, T., Römische Geschichte, Berlin o. J.

Noelke, P., Das Grabmal des Poblicius, Führer Vor- u. Frühgeschichte, Denkmäler 1980

Numrich, B., Die Architektur der römischen Grabdenkmäler aus Neumagen, Trier 1997

Pörtner, R., Bevor die Römer kamen, Düsseldorf/Wien 1961

Pörtner, R., Mit dem Fahrstuhl in die Römerzeit, Düsseldorf/Wien 1959

Precht, G., Das Grabmal des L. Poblicius, Köln 1975

Roth, K. L., Römische Geschichte, Erster Teil, Von der Gründung der Stadt Rom bis zur Stiftung des ersten Triumvirats, Nördlingen 1884

Roth, K. L., Römische Geschichte, Zweiter Teil, Von Caesar bis zum Ausgang des abendländischen Kaiserreiches, Nördlingen 1885

Schwarz, U., Köln und sein Umland in alten Karten, Köln 2005

Signon, H., Die Römer zwischen Köln Bonn Trier, Frankfurt 1977

Signon, H., Die Römer in Köln, Frankfurt 1970

Stierlin, H., Imperium Romanum, Band I, von den Etruskern bis zum Untergang des Reiches, Köln 1996

Vogt-Lüerssen, M., Neros Mutter, Agrippina die jüngere und ihre Zeit, Mainz 2002

Wiethase, H. J., Cölner Thorburgen und Befestigungen 1180–1883, hrsg. vom Architekten- und Ingenieursverein für den Niederrhein und Westfalen, Köln 1884

Zahn, E., »Die Igeler Säule bei Trier«, in: Rhein. Kunststätten, 6/7 (1968)

ABBILDUNGSNACHWEIS

George Delanoff: Coverabbildung

Josef Gens: S. 13, 15, 16, 18, 30, 31, 36–38, 43, 45, 47, 58, 62, 65, 67, 69, 70, 75, 79, 82, 89, 90, 92–94, 98–100, 106,111, 113, 114–116, 119, 123, 126/127, 130, 134, 139, 143, 148, 151–153, 158, 161, 163, 165, 167, 169, 174, 176–178, 182/183, 185, 194, 197, 202, 205, 228/229, 238, 245, 247, 250, 261–331

Rheinisches Bildarchiv: S. 25, 27/28

Foto Josef Gens – mit freundlicher Genehmigung des Römisch-Germanischen Museums, Köln: Umschlagmotiv hinten, S. 11, 173, 222, 224, 229, 231, 232, 334, 335, 337

Foto Josef Gens – mit freundlicher Genehmigung des Landesmuseums Bonn: S. 169, 191, 192, 214

Nora Andrikopoulou: S. 229

Tommy Engel, Bernd Imgrund
Du bes Kölle. Autobiografie.
ISBN 978-3-462-03827-9

Auch als

»Ich bin kein Engel, ich heiße nur so.«

»Ich bin immer im Dienst«, sagt Tommy Engel von sich selbst. Denn wenn der Trommler, Sänger und Ex-Frontmann der Bläck Fööss das Kölner Trottoir betritt, wird er unweigerlich erkannt. Das kölsche Milieu, in das er dann eintaucht, kennt er aus der sprichwörtlichen Westentasche. Denn geboren wurde der »Tommy« als zehntes Kind einer anderen kölschen Legende: Richard »Rickes« Engel war einer der »Vier Botze«, die schon vor vielen Jahrzehnten die Säle zum Toben brachten.

Tommy Engel blickt auf ein bewegtes Leben als Musiker, Kölner, Ehemann und Vater zurück. Zu Wort kommt aber nicht zuletzt auch der politische Engel: Schon die Fööss schufen zahlreiche Lieder, die sich an den herrschenden Zuständen rieben. Mit seinem Einsatz für die »Arsch huh«-Kampagne gegen Ausländerfeindlichkeit und für die Opfer des Kölner Archiv-Einsturzes knüpft Tommy Engel nahtlos an dieses Engagement an.

www.kiwi-koeln.de

Peter F. Müller, Michael Mueller
Chicago am Rhein.
ISBN 978-3-462-03830-9

»Wir waren das Milieu.«

Dummse Tünn, Schäfers Nas und Beckers Schmal, Abels Män, Frischse Pitter und der Lange Tünn ... Namen, die in Köln immer noch einen Klang haben. Männer, die durch ihre Aktivitäten in der Kölner Unterwelt zu Ruhm und Reichtum kamen und deren Geschichten brutal und böse, eiskalt und abgebrüht, aber auch naiv, schräg und vor allem authentisch sind.

Es geht um Prostitution und Gewalt, um Glücksspiel, Betrug und Hehlerei. Die Hauptakteure in den Bordellen, Striplokalen, Bars und Spielhöllen sind stadtbekannt und gefürchtet. Es ist die Zeit der offenen Feindschaften und ehrlichen Faustschläge. Das Milieu gehorcht noch den kruden Gesetzen des kriminellen Anstands.

Jene, die damals groß waren, sind heute wieder unten angekommen, aber Mythen und Legenden blühen weiter – als Teil der Kölner Stadtgeschichte. Viele private Fotos lassen die von Michael Mueller und Peter F. Müller mit viel Hingabe aufgeschriebenen Geschichten noch lebendiger werden!

www.kiwi-koeln.de